教育部高等本科专业综合改革试点项目教材
江苏省高校品牌专业建设工程资助项目教材
"十三五"江苏省高等学校重点教材

网络语言学教程

林 纲 编著

本书被评为"十三五"江苏省高等学校重点教材，
项目编号是 2016-2-017

科学出版社
北 京

内 容 简 介

本书在学界有关网络语言研究成果基础上，运用描写和解释相结合、历时与共时相结合的方法对网络语言的构词、构句、构篇方式以及网络新成语与网名现象进行了系统的梳理和归类，探讨了网络语言的修辞策略，运用语用学、社会语言学理论分析了网络语言变异现象的产生原因和传播背景，并论述了网络语言规范问题。

本书可作为普通高等学校本科生"网络语言学"课程的教材使用，也可作为汉语言文字学、语言学及应用语言学专业研究生和青年教师研究网络语言现象的参考书。

图书在版编目（CIP）数据

网络语言学教程/林纲编著. —北京：科学出版社，2017.3
教育部高等本科专业综合改革试点项目教材
江苏省高校品牌专业建设工程资助项目教材
"十三五"江苏省高等学校重点教材
ISBN 978-7-03-052434-8

Ⅰ．①网… Ⅱ．①林… Ⅲ．①互联网络-应用语言学-高等学校-教材 Ⅳ．①TP393.4

中国版本图书馆CIP数据核字（2017）第068566号

责任编辑：石 悦 / 责任校对：郭瑞芝
责任印制：张 伟 / 封面设计：华路天然工作室

科学出版社 出版
北京东黄城根北街16号
邮政编码：100717
http://www.sciencep.com

北京九州迅驰传媒文化有限公司印刷
科学出版社发行 各地新华书店经销
＊

2017年3月第 一 版　开本：787×1092 1/16
2025年1月第五次印刷　印张：13 1/2
字数：310 000
定价：39.00元
（如有印装质量问题，我社负责调换）

前　言

随着计算机网络的发展，互联网逐渐成为人们交流的平台。我国互联网和其他信息技术的发展，为汉语在虚拟空间的发展提供了良好条件，网络上的汉语使用量逐年增长。一种相对于日常用语的具有独特个性的言语体系——网络语言应运而生。中国互联网络信息中心发布的第 38 次调查报告显示，截至 2016 年 6 月，中国网民规模达 7.10 亿人，半年共计新增网民 2132 万人。互联网普及率为 51.7%，较 2015 年年底提升了 1.3 个百分点，中国手机网民规模达 6.56 亿人，较 2015 年年底增加 3656 万人。网民中使用手机上网人群占比由 2015 年年底的 90.1% 提升至 92.5%。可以毫不夸张地说，互联网已经成为人们日常生活中必不可少的工具，对社会整体的影响已进入到新的阶段。这种大环境促使在互联网上用于沟通交流的网络语言得到了高速发展，使之表现出极强的生机与活力，呈现出更多的有别于传统汉语的特点，并逐渐渗入到社会共同体使用的语言之中，给传统的语言文字带来了巨大的影响。尤其是近十年来，网络语言突破了萌芽时期，进入到一个高速发展的新时期。网络语言的使用早已不再拘泥于网络空间中，在人们的日常口语、文学作品、媒体报道及电影电视作品中，网络语言出现的频率也正逐步上升。

在我国互联网迅速发展和普及的大背景下，网络语言作为一种新兴的语言形式正越来越多地受到语言学界的关注，尤其是近十年来，互联网用户激增，网络热门事件频发，网络社交平台发展，网络文化盛行，以及网络流行元素快速更替，网络语言的变异现象在此背景下不断产生和传播，无论在数量、种类还是表现形态上都呈现出前所未有的发展趋势，与此同时对于网络语言规范化的讨论也愈加热烈。笔者在中国知网 CNKI 网站进行检索，在篇名项中检索"网络语言"和"网络用语"关键词[①]，分别得到 4531 篇和 310 篇相关文章。可以看出，网络语言现象已经引起学界的关注，研究视野从语言学扩大到传播学、符号学、社会文化心理学等相关领域。

网络语言的研究取得了显著的成绩，特别是在收集整理网络语言，分析其特点、类型、成因，认识其表现形式，提出规范的对策建议等方面收获较大。但是这些研究仅限于学术圈，对网络语言的使用者影响不大，不利于网络语言及校园流行语的健康发展。当前网络语言的发展形势迫切需要运用现代语言学理论把网络语言研究成果转化为教学内容，培养和提高学生理解、分析和正确运用网络语言的能力，这对网络语言的健康发展、青少年规范使用现代汉语将起到积极作用；同时进一步促进针对网络语言的各项研究，使其在信息时代的今天具有更强的应用价值。在这种背景下，高等院校文科专业开设网络语言学课程已经成为当务之急。

---

① 检索时间为 2016 年 6 月 1 日。

本书作为中国语言文学专业本科生的选修课程"网络语言学"的教材，共八章，以语言—言语、共时—历时、内部—外部作为课程框架，理论与实际相结合，力求系统、严谨地介绍网络语言现象。每章结尾处都列出一些拓展阅读文献，供读者参阅；同时列出一些练习题，供学习者进一步思考。本书参考了大量相关论著，并注明了出处，特向这些论著的作者表示衷心的感谢！对于一些人所共知的说法与语料未能一一注明出处，还望谅解。网络语言现象方兴未艾，网络语言学教学工作刚刚起步，由于作者水平所限，本书还存在一些不足，盼望读者批评指正。笔者也希望可以从读者那里获得中肯的意见，以为将来的修订和完善提供重要的参考。

林　纲
2016 年 11 月

目　　录

前言

第一章　绪论…………………………………………………………………1
　　第一节　网络语言概念界定……………………………………………2
　　第二节　我国网络与网络语言的发展…………………………………8
　　第三节　网络语言的研究回顾…………………………………………21
　　第四节　网络语言学课程的性质与任务………………………………26

第二章　网络语言构词………………………………………………………30
　　第一节　网络语言语音构词……………………………………………30
　　第二节　网络语言字符构词……………………………………………45
　　第三节　网络语言语义构词……………………………………………52
　　第四节　网络语言语法构词……………………………………………57

第三章　网络新成语…………………………………………………………69
　　第一节　网络新成语的界定……………………………………………69
　　第二节　四字格网络新成语的构成……………………………………71
　　第三节　四字格网络新成语的互文性体现……………………………76

第四章　网络语言中的短语、语句、语篇…………………………………83
　　第一节　网络语言中的短语派生："被×"结构………………………83
　　第二节　网络语言中的语句派生："……，且×且××"……………90
　　第三节　网络语言中的语篇派生："甄嬛体"…………………………95

第五章　网络语言修辞策略…………………………………………………105
　　第一节　象似性修辞策略………………………………………………105
　　第二节　隐喻修辞策略…………………………………………………112
　　第三节　模因修辞策略…………………………………………………117

第六章　网名 ··· 125
　　第一节　网名的构成与语言特征 ··· 125
　　第二节　网名的变异及其社会文化心理 ······································ 130

第七章　网络与网络言语社区 ·· 137
　　第一节　网络媒体背景 ··· 137
　　第二节　网络语境 ·· 144
　　第三节　网络言语社区 ··· 153

第八章　网络语言的规范化 ·· 160
　　第一节　网络语言的变异发展 ··· 160
　　第二节　网络语言的问题与规范化 ·· 170

参考文献 ··· 178

附录一　常见四字格网络新成语释义 ··· 183

附录二　常见网络文体 ··· 190

附录三　2016年网络流行语 ··· 205

后记 ·· 209

第一章 绪 论

学习要求：理解学习和研究网络语言的重要性，了解网络与网络语言的发展概况、网络语言研究的基本情况，理解并掌握网络语言的含义、性质与功能，明确网络语言学课程的性质与任务。

网络进入我国不过短短二十几年的时间，发展势头却相当惊人。互联网自 1994 年引入中国以来，凭借其新媒体的特殊优势迅猛发展，网民群体逐渐扩大，并在网络环境中创造和使用明显区别于日常用语的网络语言。在中国互联网开始发展的初期，网络语言深受国外网络语言使用习惯的影响，沿用和模仿了大量的国外网络语言及其造词机制，包括大量的英文缩写和字符表情等，"88"（bye bye）、"3Q"（thank you）、"CU"（see you）、":-)"（字符表情，表示笑脸）等就是其中的代表，其修辞目的和表达效果往往是对常用习惯用语的简化，并利用计算机字符语言的形象组合表达简单的交际内容，层面也往往局限于简单的词汇和短语，在语法上的创新和变异亦不多见。互联网拉近了人与人的距离，使人们沟通起来方便多了。我国互联网和其他信息技术的发展，为汉语在虚拟空间的发展提供了良好条件。网络上的汉语使用量逐年增长，但由于硬件条件的限制，现在的网络交际一般是在缺乏声音和视频信息的情况下进行的。在网络这个日益普及的虚拟空间里，人们表达思想、情感的方式也就与现实生活中的表达习惯有所不同，加上上网费用与网民的经济、文化及年龄等条件的特殊性，使网民在网络交际时逐渐形成了一种异于现代汉语母语的用语。这是网民之间约定俗成的，又是日新月异的，这就是网络语言。

例 1 昨天晚上，JJ 带着她的青蛙 BF 来偶家吃饭，JJ 的 BF 不断向我妈妈 PMP，xixi。①

例 2 办公室新来的 MM 界面友好，生活方式很 IN，还是几个 BBS 的斑竹呢！②

例 3 886，不过告诉 U 也没关系，我们中午去吃>＜(((*>呐！当然了，是 AA 制。③

例 4 我直到昨天才发现你是一个冷无缺④而已。

例 5 莓天想埝祢巳宬僞1.种渭慣。⑤解读：每天想念你已成为一种习惯。

例 6 这是神马⑥规矩，I 服了 U！⑦

---

① 昨天晚上，姐姐带着她的很丑的男朋友来我家吃饭，姐姐的男朋友不断向我妈妈拍马屁，嘻嘻。
② 办公室新来的小姐相貌漂亮，生活方式很时尚，还是几个网络论坛的管理员呢！
③ 再见了，不过告诉你也没关系，我们中午去吃鱼呐！当然了，是各付各的账。
④ 是"冷漠，无理取闹，信仰缺失"的缩略形式。常用来形容没有梦想、没有爱的人。
⑤ 这是被网民称为"脑残体"的一种网络文体，来源于"火星文"，是对汉字一种扭曲的书写形式，极力吸取一切别字为我所用。这些别字的来源五花八门，大多出自繁体汉字、日文汉字、汉语拼音字母和其他生僻字，有时还夹杂一大堆杂乱的符号。
⑥ "什么"的谐音。
⑦ 我真是服了你了！

网络语言在现代汉语的基础上，具有一些变化，极大地丰富了现代汉语的词汇，增强了现代汉语的表现能力。与此同时，一些网络语言使用的混乱情况也应该引起我们的高度注意。目前网络语言的使用大多处于无序状态，部分网络语词对现代汉语的规范发展产生了不良影响，同时也对青少年使用语言的正确性产生了一定的负效应。

第一节　网络语言概念界定

网络语言是伴随着网络技术的发展而出现的新事物，是在网络上产生、传播和使用的语言现象。而随着互联网的进一步发展，网络语言的含义也在不断发生着改变。

一、网络语言的定义

关于网络语言的定义，目前还没有一个统一的说法，但究其本质来说，还是倾向于一致的。劲松和麒珂（2000）认为："狭义的网络语言指自称网民、特称网虫的语言，广义的网络语言是网络时代出现的与网络和电子技术有关的'另类语言'。"于根元（2001a）认为："网络语言起初多指网络的计算机语言，现在指网络上使用的有自己特点的自然语言。狭义的网络语言指论坛和聊天室的具有特点的用语。""网上的语言句子短小，表意直接，较少大段的形容和描述，意味深长，曲折隐晦的表述十分少见，呈现出初始口语的特征。"刘海燕（2002）认为："网络语言可以说就是出现在网络上的、网络上常用的以及跟网络有关的语言，包括技术专用语、网络文化词语、聊天室用语3类。"

网络语言虽具有自身特点，但基本上仍从属于现代汉语，并没有发展成为一门具备独立的语音、语法、词汇系统的语言，实际上语音部分与现实语言没有较大的差异，语法方面基本沿袭现代汉语，主要区别只是在词汇方面形成一些独特的词语。而语言是指"人类所特有的用来表达意思、交流思想的工具，是一种特殊的社会现象，由语音、词汇和语法构成一定的系统"[①]。因此，网络语言是指通行于网络中的传播信息、交流情感、意见表达的具有不同于现实语言特点的专用的词语。实际上，网络语言与现实语言没有本质的区别，二者的不同在于前者主要在虚拟世界中流通，而后者则主要在现实生活里使用；前者在网络中是唯一的交际手段，而后者只是现实交际手段之一。

二、网络语言的性质

网络语言从产生到现在，除具备鲜明的特点以外，还拥有了一个稳定的言语社团，而且其中的部分用语范围有很强的限制性，可以说它已经发展成为从属于现代汉语系统

---

① 见《现代汉语词典（第6版）》（商务印书馆2012修订本）第1591页。

的一种新的社会方言。

（一）从属于现代汉语系统

所谓社会方言是指社会内部不同年龄、性别、职业、阶级、阶层的人们在语言使用上表现出来的一些变异，是言语社团的一种标志。无论从网络语言的使用者还是从其系统自身来看，网络语言基本采用现代汉语的语音系统，或者用谐音手法赋予一些旧词新的意义，但仍然主要是建立在现代汉语基础上的，这与区别语种的特征不相同。它只能是一种网民在网上交流时所使用的专用词语，缺乏全民性，并不具备自己独立的语音、语法和基本的词汇系统，只有少量的特殊词语及语法存在某些方面的差异，而且其使用只限于一个相对狭小的范围，其功能只是满足人们在网络上的交流，将来也不可能发展成为一门独立的语言系统。我国的网络语言只是从属于现代汉语系统的一种语言变体。

（二）与全民语言不同

网络语言反映了网络上人际交往、传递信息的需要，具有自身鲜明的特点。从网络语言的形式上看，它与我们日常所使用的全民语言相比，不同之处主要表现在词汇和语法两个方面。

1. 词汇方面

网络语言与全民语言最大的不同之处在于词汇方面。这方面的差异表现在：相对于全民语言，网络语言中具有大量的习惯用语和行业术语，包括网络术语、校园用语、城市时尚用语和数字符号用语等。

2. 语法方面

网络语言崇尚缩略，不仅表现在用语词汇的简略上，还体现在对传统语法规则的突破上，如名词用作动词、形容词用作动词等。另外，网络语言由于受到外来词的影响，出现了新的构词方式。

（三）拥有稳定的言语社团

在我国，网络语言的言语社团是随着计算机网络的飞速发展、上网用户数量的不断增加而逐渐形成的。大学生上网率已经达到了近100%，使用腾讯QQ（以下简称QQ）、微信、微博等进行网络交流。一些著名的网站（如新浪、搜狐、网易等）每天都有数千万的网民在上面浏览信息或聊天交流。据有关机构调查，我国网民以青年人为主，平均年龄在27岁左右，学历多在大专和本科以上，收入则以高收入者为主。这样一支在年龄、学历、智商与收入方面均占优势的新一代队伍成为网民的主体。

通过由网络连接起来的计算机，原先分布在各地的互不相识的人们超越了时间和空间的限制，共同筑造了一个虚拟社会。在这里，人们使用的是与日常生活中不同的用语，大家不分彼此，男的必称GG、DD，女的就是MM、JJ，四海之内都是兄弟姐妹，非常热闹。在这里，并没有绝对的权威，谁都可以畅所欲言，可以创造新的词汇、新的用法。

一旦一种新的提法获得了大家的认可,它就会很快在网上推广开来。

(四) 使用范围有所限制

网络语言中许多词汇的使用范围有很强的限制性,如占有很大比重的科技术语离开了网络去使用,很少有人会明白。即使是在网民聊天时,也有很多用语只能用在聊天室、BBS或发短信息时,而不能用在其他场合,甚至是互联网本身的其他地方,如一些缩略词语和数字符号用语。这些情况都表明网络语言有其专业特点,其使用范围有所限制。

另外,由于目前网民多为青少年,受其年龄结构的影响,网络语言的使用者和接受者范围也具有很大的限制性。这些都表明,网络语言的使用有其独特的使用范围和使用人群,并不要求全民都去理解、接受并掌握和使用它。

由于网络语言的语音、基本词汇和语法系统从属于现代汉语系统,又因为目前网络语言在词汇和语法方面已经具备了一些和全民语言不同的地方,特别是拥有自己的一些特殊词语,又具有了一个相对稳定的言语社团,其部分词汇的使用范围还有很强的限制性,我们可以认定网络语言是以现代汉语为基础、产生在网络上、由广大网民共同创造的一种新的社会方言。

三、网络语言的功能

语言作为一种特殊的社会现象,随着社会的发展不断得以丰富和发展。在今天的信息社会,网络语言呈现迅猛发展的态势,成为人类语言领域中不可或缺的组成部分,它不仅丰富了广大网民的网络生活、改变了人们的思维方式,同时也日益影响着社会现实生活,甚至融入报纸、杂志、广播、电视这些与人们生活息息相关的传播渠道,对社会发展产生着不可低估的作用和影响。网络语言的功能主要有交际功能、娱乐功能和舆论功能。

(一) 网络语言的交际功能

语言是人类最重要的交际工具,其基本功能就是传情达意,传情与达意的功能往往是融合在一起为交际服务的。网络语言最基本的社会功能就是完成网络交际、传情达意,表现为直接与含蓄并存,其手段灵活多变,可以是汉字、字母、数字联合传情达意,有时符号、图标也能在传情达意中起到良好的辅助作用。交际功能是网络语言首要的、主导的社会功能,是其他功能的基础,也是其最初应运而生的动因。

1. 网络社会中的交际功能

网络语言主要在网络交流中使用。在信息社会,网络交流已经成为人们主要的沟通方式之一。Email、BBS、聊天室、贴吧、QQ、博客、微博及微信成为人们发表言论、抒发感情、互通有无的最主要渠道,由网络聊天、网络日记、网络邮件、网络小说等形成的网络文章衍生成为一种网络文化,网络文化追求的是速度、效率、时尚和娱乐,形成了网络语言新奇、幽默、活泼、简洁的特点，顺应了当今人们追求时尚、张扬个性的心理，不仅能促进人们简便快捷地交流，还能使人们的网络交流更为轻松和愉悦，因此容易被广大网民所接受，并在互联网上流行。

首先，它可以提高网络交流的速度，增加交流信息量，满足现代生活快节奏的需求。网络时代，人们的生活节奏越来越快，"时间就是金钱"，为了在最短的时间内最有效率地完成一件事情，必须做到信息交流的迅速，这就要求网络语言的输入方便快捷。为了提高文字输入速度，网民们便挖空心思地运用各种构词方式，将数字、符号、拼音、汉字、英文杂糅在一起，达到形象直观、简单易用的效果。

其次，它可以充分展示交流者的个性和创新性。网络语言通过网民丰富的想象和对传统语言的创新，达到一种标新立异的交际效果。网络语言的使用者和创造者是来自社会各阶层的人，为了使自己所使用的语言从如此广泛的受众中脱颖而出，就必须利用自己的语言能力和交际能力建构富有自己个性的语言。例如，"×爆了"是近期网络上非常流行的程度副词，相当于"×极了"，如"弱爆了"表示"非常弱、弱极了"，"惨爆了"表示"惨极了"，等等。这里，网民摒弃了传统语言中已有的程度副词"极了"，而自创了网络新词"爆了"来表示相同的意思。"极了"表示"到头了"，说明某事物到达了临界点，快要超出或者已经在极限上，"爆了"的程度则更加夸张，说明某事物已经超出其原有承受范围，并从这个范围中溢出来了。一个"爆"字不仅夸大了事物的程度，并使其具有了"爆炸"的义项，使人更能感觉到这种超出程度范围的犹如爆炸般的冲击力，从而表现出网民们追求夸张的个性。诸如此类的网络语词不仅营造出轻松诙谐的交际气氛，还标识出不同交际者的个人言语风格和感情特点，突出了多样化网络世界中的个体特色。

2. 现实社会中的交际功能

网络语言一开始只是为年轻的网民们服务的，展现了现代人追求轻松、富有情趣的生活方式，以其新异、鲜活，充满形象感、表现力的特点，产生了一种从众和模仿效应，渐渐地走出网络，在社会生活中流行开来。人们见面打招呼开始用"美女""帅哥"；表示不清楚某事，或者不想谈论某事时说"我是来打酱油的"；将某一领域非常专业、出类拔萃的人物称为"达人"；把提意见说成"拍砖"；用"鸭梨"来表示"压力"；把"这个"说成"介个"。

2012年11月3日网络流行语"屌丝"一词登上《人民日报》十八大特刊，引发了网络和社会热议。文中称"市场经济的冲击余波未了，全球化、民主化、信息化的浪潮又不期叠加。分配焦虑、环境恐慌，拼爹时代、屌丝心态，极端事件、群体抗议，百姓、社会、市场、政府的关系进入'敏感期'"。2013年1月2日，央视《焦点访谈》梳理了2012年年度字、年度词和流行语。在流行语的盘点上，对"高富帅""白富美"等都配了生动的漫画。大众媒体对网络语言从开始的矜持态度，逐渐发展到为网络新词的普及而起推动作用，使网络语言不仅在网络社会中实现了交际功能，在现实交流中也开始发挥作用。

（二）网络语言的娱乐功能

如今，上网聊天、网络冲浪已成为许多人休闲娱乐的主要方式。网络的特性决定了它是一种休闲的媒体，网络交流的语言环境相对轻松随意，这造就了网络语言的娱乐功能。网络语言为网民提供了充分发挥想象力和创造性的最自由的空间，满足了大众追求新异、轻松、幽默的精神需求。网络语言的娱乐功能主要表现在诙谐幽默和形象生动两方面。

1. 诙谐幽默

生活在节奏快、压力大的现实社会中，很多人都希望通过网络排解压力、宣泄情感，网络群体喜欢把一些严肃的问题用幽默的话表达出来，在会心一笑的同时，也发泄了心中的负面情绪，让人从心理上感到轻松。网络交流不同于传统的交流方式，它无心或刻意地增添了幽默元素，使得网络语言的表达者和接受者都倍感亲切，这些富于幽默感的网络词语运用到网络交流中，也增添了语言的趣味和表现力。

例如，"蓝瘦，香菇"。我国地域辽阔，存在多种方言。2016年10月，广西南宁一小伙失恋后录制视频："蓝瘦，香菇，本来今颠高高兴兴，泥为什莫要说射种话？蓝瘦，香菇在这里。第一翅为一个女孩屎这么香菇，蓝瘦。泥为什莫要说射种话，丢我一个人在这里。"（难受，想哭，本来今天高高兴兴，你为什么要说这种话？难受，想哭在这里。第一次为一个女孩子这么想哭，难受。你为什么要说这种话，丢我一个人在这里。）普通话中的"难受，想哭"结合了南宁方言的腔调并受到壮族话的影响就变成了"蓝瘦，香菇"，并随即火遍全国各地。

例7 我的球怎么总是打偏？蓝瘦，香菇！

又如，"走你"。2012年11月25日，我国首艘航母"辽宁舰"成功起降歼-15舰载机，引起网民对起飞指挥员姿势的模仿热潮。起飞指挥员在舰载机即将起飞之际，做出了指引飞机起飞的动作：右臂向右前方伸展，右手食指和中指指向飞机起飞方向，左手握拳放于背后腰际，脸背对起飞方向。就是这一简单的起飞动作，引起网民们的强烈反响。然而"辽宁舰"是我国首艘航母，代表了我国军事力量和科技力量的进步，具有极强的政治性和军事性，这和网络语言所倡导的娱乐性大相径庭。网民们就发挥自己的创造力和联想力，将这一充满军事严肃色彩的"起飞"形式娱乐化，使之演化为更加具有亲民效果的"走你"。"走你"起源于北京话，大致意思为语气助词，是个很亲切、积极的说法，有加油、助力向上的感觉。比如，你很费劲地在搬一个东西，一使劲东西搬起来了，这个瞬间就可以说"走你"。这是一个非常口语化的词，不宜用在庄重严肃的场合。而网民们为了达到幽默娱乐的效果，故意将这一口语化的词用在这种庄重的场合，把飞机起飞说成"走你"，使原本严肃的词变得活泼幽默，也更易让人接受。网络上"走你"的流行，也表现出网民们对祖国的热爱和对国家军事力量进步的自豪与骄傲。

2. 形象生动

网络交流不同于普通交流，这是一种看不到交际双方的沟通形式。这种特殊的交流方式使网络语言具有形象化的特征，力求在对方看不到的情况下，将自己想表达的意义和情感通过无声语言传递出去。这就要求网络语言通过文字将表达内容具象化，使接受者产生联想和想象，从而帮助理解表达内容。例如，"+1"常见于论坛或贴吧，表示附和某人的看法。又如，"2楼+1"，意思就是"我与2楼的观点相同"。类似地，还可以把某人的言论复制下来，粘贴到自己的发言区，在后面附加上"+1"，意思就是与此观点相同。例如，2楼说"同意"，楼下的人可以回复"同意+1"，表示同意楼上的意见。这种生动形象的表示"同意"的说法，实际是模仿在游戏中经常出现的"+1"符号，如游戏人物的属性增强了，会在人物上方蹦出"+1"的标志用以提醒玩家。网络语言在游戏中动态形象的基础上，把这种用法保留下来，从而形成表示"同意属性"增加的意思。而且在此基础上，又出现了"+2""+3"等用法来表示非常同意别人的观点，数字越大就越赞同。

再如，"森女"指崇尚简单，喜欢民族风服饰，不盲目追求名牌，生活态度也很悠闲的女孩，她们最大的特点就是喜欢随身带着相机，把美好的时刻记录下来。网络群体用"森女"来形容这种女孩，说她们就像从森林中走出来的女孩一样。"森林"给人的感觉一般都是清新脱俗的，充满了大自然的味道，网络语言将森林和女孩二者共有的因素联系在一起，把这种有森林特征的女孩称为"森女"，容易让人联想到森林中自由飞翔、与世无争的精灵，这种比喻把女孩的特征形象化，给人一种清新舒适、不矫揉造作的感觉。

近年来，利用网络流行语填空造句的风潮越来越盛行，形成了各种网络文体，例如，"咆哮体""丹丹体""嘉措体""梨花体"等。网民中多数是年轻人，在现今社会中面临着升学、就业、生活等许多压力，需要排遣和发泄，而幽默是最好的精神减压剂和情绪释放剂，一句幽默的话语往往能使人们紧张的情绪松弛下来。因此，网民需要幽默也喜欢幽默，这就使得网络语言的娱乐性有了用武之地。

（三）网络语言的舆论功能

伴随着网民数量的快速增长，网络语言对中国社会发展产生的作用和影响与日俱增。其中，网络言论的舆论导向功能是不可低估的。在某种程度上，网络语言代表并引导一定时期社会舆论的导向。

近年来，越来越多反映社会焦点和热点的新生词汇正在为人所熟悉。"躲猫猫""猪坚强""范跑跑""郭跳跳""恨爹不成刚"……这些红极一时的网络语言，反映并引导一定时期社会舆论的导向，网民们将社会现象、社会价值取向浓缩为简单的词语，通过网络的传播，快速渗透到社会各个角落，以引起政府、媒体和社会公众的关注。网络语言以其独到的贴近性和具体性，逐渐成为民意释放的重要切入点。

1. 对公权力部门的监督

2009年流行词语"躲猫猫",暴露了某些执法部门制度和管理上的漏洞,反映了民众对公权机关信任度的下降,甚至折射出执法机构的声誉问题。于是"躲猫猫"一词便成为在特定场所发生暴力行为后,负责人为了规避法律责任的一种托辞。

诸如"正龙拍虎""我妈是我妈""我反正信了"等看似幽默搞笑的网络语言背后,其实是人们自发形成的对权力阶层的一种声讨。他们的行为表现出对仗势欺人或特权现象或不公平现象的厌恶与痛恨。

2. 对社会民生问题的监督

2009年6月27日,上海的一栋竣工但尚未交付使用的高楼整体倒覆,官方以两次堆土施工为缘由,遭到网民抨击为"楼脆脆"。2011年,河南郑州再现"楼脆脆"事件。2010年十大网络流行语中,"蒜你狠"系列网络词语登上榜单。蒜、豆、姜等农产品接力上涨,价格如坐过山车般上蹿下跳,并纷纷贵过猪肉价格。"蒜你狠""豆你玩""棉里针""糖高宗""苹什么""油老虎"等网络流行词语接踵而至。这些词语的出现在幽默的同时,也将社会民众对物价飞涨的无奈体现得淋漓尽致。

第二节 我国网络与网络语言的发展

20世纪90年代中后期,随着互联网进入我国,网民为了提高网上聊天的效率或为了制造诙谐、逗乐等特定效果而采取一些另类的有别于传统汉语的表达方式,久而久之就形成特定的网络语言。进入21世纪后,随着互联网技术的革新与发展,这种语言形式在互联网媒介的传播中有了极快的发展。目前,网络语言越来越成为人们网络生活中必不可少的一部分。

一、网络在我国的发展历程

(一)网民数量激增

网络自1994年引入我国后,凭借其新媒体的特殊优势迅猛发展,网民数量快速增加。如图1-1所示,根据中国互联网络信息中心每半年发布一次的《中国互联网络发展状况统计报告》统计,在中国正式接入互联网的第一个10年,中国网民数量发展到了9400万人,而从2005年开始至2014年的第二个10年,网络用户数量逐年递增,中国互联网的普及率更是从8.5%增长到了47.9%。如图1-2所示,2016年8月3日,根据中国互联网络信息中心发布的第38次《中国互联网络发展状况统计报告》统计,截至2014年12月,我国网民规模达6.49亿人,截至2016年6月,中国网民规模达7.1亿人,互联网普及率达到51.7%,超过全球平均水平3.1个百分点。网民人群数量已经超过全国人口总数的"半壁江山"。从2012年6月到2016年6月这短短的四年中,我国网民规模由近 5.4 亿发展至 7.1 亿，互联网规模由 39.9%发展至 51.7%。可以毫不夸张地说，当前互联网已经成为人们日常生活和交际必不可少的工具。在我国互联网用户基数大幅增长的同时，网民的整体文化知识水平、语言创造力和幽默感也有了很大的提升，相当一部分的网络语言便是出自普通网民之手，并通过网络迅速传播起来的。

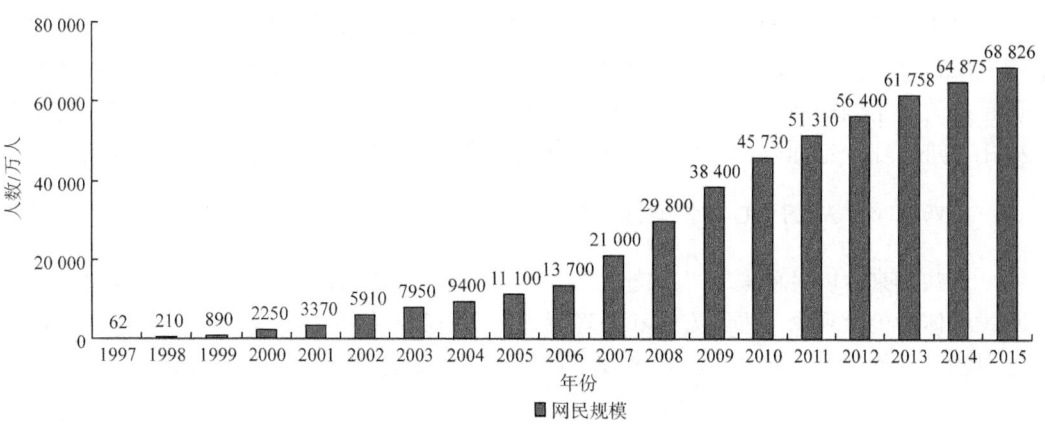

图 1-1　1997～2015 年中国网民规模

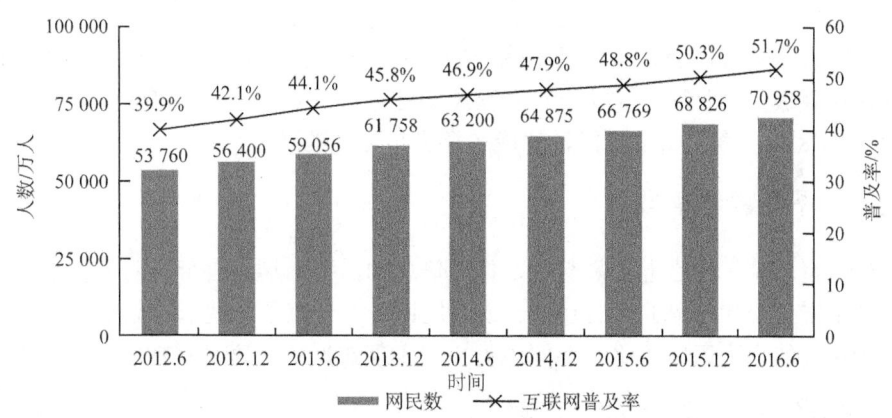

图 1-2　2012～2016 年中国网民规模和互联网普及率

（来源：《中国互联网络发展状况统计报告（2016 年 7 月）》）

（二）网络热门事件频发

从 2003 年的"孙志刚事件"、2008 年的"华南虎事件"、2009 年的"躲猫猫事件"等开始，我国网络事件开始逐步进入主流舆论的视野，我国的网络舆情研究也自此发展起来。网络热门事件的影响力逐渐带动一批网络流行语的产生和传播，从 2009 年的"贾君鹏事件"中的"贾君鹏，你妈妈喊你回家吃饭"到 2010 年的"大学生撞人事件"的"我爸是李刚"，从 2011 年的"至于你信不信，我反正是信了"到 2014 年的"有钱就是任性"，大量出现的网络热点事件引发一系列网络讨论的同时，网民从这些网络事件中提炼出风靡一时的网络流行语，并在此基础上加以改造和推广，使得这些网络流行语、网络热词广泛传播，促进了网络语言的不断丰富和更迭，也使得网络语言变异现象不断出现和发展。

（三）网络社交平台发展

近十年来我国社交网络飞速发展，诸如微信、QQ、百度贴吧、人人网、新浪微博等网络社交平台如雨后春笋般出现并汇集基数十分庞大的网民群体，这些社交媒体的出现直接改变了网络交际的模式，带来了网民交际方式的创新，促进了网络交际语境的多样化，进而在一定程度上改变了语言的使用习惯，为网络语言的创新提供了条件。

（四）网络流行元素快速更替

近些年来，以"草根""冷幽默""卖萌"等为主题的网络文化兴起，体现了部分网民群体的价值观念、思维方式和心理状态，在引起网络流行元素快速更替的同时，也使得相关网络语言不断产生，在客观上促进了网络语言变异现象的发展。

二、网络语言的发展回顾

网络语言从 20 世纪 90 年代以来就开始形成并不断发展，至今已有近 20 年的历史，更新换代速度极快，大致上可以分为稳步式发展的早期（1994～2007 年）与爆发式增长的近期（2008 年至今）两个阶段，完成了意义与功能的转型。

（一）早期网络语言

网络语言反映了网络上人际交往、传递信息的需要，具有自身鲜明的特点。早期网络语言基本采用现代汉语的语音系统，或者用谐音手法赋予一些旧词新的意义，它与我们日常所使用的全民语言相比，不同之处主要表现在形式、语义与功能三个方面。

1. 早期网络语言在形式上的构成

（1）缩略

这种方式是网络语言的一大形成来源，主要包括以下几种。

1）汉语拼音化，即汉字字符被汉语拼音替代，具体采用汉语拼音的首字母进行缩略，大多为表达亲昵的称谓语，例如，GG（哥哥）、JJ（姐姐）、MM（妹妹、美眉）等，增添了一些委婉和含蓄的意味；也有充当句中谓语的动词、形容词等，如 BS（鄙视）、BT（变态）、JJYY（叽叽歪歪）、PFPF（佩服佩服）等，既表达了意思又不显得突兀，形成了鲜明的网络特色。

2）英文字母化，即利用英文首字母进行缩略，例如，"HAGO""HHOK"和"MYOB"分别是"have a good one"（祝过得愉快）、"ha，ha，only kidding"（开个玩笑罢了）和"mind your own business"（不关你的事）的缩略形式。

3）汉语缩略，即将汉语中的一些短语进行缩略。与传统的汉语缩略词相比，网络语言缩略词在缩略方式上虽然和传统的汉语缩略方式相同，但为了传播的广泛性和记忆的方便性，其语义上往往突破常规生造缩略词，以达到出其不意的效果。例如，脱光（摆脱光棍生活）、阳宝（阳光宝贝）、夜妆（夜上浓妆）、白骨精（白领+骨干+精英）、可爱（可怜没人爱）、耐看（耐着性子看）、特困生（特别犯困的学生）等。这种缩略有意造成同音、同形，引发受传者的歧义，产生幽默、戏谑的交际效果。

（2）谐音

网络语言打破了现实语言语音系统的平衡性和规范性，在语音方面主要借助谐音。由于网民大多使用"拼音输入法"，同时在网上惜时如金，人们有意或无意地运用谐音方法快速交流，便捷而又富有趣味。具体包括以下三种情况。

1）汉字谐趣谐音，即使用谐音化的"错别字"，诸如"帅哥"变成"帅锅"，"美女"说成"霉女"，"我喜欢"写成"偶稀饭"，而"瘟都死"是指"Windows"，"杂"是"怎么了"，"干撒子"是"干什么"，等等。这是由于部分网民对于一些方言的不断追捧，再加上港台话语的影响等，还由于汉字谐音化的趋势在网络语言中越来越明显。

2002～2003年出现了由符号、繁体字、日语、韩文、冷僻字或汉字拆分后的部分等非正规化文字符号组合而成的"火星文"（焱暒妏）。"火星文"趣味地意指地球人看不懂的文字，是对以上用法的综合运用。这种称法最早出现于台湾，随即流行于中国内地、香港和海外华人地区，成为中文互联网上的一种普遍用法，并逐渐向现实社会中渗透，成为中国文字史的别致现象。随着互联网的普及，年轻网民为彰显个性，开始大量使用同音字、音近字和用特殊符号来表音的文字，这种文字与日常生活中使用的文字相比具有明显的不同并且文法也有相当大的差异。很多网民对这种语言现象嗤之以鼻，称为"脑残体"。正是因为这种语文现象的泛滥，人们开始思考汉语语言纯洁的重要性。毕竟每一位家长都不希望自己的孩子说着满口自己看不懂的"火星话"。终于在这一阶段的末期，网民们认识到了"火星文"的弊端。这种字体渐渐被淡化，不再频繁出现。

例8　莪很阿嬡o(∩_∩)o[①]。

例9　"①葃嘟媞幻觉"[②]。

2）字母谐音，使用英文字母仿英文常用语之谐音，如"CU"谐音"See You"为"再见"之意，"UR"谐音"you are"为"你是"之意。

3）数字谐音，例如，"5201314"谐音"我爱你一生一世"，"－7"谐音"夫妻"，"881"表示"抱抱你"。

谐音化现象早已被网民们普遍接受和运用，成为网络语言的"趣味标签"。

（3）象形

这是指网络语言运用图示效果，以表达幽默、含蓄。这种方式主要包括两种形式。

1）通过键盘符号的组合传情达意。原本无任何意义的键盘符号叠加在一起，在网络语言中表现各种各样的实在意义，成为情感符号。例如，"ヽ(^ω^)ノ"表示"小猪为你打气"，"\^o^/"表示"欢呼"，"@>-->---"表示"送你一朵玫瑰花"。

2）通过汉字的形体描写事物、表情传意。例如，"囧"本义为"明亮、光明"，

[①] 我很可爱（可爱笑容表情）。
[②] 一切都是幻觉。

在传统汉语中使用频率很低，而在网络语言中却频繁出现，表达"郁闷、悲伤、失意、无奈、窘迫"等消极情绪，"槑"古代同"梅"。在陕西方言中，"槑"用来指小孩的呆傻可爱，通常是大人们对小孩的称呼以此来表达喜爱之情。在网络语言中，"槑"却成为"呆"的比较级，用来形容人很呆、很傻。

除了以上三种方法，早期网络语言在语音上还采用合音（如"表"——"不要"、"酱紫"——"这样子"），在字形上采用拆字（如"强"——"弓虽"、"超"——"走召"）等方式。

2. 早期网络语言在语义上的变异

（1）网络语言词汇基本义的变异

1）部分传统词汇在网络语言中被赋予了新的含义，例如，劈腿（感情不专一，"脚踏两只船"，或指多方面发展）、隔壁（相邻的论坛）、马甲（多重网名）、灌水（表示在网上发表长篇大论而又内容空洞、"水分"含量高的文章）、蛋白质（笨蛋+白痴+神经质）、经典（穷得连经文都要典当）、偶像（呕吐的对象）等。

2）另有部分词汇是网民们利用现实中一些事物的具体可感知性，创造比喻义，使网络聊天"可听可感"。这样的词语有：青蛙（指网上的男性公民）、水母（指在BBS上极能灌水的女性网民）、兔爸（toolbar，工具条）、恐龙（指相貌丑陋的女性网民）、大虾（超级网虫）等。

（2）网络语言感情色彩义的变异

在网络语言中，除了词汇的基本义发生变异外，词汇的色彩义如感情色彩的变异也值得关注。网民为追求标新立异，对部分词汇的色彩义做了调整，取得一种新的修辞效果和审美感应。感情色彩的变异可以分为以下几类。

1）由贬义变褒义。"讨厌"作为"喜欢"的反义词，是一种负面情绪，但在网络语言中的意思却成为"讨人喜欢让人百看不厌"，变成褒义词。"骚"的本义指举止轻佻、行为放荡，属于贬义且略带下流的词，但在网络语言中却由于网络自由主义、传媒娱乐精神、商业媚俗文化的泛滥成灾及理想主义的逐渐丧失，"骚"被集体忽悠成一个具有一定褒义色彩的词语，意指"优雅的性感"。

2）由褒义变贬义。"如花似玉"原本在现代汉语中被用于形容女性非常漂亮，是褒义词，但在网络语言中却成为"丑陋"的代名词，变成贬义词（源自周星驰电影里面常出现的一个男扮女装非常雄壮还喜欢挖鼻孔的角色名称）。"奥特曼"本是日本科幻电视剧中的英雄人物，在网络语言中却变成了"落伍的人"（outman），具有一定的负面含义。

3）由中性义变贬义。"包子"本不含任何褒贬色彩，但在网络语言中却意指"某人长得难看或者笨"，成了贬义词。"本草纲目"本是明代医学著作的名称，在网络语言中却被戏说成"又笨又吵又懑又木"的意思。

4）由贬义变中性义。"腐败"一词在现代汉语中原指"腐烂、堕落、（制度、组织、机构、措施等）混乱、黑暗等"，是贬义词，在网络语言中却成为中性词，意指"到饭店吃饭"。

3. 早期网络语言在功能上的变异

由于早期网络交际强调的是"多、快、好、省"，所以网民们常常在交际过程中无暇顾及语法规范，将词语随意组合与搭配，使网络语言在功能上也发生了变异，久而久之形成一些新的语言用法。

（1）词性的变异

1）名词变动词。在网络语言中，名词作动词随处可见，名词可以作谓语，并带宾语。

例10　有事伊妹儿我！

例11　你知道我在Q你吗？

汉语中名词不能直接带宾语。例10中"伊妹儿"是Email的音译，即"电子邮件"，是名词，在这里却用作了动词。这很容易使人联想起Don't forget to Email me的英语说法。例11中Q来自QQ，也是名词用作动词，成为"通过QQ工具和某人取得实时联系"的意思。

2）名词变形容词。传统汉语中，名词一般不能受程度副词修饰，而性质形容词大多可以受程度副词修饰。网络语言突破了传统语法的限制，名词受程度副词修饰、具备形容词性质的现象经常出现。

例12　这手机也太山寨了吧？

例13　他长得很亚洲。

上述两例中，名词"山寨""亚洲"被程度副词"太""很"修饰，具备明显的形容词性质。

3）形容词变动词。汉语中形容词不能带宾语，更不能用于被动结构。可是这种情况在网络语言中却经常出现。

例14　一些著名网站最近相继被黑。

例15　想要聊天必须起个好网名真正酷一把。

现代汉语中，"被"字结构多由"被+动词"构成，而非形容词。例14的形容词"黑"来自"黑客"（hacker），而英语单词hacker是由hack和er构成。hack是动词，本义是"乱砍、毁坏"。因此，形容词"黑"就有了动词的意味，指代黑客们的行为。同样，例15中的"酷"来自英语单词cool，本为形容词，也用作了动词。

（2）借鉴外来句式

早期网络语言借鉴英语的"ing形式"来表示进行时，借"ed形式"表示过去时。

例16　我无限郁闷ing。解读：我正在非常的郁闷中。

例17　我吃饭ed。解读：我吃过饭了。

类似的还有对于日语语法的借鉴，如"……的说"就是来自日语的"……とぃぃます"，表示"认为、觉得"。

例18 好像很好吃的说。解读：我看好像很好吃的样子。

（3）借鉴方言句式

主要表现为受闽粤方言的影响。

例19 今天真是累死掉了。

例20 你走先（先走）。

例21 我倒（表示晕倒）。

（4）使用反传统语法规范的语句

网络语言中常常出现程度副词修饰名词的现象。例如，"很书本"是说"书生气十足"，"非常克林顿"是指"非常不诚实"。

4. 早期网络语言的特点

早期网络语言主要用于网络交际，反映网络上人际交往、传递信息的需要，具有自身鲜明的特征。从其形式、涉及的方面、交际目的和语言风格来看，网络语境决定了早期网络语言的主要特征是：简约性、多元性、模糊性、创新性。

（1）简约性

首先，语言是思维的直接体现。网络语言是通过进入网络的计算机屏幕与键盘得以实现的，这就决定了网络语言与思维的同步性不如一般的语言，因为打字没有说话快。为了克服这一缺陷，同时为了在惜时如金的网络上节约时间、缩减开支，在最短的时间内传递出最大的信息量。人们在保证言语沟通顺畅的情况下，总是自觉或不自觉地对言语交流中力量的消耗做出合乎经济要求的安排，尽可能使用比较少的、省力的、已经熟悉或习惯的、或具有较大普遍性的语言单位。在这种情况下，网络语言作为信息的载体，往往注重信息传递的效率，呈现出高度的简约性特征。其次，网络语言要适应网民知觉的选择性。在寸时寸金、信息量如同海洋的网络上，网民都是快速浏览、选择信息的；而网络语言所面向的不是单一层次、单一类型的公众，在网上发布信息，如果想吸引尽可能多的用户，所使用的语言必须是简单明了、一目了然的表达方式。人们总是倾向于注意鲜明突出、视觉冲击力强的用语。这主要反映在大量缩略词汇的出现，如"AV8D"代表"everybody"，"BTW"代表"by the way"，"MM"（美眉—妹妹），"蛋白质"代表"笨蛋+白痴+神经质"等。

简约性不仅表现在用语词汇的简略上，还体现在用语对传统语法规则的突破上。比如，"E我"是"给我发Email"的简化说法，不但字数减少，结构层次上也有所变化。原来是一个状中短语，简化后成为一个动宾短语，其中的"E"（Email）是名词活用为动词。

（2）多元性

语言具有多元性，网络语言则是其多元性的具体表现。这里的多元性有两个方面：①网络语言由于使用者来自天南地北，不可避免地带有方言印记。如南方人会经常问"什么""为什么"，而北方人则会说"啥""为啥"。虽然网民在网络交际中使用的基本是普通话，但是根深蒂固于脑海中的方言却会不经意地流露出来。这就决定了网络语言在方言上的多元性。比如："肿么了（怎么了）？"②网络对于网民来说是联系的纽带，也是屏障，它隔开了双方的语音、表情与动作等，留下的只是文字形象，而这些是可以由网民自行设定的，它可男可女、可美可丑、可善可恶……一切都可以由网民自己决定，这就造成了网络语言的语言形象多元性。网民由各种人组成，其语言风格多变，庄重、随意、严肃、戏谑……这既表现在网络语言中汉语普通话、方言、英语、日语等语码混杂，以及汉语拼音、数字、符号混用上，也表现在网名的五花八门、标新立异上。

（3）模糊性

网络超越距离、空间把相隔千山万水的人们联系到一起，同时也使网民在面对陌生人时带有无意识的隔阂心理，使他们在回答对方问题时，带有模糊性，可说可不说的话运用得比较多。

例22　A："你是谁？" B："一个网民。"

例23　A："你在哪里？" B："网上。"

首先，网络语言的模糊性是网民自我保护或制造新奇效果的语言手段。其次，由于网络语言的简约性和网络上不能实现面对面的交流，缺乏形体语言等其他形式的配合，这也造成了网络语言无法表达其准确含义，具有很大的模糊性，甚至可能使对话浮现额外的意义而引起误会。如现代汉语中"他们"一词既可特指某些人，又可泛指除"你、我"之外的其他人，在日常交际中可以使用手势进行配合，朝某方向一指或广泛地大幅度一挥来加以区别，但在网上无法用体态语配合，只能保持其模糊性。最后，交际中并非所有的字音都需要有字面意义，或附和其字面意义，有些词语纯粹只是对话中的礼仪，如"啊哈""嗯""哦"等字有"是""否""也许"或"我在这里""我明白了"等许多种意思，本身带有很大的模糊性。

（4）创新性

网民大多为青年人，有追求时髦、求新求变、标新立异的要求，同时青年人交际面广，交往频繁，生活、学习和工作的压力大，容易产生群体认同价值的交际符号。这些决定了网络语言必须具有新意、令人耳目一新。网民之间的交流大多数是通过文字符号来完成的，用新奇而有趣的语言，可以显示自己的聪明才智，比较容易吸引别的网民注意；网上交流多为内容较为简单的短文，没有什么回味的余地，而在这些细节上动些脑筋就成了让文章更耐读的一种方法；希望通过一些异化的、情绪化的语言来宣泄某种平日里不能或不敢表达的情感。

早期网络语言的创新性表现在三个方面：①完全新创，如将"上网"说成是"爬网"，把"刚上网的新手"称作"菜鸟"等。②旧词新说，如把"在聊天室里长时间说悄悄话"是"潜水"，把 BBS 的管理员称作"斑竹"等。③运用数字符号不断创造新的网络词汇，如用数字"1775"来表示"我要造反了"。这样一串数字很容易引起别人的注意，同时又让人不能轻易参透其中的意思，既显示了作者的智慧，又增强了词汇本身的耐读性。这时作者要传递的首要信息已不仅是"我要造反了"，而且要告诉读者"我很聪明，我也有知识"。这很符合青少年创新求异的心理。

同时，由创新性也派生出了早期网络语言的另一个特点：视觉显著性。视觉显著性是指网络语言的各种表达方式都能给人以较为强烈的视觉刺激，从而引起别人的注意。首先是表情动作符号，这样由一串标点符号组成的图形，夹杂在文字中，肯定是非常引人注目的。其次是数字和字母文字，它们也能够在周围文字的衬托下而得到人们的注意。所以，这些网络词语在客观上很容易得到人们的视觉注意。最后是汉语新词，这些新词本身是以汉字的形式出现的，因此，它们的视觉显著性并非如符号、数字与字母那样来自外形上的差异，而是来自本身的"新"。由于它们是在日常应用的词汇库之外的，所以人们在阅读一段话时很容易注意到而给予主观上的足够重视。这样，我们就可以看出，网上交流时的视觉显著性由大到小的排列顺序是：表情动作符号>数字和字母文字>汉语新词。例如，同样表示生气，表情动作符号"☹"，数字和字母文字"7456"，汉语新词"弃轰"，传统语词"气死了"，引起视觉注意的程度是大不一样的。这其实就是在比较各种网络词语的创新性。

另外，我们也应看到，网络词语乃至网络语言的创新性其实都取决于互联网本身的一个特性：网络交际中交谈者身份的隐匿。正是由于网络的这一特性，创新性才有可能存在。如网络语言中的"童语"现象，把"漂亮"说成"漂漂"，"东西"说成"东东"，"坏蛋"说成"坏坏"，这很难想象会在网络以外的任何交流环境中出现。这表现了在现今这个高压力、快节奏的社会里，人们对无忧无虑的童年生活的向往和被保护、被宠爱的渴望。而在现实生活中，表现出这样的情绪无异于向竞争对手、向社会示弱，所以网络这个虚拟社会就成了宣泄这种感情的最佳场所。

（二）近期网络语言

随着互联网在中国内地的逐步普及，网络语言表现出极强的生机与活力。2008年以后突破了稳步发展时期，进入一个高速发展的新时期，逐渐呈现出与以往不同的新面貌。一方面，网络上出现大量热点事件，其中一部分进而形成网络流行语，网络语言的形式也从简单的符号、词汇，上升到语句甚至网络语篇的范畴，功能从原来的网络交际拓展到反映民生诉求的层面；另一方面，以QQ、微信、人人网、新浪微博、百度贴吧等为代表的网络社交平台快速发展壮大，网络语言的使用力度、传播速度和影响程度空前提高，这些都极大丰富了网络语言的内容。

1. 语音上：出现谐音变体

近期的网络语言除了保持早期的特点，在语音修辞表达上继续沿用谐音用法。例如，闹太套（not at all，什么都没有，不要客气）、图样图森破（too young, too simple，太年轻，太天真），并在此基础上出现了变体。例如，骚年（少年）、妹纸（妹子）、乃们（你们）、肿么了（怎么了）、胖止（胖子）、坏银（坏人）、好桑心（好伤心）、……屎了（……死了），等等。这类词语是典型的网络语言，属于"谐音"现象的变体，这类词语起先是由于一些人发音不标准，或是有的方言存在这样的发音习惯，让大家觉得很好笑、很新鲜，所以慢慢流传开来，也"感染"到更多不易发准音的词上。

2. 语形上：派生法的扩大化

派生法原指在词根语素上附加词缀以构成新词的方法。这里所说的派生法的扩大化特指网络语言中由某词语、语句、语篇衍生出诸多类似格式的词语、语句、语篇的方法。与早期网络语言的特殊词汇相比，这种派生机制具有无限衍生的空间。

（1）词语派生

随着网络的传播速度和网民交流频率的加快，网络语言中某一词语受到网民推崇后，很快就会相继出现众多类似模式的词语。例如，黑客——白客、红客、闪客、拼客、晒客，形成"×客"词语模式；宅男——酱油男、凤凰男、摩羯男、经济适用男，形成"××男"词语模式；犀利哥——拜春哥、撕证哥、力学哥、大衣哥、八万哥，形成"××哥"词语模式；被自杀——被失踪、被就业、被增长、被高尚、被精神病，形成"被××"词语模式……网络语言中的派生词语其词根和词缀的组合往往突破传统规则，新鲜奇特。

（2）语句派生

网络语言的加速发展使一些流行语句也被不断模仿翻新，成为语句模式。例如，防火、防盗、防师兄——防火、防盗、防老太，防火、防盗、防学长，防火、防盗、防记者，防火、防盗、防闺蜜，防火、防盗、防河南，形成"防火、防盗、防××"语句模式。神马都是浮云——一切都是浮云，美女都是浮云，高考都是浮云，形成"××都是浮云"语句模式。哥唱的不是歌，是寂寞——哥练的不是剑，是寂寞；哥抽的不是烟，是寂寞；哥喝的不是酒，是寂寞；形成"哥×的不是×，是寂寞"语句模式……甚至出现了结构模式，按照语句内部排列顺序的相似点推出新句。

例24 羡慕嫉妒恨——空虚寂寞冷，神速麻利快，忠厚老实憨。

例25 高端大气上档次——低调奢华有内涵，奔放洋气有深度，简约时尚国际范，低端粗俗甩节操，土鳖矫情无下限，装模作样绿茶婊，外猛内柔女汉子，卖萌嘟嘴剪刀手，忧郁深沉无所谓，狂拽帅气屌炸天，冷艳高贵接地气，时尚亮丽小清新，可爱乡村非主流，贵族王朝杀马特。

（3）语篇派生

这是指起源或流行于网络的新文体，称为"××体"。通常是由于一个突发奇想的帖子、一次集体恶搞或者一个社会热点事件而产生。网络语言中的"××体"最早从"淘宝体"开始，继而出现"咆哮体""凡客体""遇见体""甄嬛体"等多种网络语篇模式。篇幅有限，我们这里仅举"陈欧体"。

例26 你只闻到我的香水，却没有看到我的汗水；你有你的规则，我有我的选择；你否定我的现在，我决定我的未来；你嘲笑我一无所有不配去爱，我可怜你总是等待；你可以轻视我们年轻，我们会证明这是谁的时代。梦想，是注定孤独的旅行，路上少不了质疑和嘲笑，但那又怎样？哪怕遍体鳞伤，也要活得漂亮。我是陈欧，我为自己代言。

例26是"陈欧体"的原型，这段话其实是某公司的广告语，句式主要包括"你只××我的××，却没有看到我的××；……你有你的××，我有我的××。你可以××，但我会××……但那又怎样，哪怕××，也要××。我是××，我为自己代言"。这则广告的信息意图告知观众的字面意义是年轻人不惧挫折进行奋斗，反映当下年轻人的声音,成功地实现其宣传目的。"陈欧体"这种广告语形式随即在各大网络论坛中走红,网民发挥自己的才智与想象力,创造了学生版、厨师版、单身版、胖子版、离职版、鳗鱼版、设计师版等各种版本的"陈欧体",这些版本大多充满娱乐的色彩。由于篇幅关系,我们这里仅举一例。

例 27 学生版:你只看到我的分数,却没看到我的努力;你有你的试卷,我有我的作答;你嘲笑我分不够高不配玩乐,我可怜你总想名校;你可以轻视我们的成绩,我们会证明这是谁的时代。读书,是注定痛苦的旅行,路上总少不了挫败和低分,但那又怎样?哪怕挂科,也要挂得平静。我是学生,我为自己代言。

3. 语义上:反映社会价值观念与热点事件

随着网络与现实生活逐渐融合,网络语言的产生与发展越来越受到社会现实生活的影响,网络语言对现实生活中所追求的价值观念与所发生的热点事件等进行概括性和抽象化表述,形成概念整合型网络语言,在网络交流过程中逐渐形成舆论再反过来影响现实。

(1)由社会价值观念整合的网络语言

社会经济发展的不平衡,贫富差距日益扩大,导致人们的就业压力、生存压力、情感压力等急剧增大。在这种现实情况下,人们的价值观念或多或少地受到一定的影响。身份隐匿性最强的网络成为人们自我发泄最多的一个倾泻口,于是这种影响最先反映在同社会一样快速更替的网络语言之中,逐渐形成以社会价值观念为整合基础的网络语言,如"高富帅""白富美""矮矬穷""土肥圆"等。

(2)由社会热点事件整合的网络语言

互联网为所有人创造了一个言论自由的平台,话语权不再专属于社会组织,人人都可以独立思考,通过写作和探索,发表自己的想法和意见。网民数量的急速膨胀预示着社会各阶层、各行业能够从不同的角度和立场出发,通过发表多元化的意见和评论,撞击出智慧火花,在不断反馈和修正中形成不同的舆论中心,最终形成广泛的、代表主流民意的网络舆论。由于网络论坛、新闻、微博等提供了快速传播信息的平台,网络语言也日益参与到对社会热点事件的表达与传播中,由此构成了基于社会热点事件整合而成的网络语言。例如:"打酱油"(源自广州电视台采访的某市民对于某事件的看法);"躲猫猫"(源自2009年2月云南某男子死于看守所事件);"楼脆脆"(源自2009年6月27日上海一栋竣工但未交付使用的高楼整体倒覆事件);"我爸是李刚"(源自2010年10月16日晚某男子在河北大学交通肇事后口出狂言:"有本事你们告去,我爸是李刚"),进而又产生"恨爹不成刚"这个网络流行语。

4. 形式上:由改造走向原创

从网络词汇的产生方面来看,网络语言并不再单纯地改造生活用语与外来词(如"酷""CU"等),而变为更多地创造。例如,"壕"这一个字,它在现代汉语中的意思是护城河、沟的意思,而在网民的奇思妙想中被赋予了"土豪"的意思;再例如,"煋"本意为火光四射,在网络语言中却是"火星"的意思,表达某人跟不上潮流,像从火星来的一样。这些新生的网络词语与原本字义有较大的区别,而且在网上首创并广泛流传在网络中，这与之前的网络语言有着较大的区别。

除了词汇，网络语言更是创造了一种全新的表达方式：注音。请看下面的例子。

例 28 "同学，你趁我不在宿舍把我辛辛苦苦养的鱼全都放生了，真是个有品德的好（shen）少（jing）年（bing）。"

"～·～骚瑞，不是故意的啦，别生气嘛。"

从例 28 中，我们可以明显看出说话者的讽刺意味，而这句话的表达方式不单单是反讽。在"好少年"三个字后面分别用括号插入了三个字的拼音，很明显是"神经病"三个字的拼音。这是被网民称为"虚伪体"的一种网络文体，首现于微博、微信，起始于 2013 年。虚伪体具有强烈的调侃意味。操作方法是在话语当中添加括号，括号里标注汉语拼音，一个字后面跟一个音节（拼音的声调能让人更快地辨识，可加可不加）。拼出来的内容与其所对应的文字长短一致，且意思要背道而驰，从而达到诙谐、幽默的效果。通过括号得到的信息，往往才是发言者的心之所想。说话人借这种方式表示自己对听话人所做行为的不满。这种表达方法不适用于口语，而只出现在网络环境中。这种表达方式不再单纯属于词汇、语法的变化，可以看作一种新的修辞方式。

5. 内容上：由直白走向含蓄委婉

早期的网络语言比较容易理解，如果你没有上过网，看到一些网络上经常出现的词语（或者是表情符号）还是能够猜出大概的意思。但近期的网络语言开始从浅显走向深奥。很多词语都是网民在某些网络流行典故中总结出的词语，具有较强的抽象性与概括性。除了之前提到的"壕""煋"等"组合字"之外，还有"躺枪"（指"躺着也中枪"，其意指自己什么也没做就招致祸端）等具有丰富含义的词语。

另外，还有值得一提的现象是网络脏话詈词的变化。早期网络产生的网络脏话詈词与近期明显不同。前者较为直白显露，后者则较为晦涩委婉。网民为了营造一个更好的网络交际环境，将原本的脏话詈词进行谐音或者藏头音改造，用近音词代替本字，如"我去年买了个表""牛掰"等词语。在网络上这种词语有相当一部分渐渐演化为语气词而不再是脏话詈词，色彩义发生改变，其本身并不带有贬义或者其贬义在逐渐淡化。

事实上，语义委婉晦涩不局限于网络词汇。在修辞方面，反讽的语言现象在网络上日益增多。网民在表达自己看法时常用一种幽默的方式，即网络中的"黑"，如下面这一个段子。

例 29 "我打小呀，就独得老天恩宠，世上男女万千，就偏偏宠我一人，于是我就劝老天，一定要雨露均沾。可老天非是不听呢，就让我单身，就让我单身，就让我单身！"

例 29 是网络语篇"雨露均沾体"的变体，话语前段说的是说话人在炫耀从小就独得老天恩宠，让人看后顿感羡慕，看到最后却发现事实上老天的恩宠是让说话人单身，与说话人原先带给读者的期待产生巨大反差，幽默效果油然而生。读者只有在充分了解整个语段信息后才能正确理解话语的褒贬意义。

6. 关注点上：由交际娱乐走向社会民生

网民年龄结构优化、文化素质提高是主要原因，政府部门与新闻媒体重视网络平台是次要原因。这一特点的变化也是区分网络语言发展早期与近期的重要标志。2008年，汶川地震让"范跑跑"出了名，网民在网上对范某某的口诛笔伐持续了近半年。2009年起，随着通货膨胀向普通商品蔓延，"大蒜""白糖""生姜"等农产品价格的高度上涨，"油不得""姜你军""煤超疯""盐王爷"等物价系网络词语也应运而生。2012年，时任总理温家宝正式开通实名微博，由此掀起了网民参与政治的积极性。2013年，"扶老人"成为网络流行词，更有网民调侃说扶老太太是最佳炫富行为。网络"黑"语言不再是网民单纯娱乐的方式，更是对社会的反思与批判。

7. 语言环境上：由单一走向多元

在网络发展的早期阶段，网民活动场所还不多，主要局限在贴吧、论坛、QQ或聊天室。这些网络平台交流形式大体相同没有创新，基本都是以某人发帖，然后网民相继跟帖为主要交流形式，所以当时的主流网络词汇大多是"楼主""灌水""顶楼上"等。而从2008年开始，网民活动场地增加了微博、人人网、淘宝网等。这些网络平台交流形式多样，突破了"回帖式"交流形式。所以"亲""最右""转发"等新网络词语相继出现，奠定了网民多元化交流的基础。不同的网络语境使用不同的网络语言，基本不会相互串用。例如，在微博、人人网、QQ等网络社交平台上基本不会见到"灌水""楼主"等词语，而是使用"最右""博主""转发"等词语。

近期网络语言除了以上变化特点，还有一些相对稳定的特点。

（1）简约性。网民喜欢节省时间的特点还是没有变，总是运用最简短的话语表达最丰富的语义。早期网络语言的简约性大多体现在外来词语的省略和用表情符号代替文字上。近期网络语言的简约性进一步发展到了无厘头的程度，将整句话缩略为两三个字且无视任何语法修辞规则。例如，"喜大普奔"，还有"壕做友"（是"土豪我们做朋友吧"的缩写），"我伙呆"（是"我和小伙伴们都惊呆了"的缩写，用以表示惊讶与讽刺），"累觉不爱"（是"好累，感觉不会再爱了"的缩写），等等。由此可以看出，与其他特点不同，省略现象似乎是网络语言最长期且最稳定的特点。

但我们必须要认识到，随着网络的发展，网络出现了越来越丰富的具体语境。如果说网络语境是一个大集合，那么具体语境就是它的子集。以BB这个词为例，它在大部分网络环境下的意思是"啰唆"。而在网易旗下一款名为"梦幻西游"的网游中却是"宝宝"的意思。再以BF为例，在大部分网络环境下表示boyfriend，而在与电脑维修相关的语境下表示"备份"的意思。与此相似的例子举不胜数，在此就不再赘述。这种省略本身没有太大的变化而只是产生了细化、分化，所以我们不把它归入到变化特点中。似乎这种分化导致的歧义现象是网络语言的缺点，但我们认为语言总是要顺应语境才能发挥交流的作用，只要使用语境得当，这种歧义便不会产生影响。

（2）包容性。网络是个三教九流汇集的地方，因此网络也是各种语码混杂的地方。在特定的使用环境中，这些各具特色的字符被赋予了超出传统内涵的含义和喜感，无论是文字、短语还是英文字母、特殊代号，经网民的重组或变形后，都有了更强的时代感和新鲜度，它使网络虚拟交流的语境更为活跃，也更具有人情味，体现了网络对于这些语码巨大的包容性特点。很多语码被网络语言吸收成为自己的一部分，如"给力""灰机""偶""孩纸"等,都被网民广泛接受,在网络言语交际中大量使用。

当前,网络日益普及,社交媒体高速发展,不断催生出网络新词、流行语。网络语言中的一些流行语甚至走进了被认为是最重要汉字教育读本的《新华字典》。在第十一版字典里出现了"晒""奴"和"门"等字在网络上的用法。例如,"晒"的解释是"展示,多指在网络上公开透露自己的信息",如"晒工资";"奴"的解释是"为了支付贷款等而不得不拼命工作的人",如"房奴";"门"的解释是"事件,多指负面的事件",如"学历门"。随着我国互联网事业的发展与普及,网络语言已经成功地从网络空间融入现实交际,成为当代汉语表达的有机组成部分。

第三节 网络语言的研究回顾

网络语言作为一种新兴的语言形式,其自身形成和发展的时间大致上与互联网逐步兴起和发展的时间相一致。虽然 1991 年就出现"网络语言"的表述,但直到 1996 年,国内期刊才出现第一篇讨论网络语言的论文(杨则正,1996),并将其称为"新的网络语言",在 2000 年以后有了快速的发展,在其发展的十几年间里,网络语言的研究专著、论文数量迅速增长。笔者借助知网数据库进行查询,通过"篇名"项检索"网络语言"发现,1997~2016 年 5 月 31 日我国发表网络语言方面的论文共有 4531 篇,其中 2000 年前仅 9 篇,2000~2007 年为 567 篇,2008~2016 年 5 月 31 日为 3955 篇。可以看出,网络语言研究论文数量呈逐年上升的趋势,网络语言越来越受到人们的关注。

网络已经成为当今汉语新词语的孵化器、试验场和推进器。每年都会有大量的网络新词新语诞生,历经大浪淘沙的兴衰过程,对网络词语的收集、整理与解释,既是语言学界的责任,也是社会的需要。据统计,目前国内已出版各种网络词语词典及类似书籍 16 部。2000 年第一部词典(易文安,2000)问世;《中国网络语言词典》(于根元,2001b)是第一部由语言学家主编的词典,对国内的网络语言研究影响甚大,同年另有 4 部辞书面世,形成国内网络语言的第一个出版高峰。其后经历 5 年沉寂,直到 2008 年才有新的辞书面世,特别是 2012 年之后就有 7 部出版。目前的辞书以不同的形式较好地汇集网络词语,完整地呈现网络世界的千姿百态,并对网络语言生活做出了有益的引导。词典,特别是语文性词典,它不仅要为读者提供字和词的读音、释义、用法和例句等查阅功能,而且对社会的用词用语具有一定的规范和引导作用,网络语言词典更是如此。因此,收词原则的确定、编纂的科学性问题,尤其应引起编纂者的高度重视并很好地加以解决。

网络语言现象倡导的自由和创新吸引了不同专业的研究者纷纷投入对它的研究。一方面,网络语言为研究者提供了一个全新的研究领域,不同的研究者可以从不同的专业角度与研究方向发表对网络语言的观点与看法;另一方面,网络语言又为研究者提供了一种观察视野和研究手段,研究者可以结合自己的研究背景与学术专长,分析和解决各自研究领域中同网络语言相关的问题。这种学术上的自由和研究方法上的兼容并包,吸引了众多来自不同学术背景和学术传统的研究者。网络语言研究者来源的多元化,为多角度、全方位研究网络语言提供了可能性。一些硕士和博士研究生将其论文选题也定于网络语言领域，一些主管机构（官方）、协会（学会）、社团等相继召开类似主题的研讨会、座谈会、讲习班等，出现了一些很有价值和深度的论文，使网络语言的研究呈现出蓬勃发展的态势。

一、网络语言研究的发展

根据我国网络语言研究内容发展的轨迹，网络语言的研究可以大致分为三个时期。

第一个时期为1996～2000年，属于网络语言研究萌芽期。由于我国互联网起步相对较晚，所以早期对于网络语言的研究仅限于英文缩写、图形符号、英语汉说等的介绍性研究，这一时期关于网络语言的专著和论文的数量十分有限，研究角度也相对单一。其中，迥的（1997）在《网络文化中的新语言》中指出当前的网络语言基本源自英文的缩写，并列举出诸如CU（see you）、BTW（by the way）早期网络语言的主要形态；张普（1999）在《关于网络时代语言规划的思考》中从社会语言学的角度，对网络时代的语言规划问题展开论述，并提出了一个面向网络时代的语言规划模型——"学习—控制（Learning and Controling，LC）"模型；周海中教授在2000年首先提出"网络语言学"的概念，将网络语言研究提升到学科的层面；劲松和麒珂（2000）在《网络语言是什么语言》一文中，将网络语言分为"图形符号""文符兼用""洋泾浜英语""英语汉说""自由缩略""新词新语""童言童语"七类，同时在网络语言规范化问题上表现出了包容的态度，认为网络语言中有利于和能促进语言健康发展的东西，自然会经过社会的过滤，吸收进全民语言。这一时期的网络语言同样处在初期阶段，网络语言研究主要集中在网络语言概念及网络语言类型分类的介绍上，并没有系统介绍汉语网络语言的特点，以及网络语言在日常用语基础上的变异情况。

第二个时期为2001～2007年，属于网络语言研究稳步发展期。这一时期有个显著的标志性事件，于根元教授（2001a）编著了我国网络语言研究的第一部专著《网络语言概说》，探讨了互联网的历史和网络语言的发展、网络语体的特点、网络语言的特征、网络词汇特点、网络语言的优缺点与对待网络语言的态度等内容，详尽丰富地对网络语言进行了全面研究，大致比较了内地网络词语同其他地区网络词语及网络语言与其他媒体语言的差异，并明确提出网络语言的研究是跨学科的。这一时期我国的互联网用户人数急剧增加，因而网络语言研究出现了快速的发展，专著和论文的数量每年都在快速递增。刘海燕编著的《网络语言》[①]系统阐述了网络语言的性质、语境、语体、风格和规范化，以及网络语言的总体风貌、新词语的生成方式、网络语言与社会生活语言的关系等问题。成蕾编著的《网络流行语》[②]、刘能埔和马长安编著的《网络语言与语文教育》[③]等一系列研究网络语言的专著如雨后春笋般应运而生，这些专著的出现说明网络语言的研究进

---

① 刘海燕. 网络语言[M]. 北京：中国广播电视出版社，2002.
② 成蕾. 网络流行语[M]. 北京：机械工业出版社，2004.
③ 刘能埔，马长安. 网络语言与语文教育[M]. 合肥：合肥工业大学出版社，2004.

入到一个全面分析、综合关照的新阶段。这一时期，对于网络语言的修辞研究也开始出现，如林纲（2002）的《网络语言的类型及其特征》一文将网络语言的修辞现象总结为谐音、代语、摹声、图示、反语、比喻六种；赵华伦（2005）的《论网络语言的修辞现象》一文指出网络语言通过词汇、文字采用各种修辞手法来表情达意，或者帮助产生幽默、愉悦等效果，认为网络语言修辞大致有比喻、借代、谐音、缩略、叠音童语、摹状六种方式。

第三个时期为2008年至今，属于网络语言研究调整增长期。一方面，从2008年左右开始，网络上出现大量热点事件，其中一部分进而形成网络流行语，网络语言范畴也从简单的符号、词汇上升到了语句甚至段子、语篇的层面；另一方面，以QQ、微信、人人网、新浪微博、百度贴吧等为代表的网络社交平台快速发展壮大，网络语言的使用力度、传播速度和影响程度空前提高，这些都极大地丰富了网络语言的内容，也极大地丰富了网络语言的研究视角和维度，激发了网络用户的创造力和汉语的巨大潜力，网络热词和流行语中出现大量语言变异现象。这一时期，对网络语言中变异现象的研究开始增多，越来越多的关注集中在汉语网络语言特点及其变异情况上，研究的层次逐渐深入，研究视野也从语言学扩大到传播学、符号学、社会文化心理学等领域上。

二、网络语言研究的角度

在研究方法上，学者们除以传统的汉语语言学的方法进行研究外，还增加或引入了其他学科（或边缘学科）的研究手段，或以其他学科的视觉（或角度）来进行研究。例如，以社会语言学的调查统计方法对网络语言进行定量、定性描述，以传播学、交际学、文化学角度研究网络语言的语境、会话和修辞等问题，其他如运用语言哲学、语言变体理论、比较研究、英语语义、语用等方式方法进行研究，对网络语言进行由表及里、多方位的揭示。学者们除了对网络语言的类别、性质、特点、构成、衍生等进行归纳研究之外，从其他角度切入研究的也较多，比如，网语会话中的语码转换，网络交际的话语权势，网络语言的语境和交际，网络语言的经济性，网络语言的理据，网络语言的符号化、数字化、字母化，网络语言的文体、修辞与教学，网络语言规范，等等，并在充分论证的基础上，形成各家之言，研究内容呈现为一种无所不涉的驳杂性特征。从十几年的网络语言研究发展历程不难看出，学界对网络语言的研究可以大致分为语言学角度、社会文化学角度和传播学角度三类。

（一）语言学角度

汉语网络语言变异修辞语言学角度研究主要分为语言本体和语言应用两个方面。

1. 语言本体

对网络语言变异现象和语言本体的研究主要集中在语音、词汇、语法三个方面。

(1) 语音方面的研究

王未（2000）的《网络语言的新修辞现象》一文首先将网络语言纳入修辞研究的视野，认为同音、谐音等语音修辞方式可以很好地体现网络语言使用者的情感取向和幽默风格。卢惠惠（2003）在《小议网络语言的语音变异现象》一文中认为语音变异在网络语言中承担了表情、表意、表态等功能，主要的变异方式有谐音手法、叠音结构、数字字母摹拟词语语音三种。蔡长虹（2010）在《论改革开放以来的语音造词法——以网络语言中的新词新语为例》一文中认为外来语、方言土语词的借用、移用或音译、记音，以及网络语境的技术特点、交际原则等影响，包括音译、谐音、记音、合音等方式使汉字原有字形发生了变化。刘少聪（2014）的《从语音角度研究网络语言的构成》一文则从网络语言的数字谐音、汉字谐音、外语谐音三个角度对网络语言的构成展开论述。

(2) 词汇方面的研究

赵丽萍（2006）在《谈网络语言中的词汇变异现象》中将网络语言中词汇变异的现象归纳为变异重叠词、变异旧词、变异缩词、变异谐音词和变异同音词五种。姚智清（2005）的《略论网络语言中的词汇变异现象》则把网络语言中的词汇变异现象细分为七类，并把词汇变异现象产生的主要原因归结于网络交际语境和网络言语社区的特殊性，其中，网络语言变异的主要原则和特点有简约性、视觉性和游戏性。朱晓文（2008）的《网络语言词汇的语义特点》则从网络语言词汇的语义特点角度出发以显示出网络语言词汇的独特之处。康忠德（2010）在《网络语言词汇变异研究》中认为词汇的变异具有一定的社会心理与文化背景，它表现在词形变化和词义变化两个方面，词形变化通过构词方式的改变产生一些新的词语结构类型，词义变化加强了网络语言词义的形象性与模糊性，网络语言词汇的产生、变异对社会的影响既有积极作用，又有消极作用。

(3) 语法方面的研究

张云辉（2007）在《网络语言的词汇语法特征》中从网络语言的构词特征、句法特征和符号特征三个方面介绍了网络语言词汇的语法特征。李敏（2014）在《网络语言的语法变异研究》中将网络语言语法变异的类型分为词语的超常搭配、人称代词和称呼的随意性、语法形态的变异、词性的随意活用、语序的超常易位等八个方面，表达了对待网络语言变异的客观性、动态性和研讨性的三原则。李菊莉（2012）在《网络语言句法变异及其认知分析》中则从认知语言学的角度对网络语言的句法变异现象展开了论述。

2. 语言应用

网络语言变异修辞语言应用层间上的研究主要集中在模因理论、语境和符号学三个方面。

(1) 模因理论方面的研究

目前，模因理论视角下的网络语言研究数量十分可观，仅硕士学位论文就有30余篇，对于网络语言变异现象的模因理论研究内容主要集中在立足网络语言的模因特性，从网络语言模因的变异、特征及影响其变异发展的因素等方面探讨网络语言的模因特点。其中，吴燕琼（2009）的《网络语言变异的模因解读》一文指出，从模因论的视角解读网络语言更有助于研究网络语言及其复制和传播语言模因的方式，而语言模因使得网络语言变异模因复制和传播的速度加快。刘毓容（2011）的《模因论与网络语言变异》一文则认为网络交际中的各种语言变异现象是语言模因作用的结果，除了从语音、词汇、语法，还从网络语言的语义、书写、语域等六个方面的变异进行探究。戴洪波（2012）的硕士学位论文《模因视域下的网络语言研究》结合网络语言和模因的有关理论，探讨了网络语言模因的形成、复制和传播过程，并对网络语言的复制传播机制及文化内涵展开探究。通过对网络语言模因中强势模因和弱势模因的分析，对未来网络语言的发展趋势作出预测。田蓓（2014）的硕士论文《模因论视角下的微博语言变异研究》则立足于网络语言中的微博语言变异现象，通过大量实例的具体分析，确定了微博语言语音、词汇、语法和非文字符号变异模因几种类型，进而探究了微博语言模因变异的原因。

（2）语境方面的研究

武晓平（2004）在《网络语境特点和网络语言的形式意味化手段》一文中认为网络语境具有网络空间的无限自由性、网络交际者的求新求趣心理、网络交际工具的单一性的特点，这种特定的语境特点决定了网络交际者必然要采取特殊的形式意味化手段来满足交际需要。郭芳（2007）在《网络语境下的网络语言》一文中认为虚拟性是网络语言语境的最基本特点，并从话语范围、话语基调、话语方式三个语境变量分析了网络话语的特点。韩志刚（2009）在《网络语境与网络语言的特点》一文中将网络语境的特点归纳为三点，即网络交际空间具有无限开放性、网络语码输出具有低效性，以及网络匿名造成交际环境和交际主体具有虚拟性，并指出网络语境对网络语言产生了重要的影响，具体表现在语言符号的简化变异、网络语言副语言信息增多（体现在网络语的表情性），以及网络匿名制下诸多语言要素的删减和过滤。

（3）符号学方面的研究

何洪峰（2003）在《从符号系统的角度看网络语言》中从符号系统的角度进行考察，把网络语言符号分为可读和非可读两种，即语言符号和副语言符号，其中可读的语言符号包括汉字、汉语拼音、英文和数字四个符号系统，文章同时指出符号在各个系统中可以相互混合使用。李军华（2007）在《符号的颠覆与重构：网络缩略语研究》一文中指出"网络缩略语"形成于符号的颠覆和重构，其主要类型有借形缩略语、字母缩略语、谐音缩略语等，且具有鲜明的特征。王妍（2010）的《从符号学角度探究网络语言的特征》一文探究了网络语言符号的游移性、多变性和延展性等特征（所指），以及多样性、离散性和创新性的特征（能指）两个方面。

（二）社会文化学角度

网络语言的使用及其变异不仅仅是一种语言现象，也是一种社会文化现象。互联网用户作为网络语言创造和使用的主体，通过网络媒体传达价值观念和思想情绪，从而形成独特的文化形式。从社会文化学角度对网络语言进行的研究论文有：季安锋（2009）的《网络语言与社会文化心理》一文从社会文化心理的角度对网络语言的产生和发展进行分析，总结出网络语言中折射出来的社会文化心理主要包括求新求变、从众模仿、调侃戏谑、求简、求趣、追求自由与宣泄几个方面；樊慧（2011）的《虚拟与现实——论网络语言变异》一文将社会文化环境当作网络语言变异形成的最直接原因，随着数字化、信息化、全球化的影响和冲击，加之后现代思潮的影响及网络语言变异的形成，同时网络语言变异也对其他主流媒体、文化心理产生影响，并引发语言规范化的讨论；窦小忱（2014）在《文化发展视域下的汉语网络语言研究》一文中指出网络语言已经经历了20多年的快速发展，逐步进入到理性利用的阶段，应当用理性的思维和宽厚的态度去对待网络语言，同时针对问题的症结，开辟网络语言新的研究领域。

（三）传播学角度

网络语言作为网络传媒使用的交际工具，受到网络传播环境的巨大影响，网络语言的变异在网络媒体的传播中体现出了一定的传播规律和变异特点，在传播学视角下对网络语言及其变异的研究有：赵雅文（2006）的《网络媒体语言交际的特征及规范性应用》一文指出，网络媒体语言交际具有多元化、口语化、简约性、含蓄性等七种优势，同时也具有隐藏真实、弱化角色等五种不足；张跣（2009）的《"网络雷词"：议程设置和游牧式主体》一文以网络"雷词"为研究对象，认为诸如"打酱油""俯卧撑""范跑跑"等雷词的产生和流行，在实质上属于意识形态化的编码被网络流行文化抵制的现象，这种现象颠覆和撼动了大众传播中的权威性议程设置，与此同时大众性议程设置逐渐成为主导的力量；宫淑瑰（2011）的硕士学位论文《传播学视野下的网络语言研究》也从传播学视角切入对传播主体（网民）、传播环境、传播心理及大众文化等特点进行研究，认为为了适应网络传播中各主体的主客观需求，网络语言的话语手段通过重构、变形重组、意义重赋等一系列过程，不断拓展传统语言，增加其内涵和外延。

从以上网络语言的研究现状来看，网络语言及其变异这一语言现象已经引起了学界的关注，人们对网络语言现象已经由漠视到关注，由陌生到熟悉，由简单的斥之为"语言垃圾"到理解、宽容，再到理性地对其进行研究。网络语言研究进入逐步繁荣和大规模研究的阶段，呈现出学科（研究角度）多样、层次丰富的研究特点。对网络语言生存表象的研究逐步转入理性的、多角度的深入分析，通过运用多种研究方法，产生了很多重要的思想观点。网络语言学目前已成为语言学研究的一个热点，其理论体系和研究方法还有待于不断完善。

第四节　网络语言学课程的性质与任务

网络语言学课程是高等学校汉语言文学专业的一门专业选修课。本课程主要讲解网络交际中产生的网络语言现象的基本面貌与发展状况，探寻网络语言诸多要素与网络语境之间的内在联系，挖掘网络语言的社会功能，正面引导网络语言健康发展。

一、网络语言学课程的性质

网络语言学课程是一门具有较强理论性同时又具有较强应用性的课程。它是一门在语言学原理指导下对新兴的网络语言现象进行分析、探讨、总结其规律的课程。由于该课程的许多原理是从语言学各流派的理论中总结而来的，所以理论概括性较强，又由于其语言材料来源于实践及大量的网络言语交际过程，所以对网络交际实践又有较大的指导作用。因此，本课程的性质重在其应用性。

二、网络语言学课程的任务

本课程的教学任务是：以马克思主义理论为指导，以国家的语言文字政策为依据，贯彻理论联系实际的原则，运用现代语言学理论把网络语言研究成果转化为教学内容，系统地讲授网络语言现象，培养和提高学生理解、分析和正确运用网络语言的能力，对网络语言的健康发展、对青少年规范使用现代汉语起到积极作用，为他们将来从事语言文字工作、语文教学工作和现代汉语的研究工作打好基础；同时进一步促进针对网络语言的各项研究，使其在信息时代的今天具有更强的应用价值。

（一）讲解网络语言基本面貌与发展状况

网络语言作为一种新的语言现象，部分用语对汉语的规范发展产生了不良影响，同时对青少年正确使用语言存在负效应。这些不规范的语言问题，可能在某些范围内，某些人明晓其含义，而失去这些条件，就会对交际产生影响，成为交际沟通的障碍。相关资料显示，现在我国网民中半数以上是青少年学生，他们崇尚标新立异，喜欢别具一格的网络语言，一方面学习、运用网络语言，另一方面又不断地创造并推广网络新语汇，他们在使用网络语言的时候，驾轻就熟，而教师由于年龄及生活工作条件的差异，很难掌握不断更新的网络语言，就显得相对滞后一些。一些学生把网络语言用于课堂或者作文，容易引起教师的误解甚至反感，从而影响教师对学生的正确评价。

网络语言学课程较为系统地介绍了网络语言的基本面貌与其发展情况。本课程作为汉语言文学专业的选修课，以现代语言学、社会语言学、传播学等学科理论为知识背景，针对由新兴的网络传播、网络交际所产生的网络语言语音、字符、词汇、语法及网名、网络语境等诸多现象，以及网络语言对现代汉语所造成的各种影响，进行了较为深刻而系统的分析与整合，介绍了网络语言的产生、发展和运用等基本情况，对网络语言、网络语体、网络词汇的特点作概要阐述，对网络语言的构成、语境、语言接触、会话分析与语言规范等作重点讲解，并通过网络言语交际大量实例的分析，较为科学地理顺了网络语言与现代汉语的关系，使学生深刻地认识和掌握网络语言的修辞特点，将已学过的现代汉语基础知识化为熟练的语言技巧，了解、把握虚拟空间的语言基本情况及其特点，从而培养并提高学生在网络时代的语言应用能力。

（二）正面引导网络语言健康发展

网络语言是网络时代的产物，青少年是使用网络语言的主力军。对待网络语言，我们应该用一颗平常心来看待，不把它看成洪水猛兽，也绝不可低估它在出现和发展过程中，可能伴随的负面效果。在网络语言不断追求个性、不断创新的滚滚洪流中，悄然涌动着一股小小的浊流：语言的粗俗化。网络语言的使用过程中充斥着粗俗、轻佻的语言。如今，网络语言的粗俗化有愈演愈烈之势，并开始向传统媒体渗透，甚至有些粗话已登堂入室成为传统主流媒体的新宠。这不能不引起我们的注意，也亟待有关部门制定相应的管理规范性的措施。

当前网络语言使用的现状迫切要求开设网络语言课程，而网络语言研究的丰硕成果又为课程的开设提供了丰富的教学内容。网络语言学课程是教授通行网络传播信息、交流情感而具有不同于现实语言特点的专用语词的课程，引导学生注意新的网络语言现象、把握新的语言动态，使学生对新兴语言具备敏感性，真正把应试教育转变为素质教育，使学校真正成为良好的育人场所。同时，高校开设网络语言学课程，可以正面引导网络语言的发展，净化不良语言，形成文明、洁净的网络语言风气，使网络语言对现代汉语的发展发挥积极作用。

三、网络语言学课程教学内容选编原则

（一）网络语言学课程教学内容

高等院校开设网络语言课程，可根据教学对象的专业特点，将其定位为必修课或选修课。课程的教学内容可包括以下几方面内容。

1）网络语言的发生与发展；
2）网络语言的性质与特点；
3）网络与网络言语社区；
4）网络语言语音、字符、词汇、语句、语篇等要素；
5）网络语言修辞与功能问题；
6）网名问题；
7）网络语言的发展与规范化问题。

（二）网络语言学课程选编原则

网络语言学课程选编内容既要注重语言学基本原理的介绍和阐释，又要注重理论结合实际的分析，使学生对网络语言的定义、性质、特征、构成、网络语境、语言接触、会话含义和修辞等方面既能从理论上把握，又能在正确理论指导下进行相应的实践，以求得知识向能力的转化。因此，选编原则如下。

1）选编最新的网络语言现象，跟上网络语言变化的节奏；
2）选编内容必须运用语言学理论分析；
3）适当参考相关书籍、学术论文，选取最新研究成果；
4）选编内容注重实践性、应用性。

随着社会的不断发展与进步，随着人们实践领域的不断拓宽、深入发展，语言也处

在动态发展中。网络语言的生成与发展满足了人们网络交际的需要，并逐渐发展为反映民众民生诉求的工具。网络语言的研究可以涉及语音、词汇、语义、句法、修辞及网络语言的规范、心理机制等多方面，其显著的动态性特征为其研究提供了越来越多的课题，同时网络语言本身的争议性也日益成为人们关注的焦点。

拓 展 阅 读

1. 陈敏哲, 白解红. 汉语网络语言研究的回顾、问题与展望[J]. 湖南师范大学社会科学学报, 2012, (03): 130-134.
2. 胡凌, 刘云, 杨传丽. 网络语言二十年发展综述[J]. 湖南大学学报, 2014, (05): 136-141.
3. 施春宏. 网络语言的语言价值和语言学价值[J]. 语言文字应用, 2010, (03): 70-80.
4. 汪磊. 网络语言研究十年[J]. 语言战略研究, 2016, (03): 43-51.
5. 张薇, 王红旗. 网络语言是一种社会方言[J]. 济南大学学报, 2009, (01): 25-28.

思考与练习

1. 有人认为网络语言是糟粕, 应该禁止, 你怎么看这个问题?
2. 最新的网民规模是多少? 这说明了什么问题?
3. 你认为什么是网络语言?
4. 学习网络语言有什么作用?
5. 网络语言发展的两个阶段有哪些不同?
6. 你打算如何学习这门课?
7. 举例说明早期网络语言在形式上的构成方式有哪些。
8. 简述网络语言研究的三个时期的概况。
9. 网络语言学课程的任务有哪些?

第二章 网络语言构词

学习要求：了解网络语言在语音、字符、语义与语法等方面的构词方式，理解并掌握网络语言构词的分析方法。

随着我国互联网的快速发展，网络语言从早期对国外网络语言的模仿逐步独立并迅速成长起来，各种语言变异现象充分结合汉字构成、词汇语义及汉语语法等特点，在网络语言的变异修辞方式上有了极大的丰富，涵盖字词、短语乃至句子等层面。"讲修辞离不开语言材料、表达方式和表达效果。"[①]本章将针对网络语言构词方式的各个层面，加以较为详细的研究和探讨。

语言三要素中变化最快的要素是词汇，它能极其敏锐地反映人们社会生活的发展变化。在网络环境中亦是如此，网络语言词汇变异是最为主要的网络语言变异类型，网络语言的发展变化也重点体现在词汇变异方面，网络语言中词汇层面的变异现象往往是最早也最容易被创造和使用的，因此，几乎每天都有变异使用的网络热词和汉语词汇的"新用法"出现在网络上并被快速传播开来。网络语言在词汇层面的变异现象主要体现在基于语音的变异、基于词义的变异及基于字形的变异，即网络用词的音、义、形三个方面。另外，受到网络文化影响，网络语言词汇也表现出一些有别于现代汉语的语法特点。

第一节 网络语言语音构词

网络语言词汇中基于语音的变异是词汇变异中较为常见的变异修辞方式，主要可以分为谐音、叠音、合拆音及拟声四种方式。

一、谐音构词

谐音是汉语中一种常见的修辞方式，它是指利用语音相同或相近的条件来表情达意，增强表达效果的修辞方法。任何语言符号都是音形义的有机结合。通过谐音的变化，新词可以表达原词所不具备的意味，增加语言的艺术情趣，形成义在音外、义在形外的修辞效果，使语言表达具有幽默、含蓄、委婉等特殊的效果。网络语言作为语言在网络中的变体，已经成为网络文化的一个载体。网络语言由于更讲究简洁快捷，对于用语规范并不严格讲究，所以大量语音相同或相近的词之间相互替换，逐渐形成了具有鲜明网络色彩的、独特、幽默、风趣的谐音修辞手法。网络语言大量利用谐音修辞所包含的音义结合的复杂性和灵活性，来增加其自身的新奇度。在网络语言中，谐音可以穿越汉字

---

① 黄伯荣，廖序东. 现代汉语（增订五版）[M]. 北京：高等教育出版社，2011：161.

的界限来表示语义。只要声音与负载语义信息的汉字相同或相似，不管是文字、数字，还是字母，皆可信手拈来，为我所用。

（一）汉字谐音

指借助谐音运用汉字形式进行表达的方式，例如：

稀饭（喜欢）　杯具（悲剧）　海龟（海归）　童鞋（同学）　果酱（过奖）
灰常（非常）　木有（没有）　肿么了（怎么了）　小盆友（小朋友）
青筋（请进）　鸡冻（激动）　神马（什么）
切克闹（check it out）　欧巴（韩语：오빠，哥哥）　壁咚（日语：壁ドン）

汉字谐音模式下的谐音往往借用的是一个音同或音似的词语，而该词语往往已经存在于现代汉语之中，并且表示其他的意义，如网络语言中常用"稀饭"来表示"喜欢"一词，"杯具""洗具"则可以用来代替"悲剧"和"喜剧"使用；同时，也有一部分汉字谐音制造出现代汉语规范中不存在的词汇搭配用来表达原词，如"鸡冻"（表示"激动"）、"灰常"（表示"非常"）等。汉语谐音具体又可以分为以下几种。

1. 同音代替

在现代汉语中，"语音相同而意义之间毫无联系的一组词"[①]非常多，这就是同音词。同音词在日常言语交际活动中往往会混淆表达内容，影响交际双方的表达效果，因此人们尽量避免在言语交流中出现混淆视听的同音词。但是，网络语言却反其道而行，经常使用同音词来制造新奇生动的表达效果，这就是同音词谐音。同音词谐音的本质为声音的联想，通过替代者和被替代者音响形式的同一性来引入意义的双关，这在网络语言中是运用最为广泛的一种谐音修辞。例如，"杯具"即"悲剧"。"杯具"原指盛水的器具，而"悲剧"则比喻悲惨不幸的遭遇或描写戏剧主角与占优势的力量（如命运、环境、社会）之间冲突的发展，最后达到悲惨的或灾祸性的结局，这两个词语的意思风马牛不相及。可是网络语言却利用二者读音的相同，将"悲剧"别出心裁地替代为"杯具"，使之成为近几年流行的网络语言。"杯具"在网络语言中已经脱离了它原本的意思，而带有"悲剧"的意义，却比"悲剧"这一词语显得生动活泼，通过戏谑的口吻表达出语言使用者的不如意，不顺心或者失败，或者是委婉地对别人表示某方面的不满。再加上"杯具"一词本身所具有的"日常用品"的特性，更加扩大了这一词语的适用范围。

例1　杯具地喝汤，被烫了。

例1中的"杯具"更具有一语双关的作用，既运用了"杯具"原有的意义即"盛水的器具"来说明表达者在用器皿喝汤，又利用了"杯具"的网络意义即"悲剧"来表示自己被烫了这一不幸事实，一个"杯具"表现出表达者对自己喝汤被烫这一事件的无奈，同时也是对自己发生这一不幸的调侃，使原本不幸的事情变得充满乐趣，体现了另一种"阿Q精神"，让接受者会心一笑。

"杯具"的流行带动了一系列以"杯具"为核心的网络同音词的产生，如"洗具"为"喜剧"、"餐具"为"惨剧"、"茶具"为"差距"等。

---

① 黄伯荣，廖序东. 现代汉语（增订五版）[M]. 北京：高等教育出版社，2011：161.

例2 人生就像刷牙，一手是杯具，一手是洗具。

例2中将人生比作刷牙，乍一看两者之间没有太大的联系，但是通过"杯具"和"洗具"的一语双关把两者联系在一起。刷牙时，我们是一手拿着属于杯具的牙缸，一手拿着属于洗具的牙刷，而在生活当中，我们既会遇到悲剧，也会遇到喜剧。由此看来，将人生比作刷牙真是再合适不过了。而且，通过"杯具""洗具"的运用更加强了句子的调侃和戏谑效果，纵然人生有悲有喜，也要勇于面对，化悲为喜，给人一种积极乐观的力量。

又如，"鸭梨"即"压力"。"压力"和"鸭梨"声母韵母相同而声调不同，二者读音并非完全相同但也可算作是同音词替代的一种。"压力"一般指情况的紧迫或紧张及社会或经济负担的增加造成心理上的一种负面情绪，而"鸭梨"则是一种水果的名称，二者意义完全不同。而在网络语言中，将读音相近的"鸭梨"作为"压力"的替代者，使"压力"这一让人望而生畏的词语多了几分娱乐的味道，成为感受到压力却又不愿被压力所迫的网民的戏谑之语。试想，如果把压力等同于鸭梨，那么我们真的没必要那么压抑不安，且把压力当鸭梨，啃下它，就是胜利者。这种同音词的替代，充满了挑战生活的小智慧，也蕴含了化解压力的内在能量。

如图2-1所示，网络聊天充分运用了谐音构词方式，同音代替谐音修辞为网络语言提供了有效的构词手段，然而需要注意的是，谐音修辞使用的前提是音同或音近，在应用过程中应当注意原词与替代词之间的语音联系。如果忽视了它们之间的联系，过度追求新奇和游戏，就会导致消极的修辞效果，不但不利于交流和使用，反而会阻碍沟通和传播。

图2-1 网络谐音聊天示例

2. 方音戏仿

现代汉语除了汉语普通话之外，还存在着多种多样的汉语方言，这些方言与普通话之间在语音、词汇、语法等方面都存在着或大或小的差异，尤其在语音方面最为突出。比如，南方方言在声母方面浊音清化，有2～3套塞擦音，而且n、l普遍不分，平翘舌或分或合；韵母方面韵尾衰落，鼻音韵尾往往前后鼻音不分。网络语言将这种方言发音特点加以利用，故意模仿方言与普通话之间发音的不同点，来造成语言的新奇效果，这就是方言戏仿。例如，"小盆友（小朋友）"就是有些方言前后鼻音不分而形成的。又如，"内牛满面"原词为"泪流满面"，有些方言地区l、n不分，导致在打这一词语时出现错误而打成了"内牛满面"，后来该词逐渐在网络上流行开来。"泪流满面"原词是形容极度悲伤导致泪水流了一脸，具有一定的庄重性。而在日常的网络生活当中，当然没有这么多的事情让人真的哭泣与悲伤，网络语言就用"内牛满面"来表示一种具有卡通效果的流泪方式，其中往往含有些许善意的讥讽，或者说明自己对一件事情的发生激动而导致晕倒。

例3 我以45度角仰望天空，此刻阳光刺得我内牛满面；我换了个姿势以60度角仰望天空，脖子有点酸；我以180度角仰望天空，眼镜摔碎了……

网络上经常有一些所谓"非主流"写的一些自称"让人心碎"的句子，这使一些网民感到反感，认为他们是无病呻吟。在上面的例句中，将原本应该使用的"泪流满面"改为"内牛满面"，使"让人心碎"的句子变得幽默有趣，顿时让人觉得这个"45度角仰望天空"的人滑稽可笑，善意地讽刺了那些只会写让人发酸的句子的"非主流"。一个"内牛满面"，把原本庄重的词语变得生动活泼，增加了网络语言的趣味性。

又如，"妹纸"一词源自湖南、河南话"妹子"的谐音，这是没有区分平翘舌的结果。网络上关于表示女性的词语从来都不缺少，"妹纸"则是现在最为流行的一种说法。网络语言利用方言谐音，将"妹子"写为"妹纸"，不仅增强了词语的活泼性，还达到了"卖萌"的效果，经常用于亲密的人，比如情侣之间，或者年轻人之间对女孩的称呼，使词语使用者显得天真可爱。平翘舌不分的例子还有，把"伤心"说成"桑心"。

再如，"灰常"一词是"非常"的谐音。有些方言地区h、f不分，使有些人在打字时把fēi打成了huī，从而出现了"灰常"一词。网民们觉得"灰常"的发音比较特殊，也显得可爱，就把"灰常"一词发扬光大，成为时下流行的网络语言。

例4 求PS高手把偶P成灰常漂漂的妹纸。

例4的意思是"求PS高手把我P成非常漂亮的女生"，句中一个"灰常"、一个"妹纸"以一种娇嗔的语气表现出表达者风趣幽默的性格，更加具有亲切性和感染力，拉近了与接受者的距离，使"PS高手"更容易想去帮助他。h、f不分的例子还有"粉（很）"。

例5 偶粉耐泥。

例5的意思是"我很爱你"。其中，"偶"来自闽南语方言，"粉"来自客家话，"耐"来自天津方言，"泥"是"你"的谐音。

这样的例子还有很多，比如，"虾米"来自闽南方言，"唔""唔系"来自广东方言，"素"来自台湾方言，"好康"来自闽南方言，"嫩（你）"来自青岛方言，"俺"来自北方方言……方言谐音的出现，是网络交流空间扩大化的表现。正因为网络提供了供各方言使用者交流的平台，才使方言的接受度和使用率更加广泛；也正是因为各种方言独具特色的发音方式，造就了网络语言谐音修辞的发展和进步。

3. 童声谐音

童声谐音，是故意不按照正确的发音方式而模仿儿童的发音特点，以求表达天真纯洁的心理。儿童刚学会发音，经常会出现平翘舌不分、前后鼻音混淆、较难读的字词发音不清等现象，网络语言就利用了儿童这一发音特点，将正确的字词故意写成儿童读音的字词，以追求新奇的表达效果。例如，"麻麻"即"妈妈"的意思。最初是在日本动漫《蜡笔小新》中出现，主人公小新是幼儿园的学生，活泼可爱，说话非常有特点，经常把"妈妈"读作"麻麻"，从而风靡网络。"麻麻"相比普通读音"妈妈"更添了几分俏皮，将儿童的天真可爱模仿得惟妙惟肖。

又如，"肿么"就是"怎么"的意思。"怎"这一读音既有 z 这一平舌声母，又有 en 这一前鼻音韵母，对于儿童来说要发音清楚比较困难，平舌的 z 常与翘舌的 zh 混淆，前鼻音 en 也经常发不清楚，网络语言就模仿儿童发音不清的特点将"怎么"写为 zhǒng me，用读音相对应的"肿么"代替，就形成了网络上流行的"肿么"。

网络语言使用童声谐音来模仿儿童的发音特点，一方面达到了追求新颖的目的，另一方面也表达了人们对于美好童年的无限感怀。

4. 外来语谐音

随着国际交流的日益加强，各国的语言也开始互相借鉴，吸取精华。网络作为适用范围极广的一种沟通途径，逐渐成为外来语融入汉语的一个主要渠道。许多外来语流行于网络语言之中，并逐渐成为网络语言中必不可少的一类。其中，有相当一部分外来语借用与汉字谐音的方法，成为带有中国风格的网络语言。例如，"粉丝"（英语：fans）、"狗带"（英语：go die）、"北鼻"（baby）、"推特"（英语：twitter，一家美国社交网络平台）、"黑喂狗"（here we go）、"图样"（too young）、"思密达"（韩语：습니다，语气助词无实义）、"干巴爹"（日语：がんばって，意为加油）、"纳尼"（日语：なに，意为什么）等。

这种"外—汉"谐音模式出现在网络语言发展的初期（早期网络语言诸如"伊妹儿：Email""猫：modem"都是这种变异模式），作为网络语言变异的一种标志性方式，具有一定的普遍性，外语多以英语、日语和韩语为主。

值得注意的是，这种"外—汉"谐音模式下的网络语言不能简单等同于音译词。第一，这些通过谐音方式变异而来的网络词语不是仅仅照搬原本的外语词，语法特征、语义色彩乃至词性都发生了变化。比如，"思密达"在韩语中作为语气助词，常位于陈述句的句尾，属于敬语，没有实义，而汉语网络语言中的意义与韩语之中完全不同，其有时被用来代指韩国人，有时又表示吃惊、无语、抓狂等精神状态的用法，如"听完他说的话，我整个人都思密达了"。第二，大多数经过谐音变异的网络语言在使用中脱离原本的用法，与汉语进一步结合，进而二次变形使用。比如，"粉丝"一词原本在汉语中就已经存在，某明星的粉丝可以被称为"某粉"或"某丝"（如何炅的粉丝被称为"河粉"、郭德纲的粉丝被称作"钢丝"），加某社交账号为关注被称为"加粉"或者直接称为"粉"某人。又如，"推特"一词，发送推特可以称为"发推"，转发则被称作"转推"。第三，这类网络语言是在网络交际中通过网民逐渐创造和传播起来的，其中有相当一部分的网络语言也往往仅出现在网络交际的使用环境之中。例如，"奥特曼"，是英语 out man 的谐音，表示"跟不上潮流的人"。网络语言利用"奥特曼"与英语 out man 读音相近的特点，把二者等同起来，将"奥特曼"赋予了 out man 的意思。而且，"奥特曼"一词原本在汉语中也是有的，它是日本很早之前推出的一部动漫中主人公的名字，"奥特曼"本身就产生得很早，算是一个"古董级"词语，这正与网络语言赋予它的新含义"跟不上潮流的人"相得益彰，让人觉得非常贴切。又如，"闹太套"是英语 not at all 的谐音。某演员兼歌手在演唱歌曲 One World One Dream 时，由于对 not at all 的发音酷似"闹太套"而遭网民调侃，从此得名"闹太套"教主，而词语"闹太套"也在网络上流行起来，以此嘲笑许多明星为了显示自己的与众不同却弄巧成拙。"闹太套"从字面来看，也可让人联想到"要闹哪一套"，更能起到调侃娱乐的效果。

　　汉语谐音表达往往能够达到轻松俏皮诙谐幽默的表达效果，这种表达效果大致源自以下三个方面。第一是谐音表达的词语本身就存在一定的趣味性和画面感，如"童鞋"一词给人一种可爱俏皮充满童趣的感觉，"鸡冻"一词则给人一种诙谐风趣的画面感。第二是谐音所用的词汇与所要表达的原词汇产生的一种偏离感和对比感，比如，"海归"一词表示海外留学回国创业的人员，这一群体普遍给大众一种文化水平和综合素质较高的印象，网络语言中借用"海龟"一词表示这个群体就自然产生一种偏离感和对比感，令人印象深刻。第三是谐音词语在读音上和原词之间存在一定差别的时候，谐音词语的读音往往具有口语化或者方言的特点，例如，"稀饭"的读音是儿童刚学会说话时 f 和 h 不分造成的口语上读音的效果（也可以理解成不区分两声母的方言地区，如湘方言），"木有"则出自山东潍坊方言，读起来有一种特有的趣味，并在网络语言中流传开来得到广泛的使用。

　　值得注意的是，在这一类谐音方式中有一种对于粗话脏字弱化的委婉表达的使用倾向，即通过对低俗用语的谐音表达，利用其他汉字表示该低俗语，进而形成网络低俗用语，如"泥煤"（你妹）。网络低俗用语在网络交际中存在很大的使用市场，并对网络环境乃至网络文化产生了十分消极的影响，我们并不推崇和赞成这种汉语网络语言变异使用的方式，此处仅指出该现象所属的变异使用的方式，对网络低俗语等网络语言现象的讨论将在本书第八章展开。

（二）数字谐音

　　这是指利用数字汉语读音的特点，对一些网络环境下常用语词的谐音表示。在网络交际长期对数字谐音的使用中，每个数字也或多或少地被赋予一些特定的内涵，如数字

"0"可以代表"圆满、完美、无尽、你";数字"1"可以代表"唯一、你、起点";数字"2"可以代表"爱、两人世界";数字"3"可以代表"想念、生命、生活";数字"4"可以代表"是的、时时";数字"5"可以代表"我",也可以理解为"不分你我";数字"6"可以代表"顺利、溜达";数字"7"可以代表"请、亲、起、气";数字"8"可以代表"发、拜拜、不";数字"9"可以代表"久、就、求"。根据各个数字约定俗成的含义,通过不同方式的组合变化,进而可以表达出丰富的内容和意向。例如,1414(意思意思)、7456(气死我了)、456(是我啦)、5452830(无时无刻不想你)、886(拜拜喽)、259695(爱我就了解我)、9494(就是就是)、555(呜呜呜)、6666(溜溜溜溜,表示很厉害,在某些语境中也含有讽刺意义)、770 880 1314520(亲亲你,抱抱你,一生一世我爱你)。数字还可以与字母组合,如 V587(威武霸气)。

这样的例子在网络语言中有很多。例如,以"0"开头的有:01925(你依旧爱我)、02746(你恶心死了)、02825(你爱不爱我)、03456(你相思无用)、045617(你是我的氧气)、04535(你是否想我)、04551(你是我唯一)。以"1"开头的有:1314(一生一世)、1314920(一生一世就爱你)、1372(一厢情愿)、1392010(一生就爱你一个)、1920(依旧爱你)、1573(一往情深)、1589854(要我发,就发五次)。以"2"开头的有:20110(爱你一百一十年)、20184(爱你一辈子)、2030999(爱你想你久久久)、20475(爱你是幸福)、20609(爱你到永久)、20863(爱你到来生)、220225(爱爱你爱爱我)。以"3"开头的有:30920(想你就爱你)、32062(想念你的爱)、32069(想爱你很久)、3207778(想和你去吹吹风)、330335(想想你想想我)、3344587(生生世世不变心)、3399(长长久久)。以"4"开头的有:440295(谢谢你爱过我)、447735(时时刻刻想我)、4456(速速回来)、456(是我啦)、460(想念你)、4980(只有为你)、48(是吧)。以"5"开头的有:507680(我一定要追你)、51020(我依然爱你)、51095(我要你嫁我)、51396(我要睡觉了)、515206(我已不爱你了)、518420(我一辈子爱你)、5201314(我爱你一生一世)。

数字谐音模式的语音变异现象在网络语言兴起的早期阶段就已经出现,多见于网络聊天及网络论坛回帖中,充分体现了网络交际中对于效率的追求——表达者只需敲击简单的阿拉伯数字组合,就可以迅速使信息接收者在相应的对话语境下了解表达者所想要传达的话语内容,接收者也可以继续通过数字和字符加以回应,整个过程虽然对话双方均使用汉语交流,但通过这种谐音方式就省去了汉字拼写过程。

(三)字母谐音

指借助字母形式谐音的网络语言词汇。这种形式又包括以下两类。

1)拼音字母谐音。例如,"GG"表示"哥哥"。
2)英语字母谐音。例如,"Y"表示英文 why,"CU"表示英文 see you,"OIC"表示英文 Oh, I see,"AUOK"表示英文 Are you OK。字母还可以与数字组合谐音,例如,"B4"表示英文 before,"3Q"表示英文 thank you。

二、叠音构词

叠音,古时叫"重言"或"复字","这是利用汉语音节的特点,通过声音的重叠,加重形象的模拟,使繁复的感情和语气得以确切表达的一种方式"①。王力先生认为,叠音可以"把事物形容'尽致',这好像在语言里加上了鲜艳的色彩"②。在网络语言中,叠音对象与传统语言叠音对象有所不同,它使用传统语言中不能叠音或者暂时没有叠音的对象来达到叠音效果。人们常用叠音的结构来增强语言的音乐美,使语言更具有形象性,是现代汉语中常用的一种修辞手法,而在网络语言中,出现了一些规范汉语里不能重叠的词语,是对规范汉语的变异使用,这些新词除了实现叠音所产生的修辞效果外,还具有全新的表达效果。例如,"华丽丽"表示比"华丽"更加华丽,具有调皮的意思。"华丽丽"本是传统语言中没有的叠音词,网络语言将传统语言的"华丽"之后又加上一个"丽"字,重复的"丽"构成叠音,使词语更具有趣味性,也从某种程度上使"华丽丽"更加华丽。

例6 我华丽丽地驾到。

这里使用"华丽丽"远比直接使用传统的"华丽"更加能突出"我"驾到的那种引人注目的姿态,使看到词语的人们不禁在脑中联想"我"驾到时做出的各种各样自认为很华丽的动作,让人忍俊不禁。

再如,"弱弱"表示底气不足、气势不够的样子。在传统语言中"弱"基本都是单用或者与其他语素组成词语来用,如"柔弱""孱弱"等,而在网络语言中,则将原本单音节的"弱"利用叠音变为"弱弱",增强了"弱"的程度,同时也隐含了原词没有的意义。

例7 弱弱地问一下,"弱弱地"是什么意思?

例句中的"弱弱地问一下"是在网络语言中经常出现的组合,通常是新手因为资格不足,请教问题时没有底气,一般就用"弱弱地问",也有自谦的感情在里面。试想一下,当你看到大家在热火朝天地讨论着某个话题,而你不知道他们讨论的来龙去脉,或者对其中提到的某些词、某些东西不清楚,你想问问大家究竟是怎么回事,可是又害怕被人取笑你连这么简单这么流行的东西都不知道的时候,"弱弱地问"就变成了最佳的表达方式:一方面,叠音词"弱弱"将"弱"的程度扩大化,同时叠音词也增强了亲切性的表达效果;另一方面,你已经"弱弱地"问大家了,大家就不好意思再取笑你的无知。一个"弱弱地",用在这里确实是再贴切不过了。

叠音方式的语音变异修辞现象根据其表现类型,也可以粗略地分为两种情况。第一种属于截取原有词语中的某一字进行谐音连读,用AA式代表原词,如"东东"(东西)、"漂漂"(漂亮)、"觉觉"(睡觉)。这类叠音方式属于网络语言中模仿儿童牙牙学语发音特点的童语现象,充分表现出口语中亲昵、俏皮的语气,往往给人活泼可爱的感

---

① 刘丽娟. 汉语语音修辞初探[J]. 教育科学, 2010, (9): 92.
② 王力. 汉语语法纲要[M]. 上海: 上海教育出版社, 1982.

觉，在年轻的网络用户中被广泛使用。

网络语言中的叠音词还有一种类型，为ABB式，如"范跑跑""郭跳跳""姚抄抄""桥脆脆""楼歪歪"。这类叠音变异使用的网络语言往往来源于热门网络人物和社会事件，如"范跑跑"指的是四川自贡蜀光中学教师范某某。2008年5月12日汶川大地震发生时，正在课堂讲课的范某某不顾学生的安危，先于学生逃生，这一事件在网络中掀起轩然大波，引发网民对其"师德丧失"行为的激烈讨论和批判，范某某也被网民戏称"范跑跑"，整个事件被称为"范跑跑事件"，类似形式的还有"郭跳跳""姚抄抄"等。此外，反映房屋和工程质量安全问题的"楼歪歪""桥脆脆"等，往往都是基于社会争议人物和负面事件，其形式可以概括为"姓+动作词""事物+状态词"，通过对表示人物动作和事物状态的词进行叠音处理，从而赋予调侃乃至嘲讽的感情色彩。

网络语言中常常出现与传统语言不同的叠音，利用这种超乎寻常的叠音来创造新鲜有趣的效果，这样既能增强词语的表达效果，又能使词语琅琅上口、富有节奏。

三、合拆音构词

即利用合音、拆音的方式进行语音变异。这种对词语的语音进行变异的方式是指在网络中完全基于汉字读音的因素，从而改变原字的本意，人们可以根据具体的语境对该字或者该字组合而成的新词产生新的解读。例如，我们会在网络交际中看到下面这样一个对话。

例8　甲："你造吗，我宣你恩久了。"

乙："菇凉，请你表酱紫。"

像类似的"我宣你，你造吗"的一系列台湾腔，是大家可以在一些台剧里经常看到的男主角向女主角表白的对白。这种流行用语，由于听起来俏皮可爱，与网络交际的语境相当契合，所以在网络上快速流传起来，并得到了十分广泛的使用。其中代表"造"是"知道"的缩写，"宣"的意思是"喜欢"（有时也会写作"稀饭"），"恩久"的意思是"很久"，"菇凉"代表"姑娘"，"表"意为"不要"，"酱"则是"这样"的缩写，类似的还有"男票"（"男朋友"的合音），等等。从例8中，我们不难发现，所谓新字新意的产生完全取决于其读音的特点，读音上的连读造成词语的"缩写"现象，如"表"和"不要"，"酱"和"这样"，通过读音上的相同、相似和缩读，创新出代替的文字。

例9　被理发师忽悠理了个吃藕的发型。

上句中的"吃藕"是由"丑"音节拆分而成。拆音构成的网络语词大多表示贬义，甚至为网络詈骂语，用来表达愤怒、失望之情。这样处理主要是为了通过网络审查及对敏感词语的屏蔽。再如，"企鹅"表达网络叹词"切"，表示不屑、反对的情感；"格纹"表达"滚"，弱化了原词强烈而坚定的语气，一定程度上缓和了紧张的交际氛围。

合拆音方式的语音变异修辞方式增强了口语性和趣味性，拉近了网络交际双方的心理距离，同时也提高了网络沟通交流的效率。

四、拟声构词

网络会话中少数应答词由拟声词构成,可以称为"网络拟声应答词"。所谓"拟声词",又称为象声词、模声词、拟音词,表现的是自然界自然发出的声音,通常是把汉字当成"音标"符号,汉字只用来表音,无关乎字义。人发出的笑、哭、咳嗽等表情或动作,如"哈哈""呜呜""咳咳"等;还有动物发出的声音,如"嘎嘎"是鸭子叫、"呱呱"是青蛙叫等;除了人与动物,还有自然界各种物体发出的或受外力发出的声响,如风的声音"呼呼"、雨的声音"哗哗"等。所谓"应答词",是用来表示听话人对说话人所说出的话做出回应的一种词。网络应答词属于网络言语交际用语的范畴,指在网络交际会话中具有应答或回复语用功能的一类特殊应答词,它区别于一般的应答词,具有某些特殊的语用功能,这是其特殊的语言环境所决定的。常用的网络拟声应答词有"呵呵""哈哈""嘿嘿""嘻嘻"及它们的变体"吼吼""嘎嘎"等,大多是表示笑声的,这和网络聊天的语境有关。在网络聊天中,人们的心情一般是放松的、愉快的,所以表示笑声的拟声应答词被广泛使用。又因为网络语言的非正式性,传统表达笑声的拟声应答词又产生了许多变体。

(一)网络拟声应答词的形态分析

拟声词大都是"口"字旁的,无论被模拟的主体是有生命的还是无生命的。当然也有例外,如模拟金石之声的"铮铮""铿锵"等。"呵呵""哈哈""嘿嘿""嘻嘻"这几个网络拟声应答词的偏旁都是"口"字旁,这与它们是模拟人嘴里发出的笑声有关。从词形上看,"呵呵""哈哈""嘿嘿""嘻嘻"都是重叠形式,在古代汉语尤其是文言文里一般都只用单个字或与其他的字组合成词,它们重叠模拟笑声的用法到了现代才普遍起来,并在网络聊天中产生了各种变体,如多次重叠使用的"哈哈哈哈哈""呵呵呵呵呵"等表示一连串笑声,或者加别的字一起使用,同样表示笑声,如"哦哈哈哈哈""哦呵呵呵呵""哇哈哈哈哈"等。我们发现,虽然都是重叠形式,都表示笑声,但它们在会话中的功能却各不相同。

(二)网络拟声应答词的词类归属

"呵呵""哈哈""嘿嘿""嘻嘻"等在现代汉语中一般作为拟声词来用,表示人的笑声,其用字并不表义,也不表示感叹和呼唤、应答。在网络会话这样一个特殊语体中,它们的词性和意义又有什么不同呢?从对现有语料的调查分析来看,网络会话中的拟声应答词不仅属于拟声词,还具有叹词的性质。

1. 具有呼唤应答的语义特征

从语义特征上看,现代汉语中的拟声词是客观地模拟声音,不表达感情,不表示感叹和呼唤、应答;叹词表示感叹、呼唤和应答,表达人的喜怒哀乐的情绪。而网络聊天中的拟声应答词"呵呵""哈哈""嘿嘿""嘻嘻",它们模拟人的声音,从这一方面来说属于拟声词，但它们在网络聊天的语境下也有呼唤应答的作用，尤其是"呵呵"近年来的语义发展，表达的情感意义更是丰富，所以它们同时也有叹词的特征，用法十分丰富。

2. 本身基本不重叠

从结构方式上看，拟声词可以重叠，词干能够派生新词，而叹词大都没有派生能力，不能与其他语素构成新词。网络会话中的"呵呵""哈哈""嘿嘿""嘻嘻"基本不重叠使用，符合叹词的性质。

3. 不与其他句法成分发生结构关系

从句法功能上看，拟声词可以作谓语、定语、状语、补语、独立语等，也可以单独成句，它跟形容词有着相似的功能，但是它不受程度副词和否定副词修饰，又可以作独立语，意义上和形容词也有区别；叹词可作独立语或独立成句，但一般不与其他实词发生结构关系。网络会话中的"呵呵""哈哈""嘿嘿""嘻嘻"不与其他句法成分发生结构关系，只作独立语或独立成句，符合叹词的特征。

4. 句法位置自由

从句法位置上看，网络会话中的"呵呵""哈哈""嘿嘿""嘻嘻"的分布位置十分自由，可以单独使用，也可以用在会话的开始、中间或者结尾。这与叹词的分布比较接近，但叹词是分布在句中，"呵呵""哈哈""嘿嘿""嘻嘻"是以话轮为背景进行分布的。

综上所述，网络会话中由拟声构成的"呵呵""哈哈""嘿嘿""嘻嘻"等拟声应答词兼具叹词和拟声词的词性特征。

（三）网络拟声应答词的意义和区别

网络会话环境的特殊性，使"呵呵""哈哈""嘿嘿""嘻嘻"这类词不再是单纯地模拟人笑声的拟声词了，它们被同时赋予了很多意义，根据语境的不同而表达各种不同的意思。

首先来看使用频率最高的"呵呵"。"呵呵"最开始出现在网络会话中一般都是它的本义，表示笑声，对别人的话表示感兴趣、觉得有趣，渐渐地，"呵呵"发展成为一个话轮的终结词，当说话的一方说出"呵呵"时，这个对话就基本结束了。例如：

例10　A：您好，请问江浙沪地区可以包邮吗？

B：亲，全场满98元才可以包邮的哦！

A：那好吧。

B：呵呵。

以上"呵呵"大都表示对说话者一种礼貌性的回应。再到后来，"呵呵"的附加意义更为丰富，增加了许多感情色彩。2013年，"呵呵"更是当选为年度最伤人聊天词汇，网民称践踏全部热情。这两个字一出，好感立刻下降。可见"呵呵"所表达的感情色彩已经发生了转变，在网络聊天中已经变成了贬义词，给人一种敷衍的感觉。从网络调查来看，"呵呵"表达的意思大致有以下这些。

1）心情差、冷笑。
2）没话说。
3）皮不笑肉也不笑。
4）结束句。
5）很无聊很闷。
6）承上启下。
7）懒得理你。
8）礼貌性却含蓄地笑。
9）虽然不完全认可却也不会反对。
10）圆场。
11）想显示自己的涵养和对对方的礼貌。
12）无奈。
13）和你不熟。
14）不可思议。

从上面列出的义项来看，在网络会话中，"呵呵"的意义已经远远超出了模拟笑声，同样地，"哈哈""嘿嘿""嘻嘻"的意义也十分复杂。"哈哈"一般表示大笑，常有"哈哈大笑"这种说法。由于近年来"呵呵"在网络会话中感情色彩的变异，"哈哈"逐渐取代"呵呵"被人们广泛使用起来。由于"呵呵"给人的敷衍感，用"哈哈"来应答显得更加真诚豁达一些，仿佛可以看见说话人在屏幕那一端的笑容。总结"哈哈"在网络会话中的意义，大致有以下几个义项。

1）模拟大笑声，表示喜悦。
2）对话题的回应，表示兴趣。
3）得意。
4）承上启下。
5）话轮的发语词。
6）结束一段对话。
7）礼貌性地笑。

至于"嘿嘿""嘻嘻"，其使用频率没有"呵呵""哈哈"高，在网络会话语体中的义项也相对较少，主要用来区分笑的种类。如果说"呵呵"是礼貌而含蓄地笑，那么"哈哈"则是大笑，"嘿嘿"表示贼笑、傻笑或憨笑等，而"嘻嘻"表示窃笑，也可以表示傻笑等。它们之间细微的区别主要体现在语境中和说话人想要表达的感情色彩。请看下面的例子。

例11　A：昨日老夫夜观天象，掐指一算，得知今日必有大雨，出行带伞哦，亲！
B：呵呵，这都被你算出来了，果然高人！

例12　A：这次的比赛你好像很有把握拿第一啊？
B：哈哈，那是当然的了，我可是准备了很久了！

例 13　A：小雨啊，你上次穿的衣服很漂亮嘛，哪儿买的啊？
　　　　B：我男朋友送的，嘻嘻。
例 14　A：你今天怎么没来上课啊？
　　　　B：我不舒服，想要休息休息。
　　　　A：少来，你肯定又偷懒了！
　　　　B：嘿嘿，被你看出来了。

　　例 11 中的"呵呵"是冷笑，因为说话人所说的话明显是假的，是故意这么说来调侃取笑的，在这种情况下听话人就无需拆穿，以一声冷笑来回应，并顺着说话人的内容来迎合他，以达到搞笑的效果，这符合交际中的合作原则。例 12 中的"哈哈"表达开心的心情，体现出回话人的一种大方和自信，也是对说话人所说的话的一种肯定。例 13 中的"嘻嘻"所表达的是一种开心和窃喜，洋溢着的是一种小小的幸福，如果换为"呵呵"等词，情感色彩就会发生变化。例 14 中的"嘿嘿"则表达的是一种偷笑，是小"阴谋"被看穿了的一种不好意思地窃笑，也可以理解为一种傻笑。为了使这四个词所表达的意思的差异更为明显，我们以一个话轮为例，分别换用以上四个词语：

例 15　A：我今天不去上课了，帮我请个假哈！
　　　　B：呵呵，好的。
例 16　A：我今天不去上课了，帮我请个假哈！
　　　　B：哈哈，好的。
例 17　A：我今天不去上课了，帮我请个假哈！
　　　　B：嘿嘿，好的。
例 18　A：我今天不去上课了，帮我请个假哈！
　　　　B：嘻嘻，好的。

　　这四个句子的主题都是说话人让听话人帮自己请假，听话人给予的回答也都是肯定的，但情感态度却大有不同。例 15 中的听话人态度一般，甚至冷淡，可能包含的感情色彩很丰富。也许是说话人常常请假，听话人有些反感，但又不好说出来，只能用"呵呵"表示无奈，因为现如今"呵呵"是一个敏感词汇，其中的意思要靠说话人自己去体会，这就涉及谈话双方的关系、知识、背景和共同语言等诸多因素。还有可能听话人和说话人不熟，"呵呵"只是表示礼貌的一种回应。例 16 用"哈哈"代替"呵呵"，对话气氛明显就不同了，听话人仿佛明白说话人的意图，对说话人的行为习以为常，就像看见一个经常调皮捣蛋的小孩子的一个小小的恶作剧，打心眼里觉得有趣，或是可以包容。此时听话人的心情是愉悦的，也说明二者相对熟悉。例 17 中的"嘿嘿"仿佛有种狡黠包含在里面，好像看穿了说话人的心思但又不揭穿，而是"嘿嘿"一笑。例 18 中的"嘻嘻"则带有一种调皮的色彩。以上几个例子表达的只是这四个词的某一个意思，是为了体现它们意义的不同而列举出来的，仅供参考。这类词语丰富多彩的意义会随着语境的变化有所交叉，也有所区别。

　　需要注意的是，由于网络会话语体的特殊性，对这类词意义的考察主要是色彩意义。就一般的情况而言，它们都表示笑声，然而人的情感是十分细腻复杂的，不同的笑声被模拟成文字后又表达着不同的情感，说话人会根据语境和交际需要选择不同的笑声来表达不同的情感，以达到预定的交际目的。经过长期的使用，它们各自所代表的色彩意义也会逐渐固化，被不同的人群所接受和使用，形成各自的偏好和心理认同感。由于不同的拟声应答词附加的色彩意义不同，它们的使用范围、表情达意的语用功能也不尽相同。

（四）网络拟声应答词的语用功能

由于网络会话语体的特殊性，网络拟声应答词具有以下三个方面的语用功能。

1. 话语的承启功能

"呵呵""哈哈""嘿嘿""嘻嘻"这四个词在网络会话中都有承上启下的作用，也就是它们都可以承接上文，引起下文，使对话流畅自然。

例19　A：他好厉害啊，裸考都过了，一科没挂！
　　　　B：呵呵，还不都是抄来的。
例20　A：你今天真漂亮啊！
　　　　B：哈哈，真的啊，还真是人靠衣裳马靠鞍啊，我就是换了身新衣服而已。
例21　A：听说你这次考试得了第一名啊？
　　　　B：嘿嘿，侥幸而已。
例22　A：你是不是又逃课了啊？
　　　　B：嘻嘻，偶尔逃一下。

例19中的"呵呵"在对话中是典型的承上启下的作用，不仅是对说话人所说的"他好厉害啊，裸考都过了，一科没挂"的一种讽刺性评论，还使会话自然过渡到原因，那就是对话中的"他"之所以裸考没挂科，都是抄来的，从而达到揭示事实和讥讽的目的。同样地，例20中的"哈哈"是对别人说自己漂亮的回应，然后直接过渡到漂亮的原因。例21中的"嘿嘿"是对对方的话中自己的成绩表达了一种受之有愧的情感，紧接着谦虚地回答是侥幸得来的。例22中B面对A的指责，"嘻嘻"一笑，表现出调皮地想要躲过去的意思，接着就为自己找借口，以期望对方不要追究。在这四组对话中，"呵呵""哈哈""嘿嘿""嘻嘻"的语用功能都是类似的，都具有承上启下的作用。

2. 语气缓和功能

"呵呵""哈哈""嘿嘿""嘻嘻"都是模拟笑声的词，因而具有缓和语气的作用。使用缓和语，主要是为了调节会话气氛，减少紧张情绪，从而减轻或是避免负面影响（如指责、批评、不满等），让听话人在情感和心理上更容易接受。

例23　A：你怎么又把水壶弄丢了啊，都第五个了！
　　　　B：嘿嘿，我走一路看一路，一不小心就给丢了。

缓和语的使用符合交际中的语用规则，顾及了对话双方的情感，也是一种礼貌的表现。我国学者顾曰国（1992）提出了五条有汉语特色的礼貌原则：①贬己尊人准则；②德言行准则；③文雅准则；④求同准则；⑤称呼准则。缓和语体现了文雅准则，即表现出和善、友好。但随着网络语言的发展,"呵呵"的意义发生了变异,不仅失去了缓和语气的功能,有时候往往会适得其反,请看下面一段对话。

例24 (背景:A和B并不熟悉,A因为看了B在网上写的文章而主动找B聊天,这是偶然发起的一段对话)

A:你是天秤?

B:怎么?水瓶。

A:呵呵,你失眠啊,怎么还不睡啊?

A:感觉你思维很强烈啊,呵呵。

B:我讨厌别人说呵呵。

A:呵呵,我是最招人讨厌的,呵呵呵,你北影的吧?

B:不是。但是过些日子要去那儿上课。

A:哦哦,你学表演的啊,呵呵,你是什么金属做的,这么持久,不睡觉。

从这段对话可以看出,当A第一次说出"呵呵"时,B没有给予回应,可以猜测A已经不高兴了,B紧跟着又说了一句。此时两人的信息量明显不平衡,由于会话合作原则的作用,加上B和A不熟悉,A可能不清楚B对"呵呵"的反感,于是B做出说明,表明自己对"呵呵"这个词的态度,但A似乎对B的反应也很不高兴,故意讲自己招人讨厌,并且每句话必说"呵呵",从而导致了B后来无征兆的终止对话,拒绝回复A。

从上面可以看出,"哈哈""嘿嘿""嘻嘻"具有缓和语气的功能,而"呵呵"已经变异,它的语气缓和功能已经弱化,只在少数人群和少数语境中还存在。

3. 结束会话功能

在网络聊天中,会话的结束语十分丰富,除了传统的"拜拜"及其变体"88"及表情符号" "" (^_^)/~~"等,拟声应答词也担任起结束会话的功能。如前所述,"呵呵""哈哈""嘿嘿""嘻嘻"都有无话可说而表示礼貌回复的色彩意义,当听话人接收到这一信号时,就无需回复,对话也就自然结束了。请看下面这个例子。

例25 A1:在地铁上,后面一直传来声音:"小朋友,让一让。"我就想怎么一直说,没人让呢,结果人家拍拍我的肩说:"小朋友,让一让!"崩溃了我!T^T

B1:您老太嫩了!

A2:好吧,你今天没去南京吗?

B2:早上来不及去了,我干脆没去,去学校拿材料的。

A3:哦哦,我想说你照片在我这儿的。

A4:我报了欣瑞的班,12号、13号上课。

B3:几号考试啊?我以为9号呢……

B4:没事哦,以解你对我的相思之苦

A5:嘻嘻嘻,不是九号考试,是去现场确认。

A6:……

B5：啊哈哈哈太好了，我还没准备呢，9号对我来说太早了！什么时候考呀？
A7：月底的样子。
B6：嘿嘿。

上面这段对话包含三个话轮，第一个话轮包括A1和B1，A2中的"好吧"是对上一个话轮的回应，是一个结束语；第二个话轮包括A2、B2、A3、B4、A6，第三个话轮包括A4、B3、A5、B5、A7、B6。第二个话轮和第三个话轮是交叉进行的，这违反了轮流发话原则，问—答（Q-A）是一种最典型的会话格式，会话按照Q-A-Q-A的模式进行，这才是轮流发话。在上面的会话中，照片的事和考试的事交替进行，A3没有等B做出回应又继续发话，从而B5、B6也连续发话，当A4发起一个新的对话主题时，B3对其做出了回应，紧接着B4又对A3进行回应。这种平行推进式的会话在网络聊天中十分常见，是网络会话的一大特色。在这段对话中，"嘻嘻""哈哈"和"嘿嘿"，其形式因说话人的偏好有所变化，其中"嘿嘿"作为结束语最为明显。

从这段对话可以看出，这类应答词作为结束语一般都单独出现，因为它们单独出现回应说话者的一段话时过于简单，违反了会话中的合作原则。"呵呵""哈哈"等作为拟声应答词单独回应说话者的一段话时，违反了会话合作原则中量的准则，因而产生了一种结束会话的作用，这是这类词本身所不具有的功能，而是在特定语境下产生的。相关语料显示，前几年网络拟声应答词作为结束语来使用时，"哦哦"和"呵呵"频率最高，近年来这两个词的使用频率明显下降，可能与它们所衍生出的色彩意义有关。

网络会话是一个十分特别的语体，网络语言发展迅速，传统的书面语置身其中会产生各种应用的可能性，其语用功能也十分丰富多彩。除了上文提到的"呵呵""哈哈""嘿嘿""嘻嘻"的微妙区别外，还有很多区别因素，如使用的年龄层次不同、性别不同、文化程度有区别等，这几个都是有关语用主体的。

第二节　网络语言字符构词

从网络语言诞生至今，其间经历了从萌芽时期到逐步发展时期再到逐渐成熟时期的蜕变，可以说网络语言时时刻刻都在发生着或大或小的新变化。早期网络交际受条件限制，主要通过网络语言字符表情达意；网络交际发展到今天，虽然实现了语音与视频交际，但字符仍然是网络交际的基本形式。网络语言字符主要通过以下三种形式传情达意。

一、符号表义构词

在早期的网络交际中，受技术条件限制，不能语音、视频交流，因为彼此看不到对方的表情，光靠文字很难烘托出气氛，人们便借助键盘符号来辅助文字进行传情达意。

例 26 ":-(or *^0 ??? {{{{}}}}"

这句话基本由键盘符号组成，意思其实就是莎士比亚《哈姆雷特》中的名句——"To be or not to be，that's the question"（生存还是毁灭，这是个问题）。早期网络语言中的符号用语可以分为以下几种。

1）面部表情类，这类符号数目最多，如":—<"（难过时候的苦笑）、"^-<@-@"（挤眉弄眼）、"（—_—）"（神秘笑容）、"（:—&"（暗示这个人正在生气）、":—/"（犹豫不决的笑容）、",—）"（嘴歪眼斜）等。

2）发型胡须类，如"*:**"（这是个不修边幅的人，头发、胡子都乱七八糟的）、"@:—）"（他有一头卷发）、"&:—）"（头发是卷曲的）、"{（:—）"（戴着假发）、"}:—）"（翘起的头发）、"}（:—（"（戴着卷卷的假发）、"{:—}"（中分的发型，帅不帅）、"#:—）"（随时保持头发的乱度，决不轻易梳头）、":—#|"（浓密的胡须）、":—{}"（很迷人的翘胡子）、":—@"（络腮胡子）、":—=）"（留着日本式的胡子）等。

3）服饰类，如"<<<<（:—）"（戴着高帽子）、"[:—]"（戴着耳机）、":—{#}"（戴着牙齿矫正架）等。

4）形体特征类，如":=）"（两个鼻子）、"@—）"（独眼龙）、"（:^（"（歪鼻子）、"（—:"（左撇子）、":—（=）"（大门牙）、":%）%"（满脸的青春痘）、":*）"（红鼻子）等。

5）言语行为类，如":—#"（抱歉，这是秘密，我答应人家不说的，我嘴巴被贴上了封条了）、"（:—*"（亲吻）、"（:>>—<"（"打劫！把手举起来！"）、"":—?"（抽烟斗）、"（:<）"（吹牛）、"|—（"（打坐练功）、"@>>———>———"（请收下这朵漂亮的玫瑰）等。

6）人物类，如"=:—（"（典型的庞克族，说不笑就不笑）、"<|==|）"（有车阶级）、"<:|"（小傻瓜）、"<:）<<|"（宇航员）、"+<:—|"（神父/修女）、"+—（:—）"（主教）、"*<|:—）"（圣诞老人）、"*—（"（闭着眼睛的独眼巨人）、":—%"（银行家、股票玩家）等。

7）事物类，如":%"（小钟）、":#"（剪刀）、":."（信箱）、"@="（原子弹爆炸时的蘑菇云）等。

8）心理感情类，如":—"（自鸣得意）、":—（"（悲伤）、":—（*）"（恶心）、"（:）—）"（戴着潜水镜在偷笑）、"（:—……"（伤心）、"~:—（"（极度愤怒，都快要爆炸了）、":—"（非常无奈）等。

9）身体状况类，如":—~）"（患上感冒）、":—$"（生病了）、"+_+"（昏迷）、":—）~"（流口水）等。

10）声音类，如"Zzzzzz"（睡觉的鼾声）等。

近期由于网络技术的进步，符号用语也有所发展，变得更加形象化、多样化，进而发展为图片化，甚至视频化，构成各种各样的表情包，如图 2-2～图 2-5 所示。

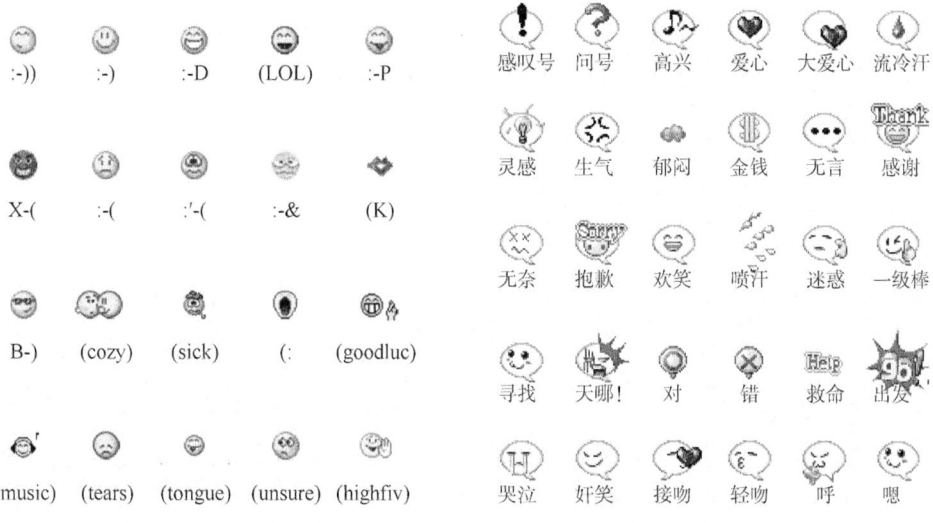

图 2-2　QQ 表情示例

图 2-3　各种表情示例

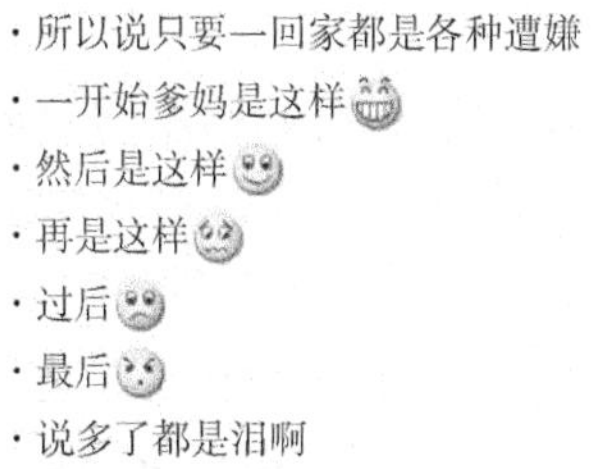

图 2-4　学生回家后的父母表情

图 2-5　不同系列表情

二、数字表义构词

汉字是表意体系文字。网络语言中的数字受到汉字的影响也具有表意作用，即网民通过数字组合的形体或者典故来传情达意。例如，"100"表示"完美"，"010"表示"我很孤独"，"007"指"秘密或者特工、间谍"，"13579"表示"事情真的很奇怪"（都是奇数），"11.11"表示"双十一"，"286"指"人思想落后、行动迟缓"，"31707"表示"LOVE"（象形，这个单词需要把31707倒过来看），"177155"表示"MISS"（象形）、"505"表示"SOS"（象形）。

数字还可以与符号组合表达特定含义，建构网络语言中的身势情态语。"0"与其他不同的符号组合在一起可以表示各种不同的含义，如"*o*"表示"陶醉"、"：－0"表示"哦！吃惊"、"o_o"表示"盯着"、"：－0"表示"非常高兴地张嘴大笑"、"：0"表示"哇…"；数字"1"也可以与其他符号相组合表情传意，如"：－1"表示"很冷淡"；数字"3"加其他符号，如"3：]"表示"动物的微笑"、"3：=9"表示"哞……这是一头牛"；数字"6"加其他符号，如"：－6"表示"酸笑"、"－6%"表示"脑死"；数字"7"加其他符号，如"：－7"表示"有所不悦"、"8^7"表示

"咧嘴笑";"8"加其他符号,如"8-)"表示"眼镜族的笑"、"8:)"表示"笑嘻嘻"、"(8-o"表示"秃子见鬼";"9"加其他符号,如":-9"表示"舔嘴唇"等。

三、文字表义构词

众所周知,汉字是象形文字,其显著的特点是字形和字义的联系非常密切,具有明显的直观性和表意性。汉字的表意性使汉字成为世界上唯一能跨越时空的文字,也使汉字成为世界上单位字符信息量最大的文字,这就使得汉字容易辨识,利于联想。张炼强认为:"汉字是重要的修辞资源之一,不少修辞现象是以汉字为物质基础的。"汉字"以其特定的形貌,记录语言,诉诸人的视觉的时候,又往往可以被利用来增强表达效果,构成文字修辞"①。因此,汉字修辞大多"利用汉字形体进行修辞"②。然而,各种汉字修辞的方式利用汉字形体的特点是各不相同的。

(一)象形字的借形表义

所谓借形,"是以汉字的形体来描写事物的修辞方法,只利用汉字的形体却不利用字义"③。这一汉字修辞特点在近年的网络语言中开始广泛运用,最早也是最为人们所熟知的就是"囧"这一网络流行汉字。"囧",音 jiǒng,古同"冏",本义为"明亮、光明"。其在甲骨文就已出现,写作 ⚹,金文写作 ⚹,《说文》中也有这个字 ⚹。《说文·囧部》中解释如下:"囧,窗牖丽廔,闿明也。象形。"④在《唐韵》《集韵》《韵会》等韵书中为"并俱永切,音憬"。从 2008 年开始,"囧"在中文地区的网络社群间成为一种流行的表情符号,成为网络聊天、论坛、博客中使用最频繁的汉字之一。但是它不是沿用古代的"光明"之意,而被赋予"郁闷、悲伤、无奈"的意思。原因就在于"囧"一字的形体非常像人的脸,如图 2-6 所示,里面的"八"像脸上因悲伤和沮丧而下垂的眉毛,下面的"口"像张口结舌的嘴,整个字形就像人在郁闷无奈时所作出的表情。当人们在网络上看到有人说"我很囧"的时候,可以想象他的那副表情完全和"囧"一样,不需要更多的语言去描述,人们就能充分理解,这就是为什么"囧"如此流行的原因。"囧"的使用完全抛弃了古代的字义,而利用其独特的象形形体来完成汉字的修辞,成为网络聊天、论坛、博客中使用最频繁的字之一,由此衍生的字还有"崮"(表示囧国国王)、"茴"(表示囧国王后)等。

图 2-6 "囧"字类似人脸的形象

在"囧"的带动下,近年来汉语生僻字利用汉字借形修辞在网络中悄然"复古"。

---

① 张炼强. 修辞论稿[M]. 北京:人民教育出版社,2000.
② 曹石珠. 汉字修辞与字形、字义的联系[J]. 郴州师范高等专科学校学报,2001,(4):80.
③ 曹石珠. 论借形[J]. 云梦学刊,2001,(6):108.
④ 许慎. 说文解字(附检字):影印本. 卷七(上)[M]. 徐铉校定. 北京:中华书局,2006.

"复古是指恢复古代的制度、风尚、观念等。"①这些生僻字大多是古代的常用字或者是自古有之的方言词，但是在现代汉语中逐渐被人遗忘或者已经消亡。近年来，由于借形这种汉字修辞策略在网络语言中的广泛运用，它们又重现于网络之中，似乎大有引领潮流之势。例如，"嘂"。这个字古而有之，其古代含义有三：①高声大呼，如《公羊传·昭公二十五年》："鲁昭公嘂然而哭。"②乐器名，如《尔雅·释乐》："大埙谓之嘂。"③鸣叫，如《张诗舲前辈游西山归索赠》："鸾吟凤嘂下人寰，绝顶题名振笔还。"而在网络语言中，因为该字的形态很像一张凳子，所以也代表了"板凳"一词，即表示在论坛中第三个回复帖子的人。另一种含义表示因情绪激动而大叫，因为它有四个"口"，故而比"叫"更大声。

"借形的心理基础是想象和联想，其修辞作用为形象生动、简省明白。"②近年来网络语言大量利用借形，使广大受众充分发挥想象和联想，以期发挥汉字形体最大的利用价值，达到广为流传的目的。

（二）合体字的因形表义

在近年的网络语言中，网络语言使用者为了达到与众不同的表达效果，往往借用汉字形体来使自己的表达从众多语言形式中脱颖而出，特立独行。例如，"槑"，古代同"梅"③。同时，在陕西方言中，"槑"用来指小孩的呆傻可爱，通常是大人们对小孩的称呼以此来表达喜爱之情。通常认为其来自古汉字。而在网络语言中，人们将"槑"拆分成两个"呆"组合在一起，用来形容人很呆、很傻。一个"呆"已经够呆了，而将两个"呆"组合在一起更能够形容人的呆傻，可以说是再贴切不过了。"槑"与"呆"本是八竿子也打不着，但网民利用拆字修辞策略，将合体字"槑"的两个部件拆分开来，构成原本没有的新意义。

再如，"孖"，古代常作"孳孖"，亦作"孳孳"，见于《广韵·平之》："孳，孳孳，双生子也。"其本义为双生。在网络语言中有时也沿用其本意，表示孪生。因其由两个"子"组成，两个"子"字形相像，就像其中一"子"是另一"子"的克隆体，网络语言中又将该字延伸为"克隆"之意。

又如，"囵圙"，读作 kū lüè，是内蒙古方言，又译为"库伦"。其字形由"囗"框住"四面八方"，可形象地表示其意为城圈，即围起来的草场，通俗地说指网围栏。在内蒙古方言中指围住的土地，特指牧民为了保护草场不被他人的牲畜破坏，而用东西围住的一片草原，称为"草囵圙"。在网络语言中，网民利用拆字将"四""方""八""面"从"囗"中拯救出来，使该词表示四面八方之意。这比直接说"四面八方"要更加引人注目，在某种程度上可以看出网民们追求自由、广阔空间的愿望。

再如，"烎"，读作 yín，本义为"光明"。在《集韵》中解释为"夷针切，音淫"。"烎"最初流行于网络是在 2009 年的一场网络游戏对战比赛中，有一只自称"烎之队"的比赛队伍向其他队伍发起了"开火"的战斗宣言，由此，"烎"一字开始广为流传。

---

① 吕叔湘等. 现代汉语词典[M]. 北京：商务印书馆，2005.
② 曹石珠. 论借形[J]. 云梦学刊，2001，（6）：108.
③ 张玉书等. 康熙字典[M]. 北京：北京师范大学出版社，1997.

但它并不是作为其本义，而是根据其字形将其拆分为"开"和"火"两部分，理解为"开火"一词，在网络语言中用来形容宣战，也可以形容一个人的斗志昂扬、不畏强敌的精神，还可以用来表示"霸气""彪悍"等意思。

除此之外，还有"兲"（tiāng）、"夠"（gū）、"嫑"（jiào）、"夲"（nì）、"叕"（jī）、"䨻"（bìng）、"惉"（tān）等网络词汇都是利用了合体字因形表义的修辞策略。从这些汉字的特点中不难看出，能进行因形表义的只能是由两个或两个以上的部件组成的合体字，而且这些汉字大多来源于中国的古代汉字，可以说是网络语言因形表义策略的广泛运用，使这些古汉字得以重生，并被赋予了新的意义。

（三）合体字的拆字造词表义

指在汉语中的合体字进行拆分，二次解读以产生新词和新用法的构词方式。例如，"月半女丑"（胖妞）、"走召弓虽"（超强）、"三冘黑犬"（沉默）、"女子木羊白勺"（好样的）、"卖萌日：十月十日"（萌字的拆分）等。

汉字的结构非常独特，除了少数独体字之外，大多是由两个或两个以上的构字部件组成的合体字，能增能减，能合能离。人们根据汉字这一特点，"将一些字加以拆装和拼凑，从变化的字形中附会出某种意义，以表达自己的思想意图"①。这就构成了拆字这一汉字修辞策略。

根据汉语词汇构造上的特点，很多词汇可以进行构件上的拆分，而拆分之后的各部件又都各自成字，从而在视觉上造成一种奇特的错位感，同时又产生一种幽默俏皮的表达效果，如将"胖"字从结构上拆分形成"月半"，表示原词的同时，从视觉上也达到了与词义相吻合的表现效果，令人会意一笑；十月十日被网民戏称为"卖萌日"，其缘由正是根据"萌"字经过拆解之后竟出现"十月十日"四个部分，故十月十日这个日子被赋予了"萌"的语义色彩，其奇妙精巧的想法令人叫绝。拆字造词是近些年新生的一种网络词汇变异现象，具有利用汉字结构挖掘全新用法的新趋势。

（四）字形组合构建新字表义

指在原词的基础上根据需要进行结构的改造而产生新字的语言变异修辞方式，如"兺""赋""囻""闾""毛"。

顾名思义，形合生字是基于词汇的字形而产生新字的现象，在网络空间里，由热点事件或热门话题发酵而产生的网络新词可以在一夜之间成为炙手可热的焦点，"兺"（读作 duāng）一字就是其中的代表，其出自 2015 年 2 月 24 日前后，源于中国内地一个集动画、游戏和恶搞于一体的某弹幕视频分享网站中的一部由成龙代言的某品牌洗发水广告被网民们挖出来进行了一番恶搞，并将其与热门网络歌曲《我的滑板鞋》进行了合成同步，恶搞作品为《我的洗发液》，歌曲里的一句"duāng"就在几乎一夜之间成了网络上最新最热门的词语。而这个网络新词更是通过"成龙"二字的元素组合创造了一个新的汉字，用以代表特殊的音响效果或者加特效的意思，由此也可见网络对于语言的创

---

① 饶开. 汉字文化一大奇观——拆字[J]. 阅读与写作，2000，（1）：24.

造力。同样的新造网络字还有"𦓕"（表示"脑残"的意思，由脑残两字的汉字构件元素组合而成）、"圐"（同意）、"圀"（已阅）等。

（五）字形叠加构建新词表义

指利用第一个字的形式作为部件进行二倍叠加构成第二个字，再进行三倍叠加构成第三个字，最后通过四倍叠加构成第四个字，这样四个字按照先后顺序排列起来构成新词。例如，"又双叒（ruò）、叕（zhuó）"。

例27 又双叒叕！京津冀明起雾霾再现 （腾讯新闻2015年12月05日03:00）

可以看出，排在第一位的"又"字具有举足轻重的地位，它是构造和识解这四个字的基础。《现代汉语词典》第6版（商务印书馆，2012年）中，"又"字有六个义项，跟这里相关的是第一个义项："表示重复或继续。"（1582页）而后面的"双、叒、叕"三个字是以"又"为符号基础累加构成的："双"由两个"又"构成，"叒"由三个"又"构成，"叕"由四个"又"构成，"又"的数量越多表明事件重现的频率越高。这也体现了认知语言学里的数量象似性。再者，"又、双、叒、叕"按照"又"字符由少到多的顺序组织起来，且该顺序不可颠倒，因为这种字符数量递增的表意手段和事件实际发生状况是象似的：雾霾一次一次累加发生，汉字也得按字符"又"的多少，遵从这种顺序从一到四排列。这四个字目前只能整体使用，单用个体人们便会追究各个字单独的意思。

从上面的分析中我们可以发现，"双、叒、叕"各自的读音、含义和用法是什么并不重要，它们甚至和读者解读整句话无关。在"又双叒叕"这样的四字组合中，只要我们知道"又"的意思和用法，意会其中的数量象似和顺序原则，就能明白"双、叒、叕"的意思和"又"一样表示"重复或继续"，只不过次数更多、程度更深，同时带有戏谑、调侃的意味。这样一来，例27的意思就很明朗了，这句话就是说雾霾已经多次来袭北京，如今又一次降临。这样的标题既能如实描述现实情况，比单独使用"又"更贴切，给予更多信息量，又能够吸睛。

网络中有很多类似"又、双、叒、叕"这样以一个字符为基础叠加构字表达意义程度增加的语言现象，这些字都可以组成一个字组来使用，如"口吕品𠱸"、"火炎焱燚"、"中艸芔茻"等。其中来自于网络游戏的"火炎焱燚"已经被很多网民用来表示"火势越来越猛"。虽然很多四字组合并没有出现如同"又双叒叕"的新用法，但不排除在"又双叒叕"的激活下，出现一批类似的用法。只要交际人群有需要，它们就有出现的可能。

当前，多层次的信息互相交织组成错综复杂的多元化的网络，图像以及其他视觉符号的传播在信息交流中所占的比重越来越大，要求语言符号能够突破其抽象性，向形象性、感官性和图像化发展。网络语言字符构词适应了这一要求，同时迎合了网民求新求异的心理，发展了视觉修辞，因而得到越来越多的应用。

第三节　网络语言语义构词

词语包含形式和内容两个方面，词的内容就是词义。词义即词所负载的信息，是基于人们对客观事物和现象的认识。"词是一种符号，它可以表示各种各样的事物。不管是客观存在的还是人们头脑中想象的事物，不管它是否真实，只要社会交际中需要，都可以用词来表示，它的内容就是词义。"[1]网络语言的词语往往是在传统语言词语意义的基础上加以利用和创新的，乍一看与传统语言词语意义相同，但实际上却具有了另类的表达效果。

网络词汇中基于词义构词方式主要有新词新义和旧词新义两种情况，其中新词新义中包括借用义项组合、借用外来词及借用词根三种基于词义的生成方式，而旧词新义中则包括引申派生式的旧词新义、比喻派生式的旧词新义及非派生式的旧词新义三种基于词义的生成方式。

一、新词新义构词

即基于词义创造之前现代汉语使用中不存在的新词及新的词义，包括义项组合、借用方言词义与借用外来词义三种方式。

（一）义项组合构词

指利用汉语元素及义项的组合拼接产生新词新义的方式，如菜鸟、见光死、颜值、泪奔、女汉子。借用汉语义项组合，从而形成新的网络词汇是汉语网络语言中独具特色的一种语言变异现象，同时也是最具有语言创新精神的构词方式。这种方式下的新词在已有汉语词汇的基础上进行二次创造，形成新的词语和词义。

利用汉语词汇义项，可以组合形成新的网络语言，如"菜鸟"一词形容刚刚进入一个组织和领域的新人，最早出现于网络上，与"老鸟"或"大虾"相对，截取"菜""鸟"两字在词义上新鲜、稚嫩等形象色彩，加以组合形成"菜鸟"一词；"见光死"一词则是借用三个词语字面上的意义，表示"见到光亮就会死去"，进而在网络上表示网民之间见面，发现没有想象中的那么美好，表现幻想与现实的差距；同样地，"颜值"一词代表人"容颜美丽的数值"；"泪奔"一词则表示"眼泪奔流出来"的意思，常用于形容非常激动的心情；"男：女"是具有对立性质的一对区别词，"汉子"是男子的别称，"女汉子"一词则把"女"和"汉子"相结合，在常理中两个语素不可搭配使用，但是这个词在网络语言中却得到了广泛的使用，该词通常是用来形容那些具备男性行为和性格特征的一类女性，义项组合之下，性格豪爽、行为粗枝大叶的女性形象跃然纸上。

---

[1] 黄伯荣，廖旭东. 现代汉语（增订五版）[M]. 北京：高等教育出版社，2011.

（二）借用方言词义构词

我国的语言丰富多彩，方言则是其中浓墨重彩的一笔。本章第一节讨论了方言词语在网络语言中语音方面的应用，这里讨论方言应用的另一方面——方言词语的借用。网络上聚集着来自中国各地的网民，他们通过互联网相互交流，为了使自己的语言与众不同，有些网民常常将当地的方言词语运用到交流之中。一些方言词语因为自身独特的表达效果和语言魅力被网民所熟知，并广为流传，如"坑爹""给力"。

"坑爹"一词出自江苏赣榆县、灌云县一带的方言，也是山东地区的方言，原来写作"坑跌"，意义是"糟糕了、坏事了、捅篓子了"等。而在网络语言中，则利用谐音把其写为"坑爹"。从字面意思来看，"坑爹"中的"坑"为"坑害、欺骗"的意思，"爹"则是网络语言中常见的用于自称的词语，"坑爹"可以解释为"坑害我、欺骗我"的意思，这就与原词的方言意义有所区别。随着"坑爹"一词在网络上的流行，该词的词义也逐渐扩大化，用以表示现实没有想象得好，让人失望，或者引申为不尽如人意。

例28 这游戏看画面这么精致，没想到这么不好玩，这不明摆地坑爹吗！

例28中的"坑爹"就有"失望"的意思，看到游戏的画面很精致以为游戏会很好玩，但是一玩才知道原来自己被这精美的画面所坑骗了，对游戏大失所望。"坑爹"不仅是对被欺骗的不满之情的一种宣泄，也有对于现实的感慨之意，如果不是自己"以貌取人"怎么会被骗呢，包含了一种自嘲的调侃意味。

"给力"一词是从闽南漳州话演变过来。在闽南漳州方言中，"给力"的"给"与"自给自足"中的"给"，以及"激""革""戟"等的读音相同，都为kik，读作kik làt。在漳州方言中原只有"激力""够力"等词来表示"给力"的意思，《闽南话漳腔辞典》[①]对两词的意义做了解释，"激力"表示"憋足劲"，"够力"表示"力气足够或达到很严重的程度或地步"。网络语言则结合漳州方言，把原本只有读音没有写法的kik làt定了形，创造出"给力"一词。单从语法上来看，"给力"一词非常好理解，即"给予力量"，再结合方言词语原有的意义，"给力"的意思可延伸为"很好很带劲，让人眼前一亮"的意思。尤其是当某个事件或某个现象给人以强烈的刺激，让人精神为之振奋的时候，用"给力"就再贴切不过了，一方面结合"给力"的字面意思，有一种"让人精神为之一振"的含义，另一方面"给力"作为形容词给人以感慨、赞叹之感，具有很强的感慨意味。

（三）借用外来词义构词

指直接借用外来词的词义形成网络语言的方式，如"吐槽""暴走""宅""萌""正太""御姐""腹黑"。在网络语言使用环境中的新词，有很大一部分来自外语网

---

① 陈正统. 闽南话漳腔辞典[M]. 北京：中华书局，2007.

络环境，不同于谐音方式中"汉—外"谐音形成网络语的情况，基于词义借用外来词的造词方式是通过对于外来词词义的吸收或加以改造形成的。

"吐槽"一词来源于日本漫才（类似于中国的相声）里的"突っ込み"，普通话里相当于相声的"捧哏"。网络语言把日语中的词语直接加以利用，并将其翻译为"吐槽"，大多表示揶揄、拆台，简单地说，就是从对方的行为或者语言中找一个有趣的切入点，发出感慨或者疑问。从其字面意思来看，"吐槽"表示"往别人的槽里呕吐脏东西"，这正与其意义"拆别人台，不给人面子，往人脸上抹黑"相对应，更便于人理解和运用。

"腹黑"（日文：はらぐろい）一词源自日语的"腹黑い"，原意为"心地坏的、黑心的、表里不一"的意思，并常常将此面进行演技化的伪装掩盖。网络语言直接将该日语词中的汉字"腹黑"引用过来，大多用来形容表面严肃却喜欢恶作剧或是经常取笑别人（友好型的）的人。其实，"腹黑"从字面就能够引申出"内心黑暗"的意思，然而"腹黑"一般在网络语言中不用于贬义，其性质偏向正面，是对性格或脾性的一个描述词，与"古灵精怪"属同义词，但一般用来描述年龄较大的青年人，他们表面上看起来成熟老练，做事不漏痕迹，但实际上却有一颗活泼的童心，喜欢在背后搞搞善意的恶作剧，用以娱乐大众。

目前网络语言中有很多都来自日语，这其中有一定的文化背景和历史渊源，因为日语中本身存在大量的汉字。这些借自外来词的网络语言中的汉字有的和汉语语义重叠或相近，有的则发生了变异，如"正太"（小男孩）、"御姐"（成熟强势的女性）、"素颜"（没有化妆的脸）等的词义是直接借用其在日语中的意义，而"素人""腹黑""鬼畜"等词的语义则在汉语网络环境中发生偏离和改变，形成全新的词义和用法。有些网络语言在使用中又进一步与汉语结合，如"控"，出自日语"コン"，取英语 complex（情结）的前头音，指极度喜欢某事物的人，用法是将喜欢的事物放在"控"字之前，于是出现了"大叔控""微博控""下载控""手机控"等汉语网络词语。

二、旧词新义构词

即基于已经存在的词汇的词义引申改造该词原词义以形成全新词义的网络语词。旧词新义有派生和非派生两种情况，派生产生的旧词新义又分为引申派生和比喻派生两种。

（一）引申派生式的旧词新义构词

指在原词义的基础上通过类比、推演而产生派生义的一种派生方式，如"顶""汗""晒""围观"。

引申派生式的旧词新义往往是基于原词义中的某一义项或者某一感情色彩，进而引申派生出新的语义特征。有些词的派生义已经取代其母义，在网络中广泛使用，如"顶"，在现代汉语中有"最高的，至上的及最高至上的部分""用头支承"和"支撑，抵住"

等十余个理性义,而在网络环境下,该字常被用于表达"支持"的意思,如:"加油!我顶你!"而这个义项在网络语言如此使用之前是没有的,并且"支持"的派生义已经逐渐成为该词在网络环境中使用的最重要的义项。同样地,"晒"的本义是"在阳光下曝干或取暖;暴晒;晒干",在网络语境中则被更多地赋予了另外一个含义,即"由原含义延伸,泛指将自己的罕有物或特殊技能等展现给别人的行为(类似炫耀,也可作一般展示用)",如"晒幸福""晒图""晒工资单"等。从以上各例中可以看出,这些旧词的新义明显就是在汉语固有词的理性义的基础上延伸发展而来的。

(二)比喻派生式的旧词新义

指运用比喻的修辞方式来派生新词义的一种派生方式,如"潜水""楼上""沙发""马甲""草根""浮云"。

比喻派生式的旧词新义是参与网络交际的网络用户,通过丰富的联想和生动的语言表现,将旧词所含的义项与创造出来的新义联系在一起,如"马甲"一词,生活中的马甲是指一种无袖的小外套,穿和脱都很方便,在网络上,马甲借以泛指同一个人的不同ID,在常用的用户名外再注册的其他名字以隐藏自己的真实身份,叫作穿马甲。同样地,"潜水"一词原义是"进入水面以下的活动或指一种休闲运动",网络语境中的"潜水"则表示"在网络论坛社区里以匿名的姿态躲藏在暗处,不发表意见和表露身份",二者之间在表现特征等方面存在密切的联系和相关性。再如,论坛回帖里的"楼上""楼下""隔壁"等词都是充分联系了动作或事物间的相似性,利用比喻派生的方式创造出旧词的新义。

"草根"的原义即指草类植物的根部,而在网络语言中,则用以比喻像草根一样微不足道的普通民众,这二者确实有着不言而喻的相似点:草根平凡而具有顽强的生命力,它遍布田野山地,看似散漫无羁,但生生息息,绵绵不绝;草根永远不会长成参天大树,却因植根于大地而获得永生。而普通民众就像草根一样,虽不能掌握尊贵的权力却是最基本的国家组成者,他们扎根基层,虽然平凡却具有强大的独立性和创造性。在网络环境中的网民大多是普通民众,他们以"草根"自称并以"草根"为荣,他们像草根一样简单低调,热爱身边的每个人,不自大,快乐并骄傲着,也许这正是所谓"草根精神"的体现吧。

"浮云"一词最早出于孔子的"不义而富且贵,于我如浮云",此时"浮云"的意义已经与现代网络释义非常相似,即把"浮云"一词比喻"无实际意义的事物"。然而在网络语言中"浮云"的隐喻意义被更进一步挖掘,比喻不把某事物放在眼里,不值一提。"浮云"在网络上最主要的用法就是与"什么"的谐音词"神马"一起使用,用以表示什么都不值一提。

例29 加班就加班,神马都不要说,说了也是浮云。

例句中一个"神马",一个"浮云",把都市上班族经常加班的那种抱怨之情表现得淋漓尽致。在这些上班族的眼中,城市生活中的压力让他们身心疲惫,用"神马都是浮云"的抱怨,让自己拥有凡事皆浮云的淡定态度,也不失为一种精神胜利法,来告诫自己对不着边际的事情,不要抱有幻想,与快乐生活比起来什么都如浮云一般转瞬即逝,不值一提。

(三)非派生式的旧词新义

指旧词的新义不是由原词义项派生而来,而是来自其构成成分的意义或组合。

例30 现在马路上女魔头貌似越来越多了啊。

非派生式旧词新义的生成模式不同于派生式引申或联系母义义项,而是跳过该词语的原有词义,通过词语中各语素的重新审视和理解生成全新的词义,如"女魔头"。"女魔头"原义指作恶多端的邪恶女人,而网络语言则另辟蹊径,将"女魔头"的三个语素利用谐音偷换意义,通过对词语语素意义做出与原有意义不同的选择,使词语语义结构发生变化,变为"女司机"+"磨合期"+"头一次"这三种义项的组合,从而别解为"女司机头一次开车,还在磨合期"这一语义场,用以称呼新手女司机。"女魔头"的别解,赋予了这一词语多个义项,使原本单一的意义得到扩展,用它指称新手女司机,也表现出新手女司机开车不熟练、笨手笨脚的状态。而且与该词原本的意思形成呼应,新手女司机因为开车技巧不过关经常造成交通事故,也算是马路上的"女魔头"了。如此一来,用"女魔头"来形容新手女司机就显得非常确切而生动了。

再如,网络论坛里,"天才"一词指"天生的蠢才","触电"表示"圈外人接触电影、电视剧,涉足影视界","神童"是"神经病儿童"的缩写,"蛋白质"是"笨蛋+白痴+神经质"的缩写,"白骨精"也成了"白领+骨干+精英","可爱"表示"可怜没人爱","特困生"表示"一上课就特别困的学生","英雄"表示"英国的狗熊","讨厌"是"讨人喜欢、百看不厌"的缩略,"善良"表示"善于变态而又营养不良"。这种非派生式旧词新义的生成模式实质上是在词义方面的谐趣缩略,有的还运用了谐音,例如,"孔子"表示"恐怖分子","偶像"表示"呕吐的对象","贤惠"表示"闲在家里什么也不会"。可以看出,这种非派生式旧词新义的生成模式运用已有的语词进行另类表达,颠覆了这些语词原有的意义。

此外,一些原本在当今时代不常使用的词语也在网络语言中重新焕发了生命力,并且这些旧词不仅在词义上与原词义大相径庭,其感情色彩也发生了巨大的变化,如"土豪"一词,在汉语词汇中指地方上有钱有势的家族或个人,以及乡村中有钱有势的恶霸,通常与劣绅一起使用,即土豪劣绅。而在网络语境下,"土豪"一词则有完全不同的解释,起初指乡下财大气粗、没什么品味的有钱人(区别于暴发户),后多指有钱、不理性消费、喜欢炫耀的人,其感情色彩也从贬义向中性乃至褒义偏移,类似的词还有"和谐""学霸"等。

互联网环境中基于语义的构词现象,不仅大大丰富了网络词汇,提高了网络交际的效率和交流的趣味性,同时也由网络向现实生活渗透,拓展了汉语词汇的词义空间,提高了汉语的表现力。

第四节　网络语言语法构词

语法是语言学的一个分支，"研究按确定用法来运用的词类、词的曲折变化或表示相互关系的其他手段以及词在句中的功能和关系。包含词的构词、构形的规则和组词成句的规则"①。传统语言受汉语语法的制约非常大，遣词造句都离不开语法的限制，而网络语言不同于传统语言，网民们出于对网络交际语言新奇性的追求和提高交际速度的考虑，常常打破一般语法规则的限制，创造出一些新的语法表现形式。

一、词性活用构词

网络语言是由现代汉语发展而来的，但在运用中又偏离或超越传统语法规则，形成了网络语言所特有的构成、组合和使用规则，出现了一些变异的语法现象。网络交际中为了用现有的词语表达新奇丰富的意思，网民往往将现有词类进行活用，由于汉语构词的特殊性，这种活用表现出了强大的能产性，不仅可以依托已有的语法规则不断创造出新词新句，旧词也可以新用。词性的活用拓宽了汉语词汇的表现内涵，提高了汉语的表现力，当前一些网络中常用的语法变异现象已经被逐渐运用到人们的日常生活之中。

"词性转换是一种能产的构词方式，网络词汇也不例外，或者说词性转换在网络语言中表现出更强的生产能力。"②网络语言中词性发生转换，其语法及使用特征也相应地发生变化。网络语言词性活用的变异修辞现象主要分为名词活用、形容词活用、动词活用及数字字母字符的活用。

（一）名词活用

名词活用即名词性质的词语在词性上发生转变的活用现象。

例31　百度一下。

例32　有事电话我。

例33　今天你低碳了吗？

例34　这道菜很法国。

例35　做人不能太CNN。

网络语言交际语境下，名词性质的词语在一定情形下会在词性上发生转变，成为具有其他词性特征的成分。"百度"是我国名列前茅的互联网公司，也是全球最大的中文搜索引擎，其搜索引擎广告语"百度一下，你就知道"被广泛使用，这里"百度"作为名词性质的词语被赋予了动词的性质，即名词活用成了动词，类似的用法还有"人肉某

---

① 杨信彰. 语言学概论[M]. 北京：高等教育出版社，2006.
② 张云辉. 网络语言语法与语用研究[M]. 上海：学林出版社，2010.

人""粉某人"等。同样地,在网络空间下,名词也可以活用成形容词来用,如一道菜具有很正宗法国美食的特点,或一个地方具有明显的法国建筑的风格特征,就可以说这道菜或这个地方"很法国",类似这种用法的还有"很男人""做人不能太 CNN"[①]等。

(二)动词活用

动词活用即动词性质的词语在词性上发生转变的活用现象。

例 36　这个主意很赞。

例 37　我买的球队又输了,我真跪了!

动词活用现象是指将动词活用为其他词性的词,如例 35 中的"赞",本义是"称赞;颂扬",而在社交网络中表示赞赏、支持的意思,这里活用为形容词性质,表示"很棒,值得称赞"。例 36 中的"跪了"在这里既有动词原有的意义,同时也有着多重形容词的意义:一是表示了自己心中对于球队输球的一种感慨;二是对自己如此信赖的球队多次输球表示无法理解,有"服了"的含义;三是对自己屡买球屡失败的一种无奈的自嘲,只有跪下来"望天兴叹"。"跪了"最初来源于网络流行的符号"orz",该符号很像一个小人跪下的形态,左边的是头,中间的是支撑的胳膊,右边是跪下来弯曲的腿,这个符号在网络语言萌芽时就开始流行起来,用以表示一种"拜服、无奈的心情"。随着网络语言的不断发展,近年来的网络语言开始逐渐抛弃了原有的英文符号,而直接用汉语"跪了"来表示这种心情,说明网络语言开始逐渐成熟,并向挖掘汉语自身的语言特点靠拢。

(三)形容词活用

形容词活用即形容词性质的词语在词性上发生转变的活用现象。

例 38　网站被黑。

例 39　这首歌红了一批人。

例 40　这人可真欠扁。

例 41　这道题有点小难。

例 42　这部电影巨好看。

例 43　他家的菜狂好吃。

"网站被黑"或"系统被黑"表示网站被侵入导致系统崩溃,其中"黑"来自网络词汇"黑客"一词,是英文 hacker 的音译,hack 为动词,本义是"砍伐、毁坏"之意,因此,形容词"黑"就带有了动词的意味。而近几年,"黑"又被引申出"故意贬低甚至诋毁"等含义。同样地,形容词也可以活用成副词,如例 40 中"小难"中的"小"表示程度"稍微、有些","巨好看"中的"巨"表示"非常、极其",诸如此类可以

[①] CNN 是美国有线电视新闻网(Cable News Network)的英文缩写。CNN 在报道我国打击"打、砸、抢"事件时歪曲事实,误导新闻受众,抹黑我国形象。网络流行语"做人不能太 CNN"意指不要过于信口雌黄,不顾事实。

放在形容词前表示程度，充当程度副词作用的还有"狂""爆""奇"等。

（四）数字、字母、符号活用

数字、字母、符号活用即数字、字母及字符在词性上发生转变的活用现象。

例44　请@我。

例45　PS 一下。

例46　很2很天真。

例47　＝＝（等等）。

这一类词性的活用现象使数字、字母、字符充当一定的语法结构，发挥特定的语法作用，如"@"在网络中可以当作动词来使用，表示在微博等社交媒体上指定某人；PS是一款修图软件 photoshop 的缩写，"PS 一下"（或直接表达成"P 一下"）指将图片使用该软件修改一下，后来又泛指图片的修改或美化；数字"2"在网络中表达"傻，天真"，具有形容词的词性；在网络中，字符除了发挥其本身的作用外，还可以通过谐音方式表现出其他特征，如符号"＝＝"是根据字符的读音进而谐音表示动词"等等"。数字、字母、字符的活用很大程度上丰富了汉语网络交流的方式，而且提高了网络对话的效率，同时在表达效果上，又体现了网络交往中网络语言使用的自由性及网络语言诙谐幽默、轻松活泼的特点。

二、缩略构词

为了称说方便，使事物称谓中的成分进行有规律地节缩或者省略叫作缩略。缩略构词是汉语中为便利使用而由较长的语词缩短省略成较短语词的一种构词方式。缩略语的构造及其意义往往是约定俗成的，是为了用语的经济，对两个或两个以上词语组成的短语中的成分进行有规律地节缩和省略。然而网络语言中的缩略则突破常规，为了传播的广泛性和记忆的方便性往往生造缩略词，达到出其不意的效果。网络语言中的缩略构词可以分为汉语缩略与字母缩略两种方式。

（一）汉语缩略

缩略词是汉语中常见的一种语言现象。汉语缩略语因为数量较少、含义明确，使用相对规范。例如，"扩列"是"扩充好友列表"的缩略形式，表示"交朋友"；"脱光"意思是"摆脱光棍生活"。又如，"躺枪"是"躺着也中枪"的缩略形式，将"躺着也中枪"的第一个语素和最后一个语素从短语中提取出来，缩略成"躺枪"一词。"躺着也中枪"，顾名思义，就是躺下了却还有可能被枪的子弹打中，延伸其意思，可以用以表达在人际交流中，第三者为了避免让自己成为别人的话题已经刻意保持低调情绪了，却还是无辜地被有心之人加以诟病，对自己造成不良影响及后果。网络语言将"躺着也中枪"缩略为"躺枪",一方面适切了现代汉语中双音节词占优势的情况,便于人们记忆与传播,另一方面也适切了网络语言求新求异的特点,故意违反缩略规则,生造缩略词以追求新鲜独特的感觉。而且"躺枪"比"躺着也中枪"更具有形容词的性质,从而能够表达出网民那种"躺枪"时无奈自嘲的心情,具有调侃的效果。

近年来涌现的网络新成语大多由缩略而成。例如,"然并卵"是"然而并没有什么卵用"的缩略语,意思是"毫无意义、并没有一点儿用",多用于无奈场合的调侃。一些事情看上去高大上或者非常复杂,却没有实际效用,或者形容努力了半天却徒劳无益。又如,"来信砍"即"来××地,信不信我砍死你"(××为任意地名)的缩略形式,是将短语中的主要动词"来""信"和"砍"提取出来缩略而成。"来信砍"这一缩略词中"来信"与现代汉语中的"来信"一词同形同音,虽然便于记忆,却容易造成理解上的歧义,可能会被误认为"只要你给我来信,我就砍你"的意思,这与原来想要表达的意思大相径庭,有可能会造成接受者的误解,影响言语交际的效果。

(二)字母缩略

网络交际中为求快捷简便,常用字母缩略形式传情达意,具体包括两种情况。

1. 拼音字母缩略

这是指网络语言中的一些词汇采用汉语拼音音节的首字母缩略的方式,如图2-7所示。

图 2-7　FB:腐败的缩写,现在通常指出去吃喝一顿好的

如图 2-7 的"FT""FB"就是采用了拼音首字母缩略的形式。这样的例子还有很多,如 BXCM(冰雪聪明)、CJ(纯洁)、DD(弟弟,东东)、EG(恶搞)、FQ(愤青)、GX(恭喜)、HD(厚道)、JS(奸商)、KHBD(葵花宝典)、LJ(垃圾)、MPJ(马屁精)、PLMM(漂亮美眉)、QR(穷人)、RPWT(人品问题)、TS(同上)、WW(湾湾,指台湾同胞)、ZZ(转载,站长)。

从上面的例子可以看出，拼音字母缩略方式存在一定的任意性，同一种拼音缩略形式可能体现多种意义。在此基础上，近年来网络语言在拼音字母缩略方式上出现了新的变体，即保留原有词语的声母不变，只更改韵母，从而变成一个同声母不同韵母的新词。这种方式的出现和近年来网络语言的含蓄化特征有很大的关系，因为这种词语大多是用来代替詈词的。乍一看新词语和原有词语的关系不大，但是二者之间却通过相同的声母而产生了密切的联系。例如："挺萌的"。这里的"挺萌的"可以缩略为字母"TMD"，并非表达可爱的意思，而是一句著名国骂的另类表达。网络语言利用藏头手法，保留了原有的声母"TMD"，把其后的韵母换成其他韵母，从而形成了新词"挺萌的"，用来表示原有意思。这里需要说明的是，替换的新词必须是词汇中已有的词，否则不易理解，不但不能起到代替的作用，反而会引起误解或歧义。

拼音缩略变体的出现从另一种角度表明，网络语言的发展方向越来越走向含蓄和委婉，过去到处充斥着粗俗脏话詈词的网络语言情况已经得到了一定程度的改善，我们看到的不再是具有明显詈骂含义的词语，而是较难看出其内涵的新型词语，使语言表达显得诙谐幽默，避免不必要的冲突与矛盾，同时也表明网民的素质有了一定程度的提高，我国的网络环境也有了一定程度的改善。

2．英语字母缩略

这是指网络语言中的一些词汇由英语单词首字母缩略方式构成（图2-8），如 BRB（be right back，马上回来）、CT（counter-terrorist，特指《反恐精英》中的警察一方及其成员）、DIY（do it yourself，自己动手做）、FOAF（friend of a friend，一个朋友的朋友）、IMHO（in my humble opinion，本人愚见）、LOL（laugh out loud，大笑）、PM（①private message，私人信息；②pardon me，请原谅我）、SOHO（small office home officer，在家办公）、TTYL（talk to you later，再见，下次回头再谈）、UK（united killers，杀手联盟）。

图2-8　FT：分特，Faint 的缩写，昏倒、晕厥之意

网络语言中还存在同一种字母缩略形式体现上述两种缩略方式的词汇，如 BMW（既

是"别摸我"的拼音首字母缩略,也是"bayerische motoren werke"的单词首字母缩略)。

三、派生构词

派生词是由词根和词缀组合构成的合成词。根据词根和词缀组合位置的不同情况,派生词可分为两大类:一类是在词根前附加词缀构成,即词缀+词根的方式;另一类派生词是在词根后附加词缀构成,即词根+词缀的方式。现代汉语中后缀较多,在网络语言中也是后一类派生词比较常见。网络语言中的派生构词法指直接借用汉语词根语素的汉语造词法形成网络语言的方式,如"×客""×吧""××族""微××""××门""零×""××秀"。

借用词根方式形成的网络新词往往具有明确的起源,如由于"黑客""博客"等词的兴起,"××客"构词形式的网络语言由此发展起来,"播客""闪客""拍客""背包客"等层出不穷;"微××"一词源自"微博"一词,进而形成"微信""微拍""微话题""微电影"等。

这种方式下产生的网络新词往往以其词根的语义为依托,如"××族"中的"族",本义指"有某种共同性的群,人种学上的族即种族,是在体质形态上具有某些共同遗传特征的人群。民族学上的族,是文化和语言的共同体"。因此,在网络语言中,"××族"可以理解成具有同样特征或者相同爱好的群体,如"月光族"(指将每月赚的钱月底前就花光的人)、"蚁族"(形容中国低收入聚居群体)等。

又如,"萌萌哒"有"太可爱了"的含义,是"特别萌"的可爱用法,由网络热词"么么哒"受到日本萌系文化影响演变而来。由于语义环境差别,"萌萌哒"多诙谐形容自己的萌化形象。继而"卖萌"一词也开始流行。这两个词在网络蹿红后,网络语言里涌进了一大批"萌萌哒"的词语:"萌×"(萌宝、萌主、萌妹子、萌翻、萌击……)、"×萌"(扮萌、爱萌、超萌、呆萌、老萌……)、"××哒"(困困哒、嘟嘟哒、滚滚哒、美美哒、帅帅哒、暖暖哒、胖胖哒、酷酷哒、棒棒哒……)。

再如,"××哥"中的"哥"本来是个很普通的名词,较少有延伸意义,在传统语言中以"哥"为后缀的词语也是有的,如"堂哥""表哥",或者以某人的名字称呼为"张三哥"等,而直接用形容词加后缀"哥"的情况相对很少。网络语言中的"××哥"扩大了"哥"的使用范围及涵盖意义,成了有着网络大众娱乐消遣意义的特殊的词。例如,"犀利哥",是以"犀利"为词根、"哥"为词缀组成的网络新词。"犀利哥"是网民对一位不知名乞丐的别称,因为网络上流传的一张照片而走红网络。照片上该乞丐虽蓬头垢面,身穿破烂的棉衣棉裤却眼神忧郁,动作酷劲十足,再加上那身虽然破烂却与如今"混搭"的穿衣风格不谋而合的行头,给人以时尚流行之感,因此,网民们戏称该乞丐为"犀利哥",用来指称他品味独特,足够犀利。在网络语言中则将"哥"这一词缀加以创新,在前面加上形容词"犀利",形成独特的网络新词。"犀利哥"的出现也带动了"哥"这一词缀的快速发展,网络上不断涌出以"哥"为后缀的新词,如"装醒哥""传说哥""淡定哥""胜利哥"等。

随着网络的传播速度和网民使用频率的加快，派生构词形成的网络新词逐步呈现出以下几方面的特点。

（一）类化性

例如，"××哥"具有直接标志词性的作用，由"××哥"词语模式生成的一系列词具有相同的词性和语法意义。从功能分布上看，由于"哥"本身是个名词性语素，所以"××哥"从语法结构上属于偏正式，总体上是名词性的，经常充当主语、宾语，有时也可充当定语，前面可以加上表示数量的数量短语，与现代汉语中的名词基本一致。

（二）定位性

例如，"××男"词语模式由前后两部分构成，"男"总是出现在组合的最后面。从"××男"的词性来看，"××"以名词性结构为主，如"单车男""黑衣男"；动词性、形容词性结构为辅，如"吸毒男""糊涂男"；从双音节"××"的内部关系看，主要为偏正、动宾结构，如"高职男""合约男""已婚男""旁观男""醉酒男""相亲男""违章男""整形男"等；还有少量字母、数字加汉字的，如"LV男"、"5旬男"。

（三）能产性

例如，"××门"系列词语源自"水门事件"，被广泛用来表示一些政治上的丑闻，其后被引申到更广的范围，现已不仅仅局限在政治上，而是代指任何新发生的一些丑闻或新闻，如"馒头门"（指某网民对电影《无极》的恶搞事件）、"电话门"（指意大利足球丑闻）。这些新闻只要是一些具有新闻效应、能引起广泛公众关注和兴趣的事件，都被用上"××门"的叫法，如"末日门""砍手门""楼道门""无底门""日记门""分手门""提拔门""代表门""卡尺门""订金门""沉船门""风水门""主播门""眼药门"等。这表明，词语模式"××门"形成后，以"门"为定位语素，其前面的空位中可以替换不同的语素或词，极具能产性，不断类推产生新词。从已经出现的词来看，它们参与构造已有词语的能力很强，并且随着社会的发展，可以根据需要及语言特点，临时创造由"门"做后缀的网络新词。

（四）意义的泛化性

例如，"××女"中的"女"单独作为一个单音节词使用时，意义较实在。但是当"女"附着在一定词根之后时，其语义就相对虚化。"女"与相应词根搭配，可以形成褒义、贬义或中性的词，如"乖乖女""白领女""皮条女"等。不难看出，"乖乖女"一般而言是带有褒义色彩的，"白领女"则不具有褒贬色彩，而"皮条女"则往往是带有贬义的。这表明，含有"女"缀的词语，其词义（这里尤指色彩义）并不主要是由"女"来承载的，"女"此时的词汇意义是相对较虚的，在感情色彩上呈中性。此外，含语素

"女"的词语可以受表示等级的"高级、优秀、超级"等修饰,也可以受表示地名、年龄等名词性词语限制,如"宁波女""妙龄女"等。这表明"女"在词汇意义上具有较大的宽泛性,在词汇意义上其实比较"虚泛"。再者,"女"自身也无所谓"数"的意义。含有"女"这一语素的词语在"数"上,既可以是单数,也可以是复数,即含有"女"语素的词语的单数和复数这一语法意义并不是通过"女"自身的词汇意义体现出来的,而往往是通过其前面的修饰或限制语表现出来的。

由以上分析可以看出,派生构词在构词性质上呈现出以下特征:首先,生成系列词语词根的意义存在一定程度的虚化,在整个词语意义的形成过程中只起一定的辅助性作用,呈现出类词缀特征;其次,这个词根具有语法标志作用,无论"××"成分是名词性的、动词性的、形容词性的还是其他性质的,一经构成词语模式,则一律为名词,因此,这个词根是名词的标志;再次,这个词根在构词时位置固定;最后,由这个词根作为定位语素生成的词语模式,其生成能力极强,可以形成一个相当可观的庞大群体,而且随着网络交际的拓展还会不断增加和变化。

四、语法借鉴

网络语言是一反常规的语言,它在使用上具有不受现代汉语传统语法制约的随意性,这使语言的多样性成为可能。为了追求新鲜和乐趣,网络语言往往不局限在现代汉语这一种语言框架之中,其不仅借鉴外来语言语法,而且模仿古代汉语语法。

(一)借鉴外来语法

网络语言对外来语音和语义吸收的分析可以说明,网络语言不会被汉语所限制,反而会在汉语的基础上吸纳其他语言的特点。

1. 汉语语法+外语词

简单来说,就是在汉语的句子中,把其中比较简单的词语替换成外语。这种现象比较常见,运用起来也比较简单。例如,"hold 住"意思为面对各种状况都要控制把持住,坚持保持住,要充满自信,从容地应对一切。其实,就是把汉语词"把握住,坚持住"中的动词用表示对应意思的英语 hold 来替代,就形成了"hold 住"一词。该词的基础框架是汉语的语法,在汉语语法的基础上融入外来词汇 hold,而汉语中又有与 hold 发音类似的 hou,让习惯汉语发音的网民读起来琅琅上口,更加便于记忆和传播。再如,"你 out 了"意思就是你落伍了。这句短语在汉语语法的框架下,将原来表示"落伍"的汉语词直接替代成相对应的英语词汇 out,二者表达的意义虽然一样,但是由于它使用汉语语法夹杂外语词汇,就显得很新奇独特了。同样的例子还有"小 case""出去 happy happy""I 服了 U"。由于文化背景和语言表现力的差异,英语表达在网络交际的很多时候都比汉语更能实现表达者所希望达到的表达效果,因此,我们可以经常看到汉语和外语混用的现象,汉语和外语直接混用是直接将外语掺入汉语的句子表达之中,外语词义和语法特征往往保持不变。

其实，汉语语法中夹杂外语词汇早在香港地区就开始用于人们的日常交流之中，因为香港地区大多将英语和汉语两种语言作为母语，将二者混同起来使用也不会影响交流沟通。网络语言就借鉴香港的用法，并在其基础上加以创新，把汉语中不容易被替代的主要部分替代为外语，从而形成独特的表达效果。

2. 外语语法+汉语词

这种现象是网络语言独有的，即利用汉语的词汇或读音但使用外语的语法来组合成词或句。这也是汉语网络语言的独创用法，与汉语自身的语言特点有着密不可分的联系。具体又可以分为以下四种情况。

（1）混用外语单词词缀用法

即在汉语基础上结合外语单词构成的特点所产生的网络语言现象，如 ungeilivable。乍一看，这个词根本就是英语，但是再仔细看英语中好像也没有这个单词，那么这是什么呢？这就是网民根据汉语读音结合英语语法造出的词，意思是"不给力"。这一词可以分为三部分，第一部分是 un，熟悉英语的人应该都知道，un 在英语中是表示否定意义的词头；第二部分是 geili，这可不是英语，而是汉语"给力"的拼音；第三部分是 vable，是英语中形容词的标志性词尾，英语中要想把动词变为形容词一般后面要加上这个词尾。分析完这三部分之后，再来看 ungeilivable 就很容易能够理解了，geili 就是"给力"，前面的 un 表示否定，就是"不给力"，最后的 vable 是表明这个词是形容词，这个词的意思就是"不给力"。可以看到，这一中式英语单词基本上符合了英语造词规则，但是其中却夹杂了汉语拼音，可以说是中西合璧，充满乐趣。

再如，"××控"中的"控"源于英文单词 complex（情结）的前头音 con，后被日语借用，成为"控"（コン），并将其按照日语语法形成"某某控"的语言景观重构。因为汉语和日语在文字上有共通的地方，网络语言就直接利用"控"创造新词，即"××控"，来表示极度喜欢某种东西的人。在"控"前的词可以是名词，如"游戏控"，指非常喜欢玩游戏的人；可以是动词，如"收藏控"，指特别喜欢收藏东西的人；还可以是形容词，如"高个控"，指喜欢高个的人。"××控"在原先的汉语中是没有这种用法的，网络语言借用日语"××控"的语法，创造出新的词语形态。其实在汉语中，表示"喜欢、着迷"的词原先就存在，如"情节""癖"等，但是"控"既不像"情结"那样很像心理学术语，也不像"癖"拗口又有些贬义成分，它是随意的、调侃的，从而更容易被人接受，促使网络语言中以"控"为词缀的词语层出不穷地产生。

（2）混用外语名词形式及其复数用法

即在汉语基础上结合外语在表现名词及其复数形式上的特点所产生的网络语言现象，如"猫扑 er""天涯 er""姐妹 s""JRs"。在英语中在单词后加 er 往往表示该词的动作执行者或者从事与该词相关行业的人，因而在汉语网络语言中经常活跃于各大论坛社区的网民就会被冠以"猫扑 er""天涯 er"的称号；"JRs"是体育网站虎扑网论坛上网民之间的称呼，"JR"是"贱人"或"家人"汉语拼音首字母的缩写，"s"则表示复数，因而"JRs"表示"贱人们"或"家人们"的意思，同样用"N+s"形式表示名词复数形式的网络词还有"姐妹 s""坏人 s"等。

（3）混用外语时态用法

即在汉语基础上结合外语在表现时态形式上的特点所产生的网络语言现象，如"恋爱 ing""期待 ing""他喜欢 ed 我""我 have 吃 ed"。这种汉语同外语的混用方式主要利用了英语在时态上的特点，如现在进行时的形式一般为"V+ing"，汉语网络语言就将这种特点引入到汉语的表达当中，如表示正在吃饭就是"吃饭 ing"，表示正在恋爱的状态中就是"恋爱 ing"；同样地，英语中的过去式和完成式也被运用到汉语网络语言当中，如"他喜欢 ed 我"表示"他曾经喜欢我"，"我 have 吃 ed"表示"我已经吃过饭了"。

（4）混用外语称呼语用法

即在汉语基础上结合外语称呼语上的特点所产生的网络语言现象，如"Mr.差不多""主页君""欧尼酱"（哥哥）、"米娜桑"（大家）。英语中 Mr.表示"先生"，用于男士的姓、姓名或职务之前，汉语网络语言将该称呼语与姓名职务乃至表示某特征的形容词相结合，以表示称呼对象拥有某方面的特点，如"Mr.差不多"表示"差不多先生"，即处事不认真，对待什么都持"差不多"态度的人；日语中"君"（くん）是对男人的礼貌用语，相当于"先生"，汉语网络语言中借用日语放在称呼语后表示礼貌用法的词语，类似的还有"××酱"（关系亲密的人之间的爱称）、"××桑"（比较正式、正规的礼节性称呼）等。

（二）借鉴方言语法

在网络世界里，语言接触现象非常广泛，我国内地地区的网络语言不仅存在外来语法的影子，还受到港台方言语法的影响。

例 48 "我有说过这话吗？"

这句话其实就是"我说过这话吗？"，但受港台话的影响，在谓语核心动词前加上一个存现动词，以加重语气。

例 49 有事你走先。

例 50 我们已经吃饭了都。

例 49 的意思是"如果有事，你就先走吧"，例 50 是说"我们都已经吃饭了"，二者受方言影响，状语后置，表示强调。

港台方言在网络语言中影响较大，主要原因如下：第一，我国内地与港台地区曾经长期隔绝，形成了各有特点的语词系统，而这种现实情况在网络中没有明显的体现，各方在网上来去相对自由，使语言交流、语词接触也更加频繁；第二，经济因素能够决定某种语言或方言成为强势语言或方言，在港台地区强势经济等的背景下，港台语词长驱直入，继而对方言语法也产生了一定影响；第三，港台明星通过商业包装走红内地，港台影视剧在内地热播，使具有求新求变要求的青少年网民理解、欣赏并愿意使用与传统汉语词汇别具一格的港台词语与语法规则。

（三）借鉴古汉语语法

近几年网络语言中出现一种类似模仿古代汉语"文言文"式的表达现象，即将所要表达的内容通过古代汉语中的常用虚词、特殊句式、倒装等语法形式，如"知乎""走你""顶之""笑而不语""甚好""节操何在"。在这些表达方式中，一些在现代汉语中已经消失或者极少使用的文言句法在这类网络语言变异现象中又焕发了青春和活力，古代汉语中常用虚词（如"知乎""笑而不语"）、宾语前置（如"节操何在"）等语言现象在"古汉今用"这种网络语言语法变异现象中都得到了很好的体现。

不仅如此，在语言风格和句式结构上，网络语言也出现了一股"复古热"，网民纷纷模仿古代汉语特殊结构，通过古代文言句法叙述当下网络世界的热门事件或话题。

例51 待我长发及腰，少年娶我可好？
例52 何弃疗？（为何要放弃治疗？）
例53 尔之牛，汝母知否？（你这么牛，你妈妈知道吗？）
例54 富贾，可为吾友乎？（土豪，我们做朋友吧？）
例55 天降异象于前。（前方高能①）
例56 汝乃天骄，何不上九霄？（你这么厉害，咋不上天呢？）
例57 与子同游，动辄覆舟。（友谊的小船，说翻就翻。）
例58 太仆老识途，携我同游乎？（老司机带带我。）
例59 我将携汝，汝携阿堵。（我带上你，你带上钱。）
例60 常抱青云之志，莫但求田问舍。（生活不止眼前的苟且，还有诗和远方。）

例51中的"可好"、例52中的"何"、例53中的"尔""汝""知否"、例54中的"吾""乎"、例55中的"于前"、例56中的"汝""乃""何"、例57中的"子"、例58中的"太仆""乎"、例59中的"将""汝""阿堵"、例60中的"之""莫"等都是我国古代文言作品中经常使用的句式和语言元素。网络语言中的"古为今用"现象体现了网民对我国古代语言使用习惯的文化认同和精妙雅致的艺术追求，为传统文化逐渐暗淡式微、标榜语言形式奇异出位、语言暴力现象横行的网络交际空间环境，吹来一阵淡雅的复古之风。

拓 展 阅 读

1. 蔡长虹. 论改革开放以来的语音造词法——以网络语言中的新词新语为例[J]. 辞书研究, 2010, (02): 46-52.

2. 戴军明. 网络词语的造词分析[J]. 语言文字应用, 2006, (S2): 222-224.

3. 惠天罡. 网络词语构词探析[J]. 修辞学习, 2006, (02): 71-74.

4. 李军华. 符号的颠覆与重构：网络缩略语研究[J]. 甘肃社会科学, 2007, (03): 250-252.

---

① 前方高能一般认为最早出自日本科幻动画作品《机动战士高达》系列，指宇宙舰队在太空行军过程中为了安全，会时刻对前方的宇宙空间进行能量侦测，若有高能量反应，则及时规避。而在各ACGN弹幕网的视频弹幕中经常会出现"前方高能"之类的弹幕，则是预示接下来会出现激烈的内容或画面。

5. 张云辉. 网络语言的词汇语法特征[J]. 中国语文, 2007, (06): 531-535.

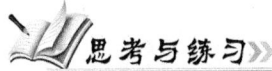 思考与练习

1. 举例说明网络语言在语音方面的构词方式。
2. 举例说明网络语言在字符方面的构词方式。
3. 举例说明网络语言在语义方面的构词方式。
4. 举例说明网络语言在语法方面的构词方式。
5. 举例分析网络拟声应答词"呵呵""哈哈""嘿嘿""嘻嘻"在特定语境中各有什么不同（语用、语义等功能）。
6. 简述网络拟声应答词的语用功能。
7. 结合网络语言具体现象说明象形字的借形表义。
8. 举例分析旧词新义构词方式的分类情况。
9. 举例说明网络语言在语法方面是如何借鉴古代汉语的。
10. 指出下列网络语词的构词方式。

> 夰唔（我）　稀饭（喜欢）　白富美　麻麻　雷人　倒ing　酱紫　粉（很）
> LS（啰唆）　烤焰（考验）　漂漂　人参公鸡（人身攻击）　山寨　坑爹　伊妹儿
> 经典（穷得连经文都要典当）　美错（错误也可以是美丽的）　^-<@-@
> ICQ（I seek you，我找你）　造砖　CUL8（see you later）　53719　监介

第三章　网络新成语

学习要求：了解网络新成语的含义与特征，了解四字格网络新成语在语音、语义与语法等方面的构成方式，理解并掌握运用互文性理论分析四字格网络新成语的方法。

语言是人类社会的产物，随着社会的不断发展，人类的不断进步，语言的各个要素不断发展、更新。博大精深的中国文化及其典故的沉淀，生成了众多成语。语汇与社会的发展密切相关，成语作为语汇的重要组成部分，自然也会发生新的变化，当前网络新时代在继续不断地生成新成语。许多社会焦点事件成为网络新成语典故的素材，有的堪称绝妙经典。这些新成语，在网络社会中产生，令人耳目一新，再经过网络、电视、广播、报纸、杂志等诸多媒体的运用与传播，产生越来越大的影响。

第一节　网络新成语的界定

成语是一种相沿习用、含义丰富、具有书面语色彩的固定短语。网络新成语具备成语的基本特征，具有意义整体性、结构凝固性，另外还具有风格形象性的特点，因此，网络新成语属于成语的范畴，同时从属于网络语言系统。

一、网络新成语的含义

当前网络语言的缩略用法出现了新的发展，从原先的短语缩略成词语发展成为将语句缩略成短语。例如，"男默女泪"是"男生看了会沉默，女生看了会流泪"的缩略形式，常用来形容某篇文章的主题，多与情感爱情有关。由此可以看出，这个缩略形式的原型不再是词或者短语了，而是一个并列复句。再如，"请允悲"是"请允许我做一个悲伤的表情"的缩略形式，原型是一个兼语句。二者都是由语句缩略成短语。

这种缩略方式与成语的形成比较类似，都是从一段经典性的话语中，抽取一部分内容构建一个新的形式用来反映这段话的意思，并不需要考虑原型的语义结构关系。例如，成语"爱屋及乌"源自汉代伏胜《尚书大传·大战》："爱人者，兼其屋上之乌。"因为爱一处房子，也爱那房顶上的乌鸦。比喻爱一个人而连带地关爱与他有关系的人或物。说明一个人对另一个人（或事物）的关爱到了一种盲目热衷的程度，形容特别偏爱。与原型相比，很多成语在句法结构上存在严重残缺，"爱屋及乌"实际上应该是"爱人及乌"，定型后的结果却略去"爱"的宾语"人"，而将"乌"的定语"屋"前移至"爱"的宾语位置上，使"爱"的对象由原来的"人"变成了"屋"。上文中的"请允悲"，省去了"允"的宾语"我"与"悲"的中心语"表情"，直接把定语"悲"放在"允"

的宾语位置上。基于这种新兴的网络语言缩略现象与成语的构成方式比较一致，我们可以称其为网络新成语。

网络新成语是针对千百年以来固定流传下来的传统成语而言的，无疑是顺应社会发展的新产物。所谓"网络"指明了这些成语出身于网络社会时代，所谓"新"不仅指新近产生，还指构造新颖，具有新的语音、语义、语法特点。

传统成语来源于神话寓言、历史故事、诗文语句等，这与网络新成语的来源不同。在网络盛行的新时代，许多典型的惊奇时事作为新时代成语典故的语料来源，经过网民大众的浓缩、凝练成为具有评论性内涵的网络新成语。根据目前网民默认使用的网络新成语，也有一些研究者对其性质做了解释。网络新成语可以定义如下：在网络时代背景中，网民共同参与创造的、带有浓厚口语色彩、语义直白的固定型短语。网络新成语不仅悬浮于规范的传统成语系统，而且从属于网络语言系统，更趋向于传统成语的性质。

二、网络新成语的特征

网络新成语隶属于网络语言，同时受传统成语影响很大，与一般网络语言词汇相比，具有以下特征。

（一）意义整体性

网络新成语在表意上与一般的网络语言词汇不同，其意义并非是其构成成分意义的简单相加，而是在其基础上概括提炼出来的整体意义。例如，"语死早"表达的并非其原型"语文老师死得早"的意思，而是引申意义"语文水平低下"（通常指有错别字、语病多、表达不明确），用来讽刺对方说话或者文章语病多、不会说话、嘴笨。

有的网络新成语若不了解其生成背景，光看字面可能无法理解其真正含义。例如，"飞蟥芜湖"并非说"芜湖出现了飞翔的蚂蟥"，而是"非黄勿护"的谐音，意思指"虽然标题看上去很黄，但内容实际上是很温馨很感人的，请吧主不要删除"。有的网络新成语采用与传统成语一样的形式，但意思迥然不同。例如，"不约而同"的传统义是"没有事先商量而彼此见解或行动一致"，而在网络新成语中却是"因为太久没有被异性相约而变成同性恋"的缩略形式。与传统成语相仿，网络新成语的含义具有整体性，是隐含于表面意义之后的，其表面意义只是真正含义借以表现的手段。

（二）结构凝固性

与传统成语一样，网络新成语的结构形式一般是定型的、凝固的，其构成成分与结构形式都是固定的，不能任意变动词序或者抽换、增减其中的成分。例如，"刷漆绿化"具有定型、凝固的结构方式，不能变换为"刷漆红化""刷绿漆化"；同样地，"城会玩"不能改变为"市会玩""城能玩""城真会玩"等，其成分不能任意变序、抽换、增减、分拆。

（三）风格形象性

与传统成语大多来自古代文献不同，网络新成语来源于网络，由群民参与而成，带有浓厚的口语色彩，大多语言通俗、形象生动，运用多种修辞表现手法。例如，"韩食美史"（构词结构中使用对偶辞格）、"敢动中国"（运用仿词辞格）、"猪涂口红（运用拟人辞格）。网络新成语不像传统成语来源于诗文语句、历史典故等，主要是群民参与、由网民在评论网络新闻事件中自主地将长句浓缩而成的，由此表示对新闻与时事的态度，针砭时弊的同时带有浓烈的风格形象性特征。有些网络新成语时效性很强，在参照传统成语构词方式的基础上结合当下社会的语境而产生。

网络新成语有延续的生命力，将来有可能纳入传统成语而载入词汇工具书。例如，"久耕托市"仿照"螳臂当车"，但是"螳臂当车"只能表现"蠢"的行为，而"久耕托市"进一步表现了少数政府官员可笑又可耻的行径，这在现有词汇里找不到达意贴切的相关传统成语。

第二节 四字格网络新成语的构成

网络新成语以四字格式为主，也有少量三字格式，如"我伙呆""活久见""自干五""何弃疗""醒工砖"等，其结构方式比较复杂。本节从语音、语义、语法三个方面考察四字格网络新成语的构成。语料来自百度，以在百度百科上能够搜索到新成语来源为标准，从中选取了78个使用频率较高的四字格网络新成语。

一、四字格网络新成语的语音构成

四字格网络新成语的特点是与其构成密切相关的。四字格网络新成语的语音构成规律可以从声调、节奏、韵律三方面来分析。

（一）四字格网络新成语声调特点

根据现代汉语（普通话）的平仄规律，我们将阴平和阳平的两个调类归为平声，上声和去声划为仄声。依据平仄格式，78个四字格网络新成语可以归纳为16种类型，如表3-1所示。

表 3-1 四字格网络新成语声调类型

声调类型	四字格网络新成语
平平平平	飞蝗芜湖、无图说锤、黔驴三撑、山前刘明、欧阳挖坑（5个）
仄仄仄仄	社病我药、网络暴力（2个）
平仄平仄	十动然拒、秋雨含泪、官走坐坐、国进民退、学历团购、三鹿毒奶、压力山大、人肉搜索（8个）
仄平仄平	不哭站撸、体亏屁思、细思恐极（3个）
平平仄仄	刷漆绿化、旁岐曲径、韩食美史、开胸验肺（4个）

续表

声调类型	四字格网络新成语
仄仄平平	敢动中国、度日如年（2个）
平平平仄	三毛抄四、核传盐尽、鸭梨山大、繁荣娼盛、知书达礼、光盘行动（6个）
仄仄仄平	喜大普奔、地命海心、聚打酱油、亦正亦邪（4个）
平平仄平	毒德大学、人艰不拆、猪涂口红、欧猪五国（4个）
仄仄平仄	范跑郭跳、跨省追捕、海派清口（3个）
平仄仄仄	焦锐奶化、男默女泪、谁死鹿手、前腐后继、啊痛悟辣（5个）
仄平平平	火钳刘明、化危为机、路边高墙、证齐毒全、不约而同（5个）
平仄平平	说闹觉余、图种熊菊、林貌杨音、唐骏读博、东跑西颠、三网合一、杯水车薪、十面霾伏、长发及腰（9个）
仄平仄仄	兆山羡鬼、世坚跳海、笑而不语、巧言利口、逆贼败党（5个）
平仄仄平	非法献花、丁磊养猪（2个）
仄平平仄	不明觉厉、累觉不爱、正龙拍虎、久耕托市、捂盘惜售、钓鱼执法、故宫强撼、拜登吃面、不学无术、爱名如子（10个）

从表 3-1 中可以看出，"仄平平仄"的四字格网络新成语占有一定的数量优势，在所调查的新成语中约占 12.8%，"平仄平平"次之，约占 11.5%，再者是"平仄平仄"，约占 10.3%。

（二）四字格网络新成语节奏特点

这里的语音节奏是按四字格网络新成语的句法结构为划分标准的。作为成语韵律的基本构成单位，音步是构成韵律循环模式的片段，也是表现成语节奏的音组，又称"顿"。按照句法结构划分语音节奏，四字格网络新成语中的每个音步停顿为一个音组，既彰显出语言节奏的音乐美感，又有助于网民对新成语意思的理解。按照四字格网络新成语的节奏，将搜集的 78 个成语分为"2+2""1+3"和"1+1+1+1""1+2+1"四种类型的音步。

像"开胸验肺""林貌杨音"这类并列结构的新成语，前两个字（音节）构成一个音步，后两个组成一个音步。这类"2+2"式结构的成语在四字格网络新成语中居多（在77 个网络新成语中占 92.3%），呈现出成语结构的规律性和节奏感。"1+3"式指的是四字格成语的第一个字（音节）为单音步，后三个字（音节）构成一个语义连贯、符合句法结构的音步，这类四字格网络新成语较少，在所搜集的成语中约占 3.8%，仅有"聚打酱油""猪涂口红""累觉不爱"三个。还有"毒德大学"（从语义和句法结构分析：毒！德味！大师！学习了！）、"喜大普奔"（喜闻乐见、大快人心、普天同庆、奔走相告）这类"1+1+1+1"式的四字格网络新成语，每个字（音节）单独为一个音步，在78 个新成语中约占 2.6%。"1+2+1"音步的四字格网络新成语只有一个，即"啊痛悟辣"，在 78 个新成语中约占 1.3%。由此可见，四字格网络新成语中，"2+2"式的居多，和传统成语的构词方式、节奏特点相似。

（三）四字格网络新成语韵律特点

从广义的角度归纳四字格网络新成语的韵律特点，新成语只要语步之间存在声母相同的字，就是双声类网络新成语，如男默女泪（nán mò nǔ lèi）、谁死鹿手（shuí sǐ lù shǒu）、证齐毒全（zhèng qí dú quán）。这三个成语的语步之间存在声母相同的字（相同的声母已加粗标识）。

　　语步之间韵头、韵腹、韵尾相同或相近（韵头也可以不同），平仄有殊，都视为叠韵类。例如，"无图说锤"（wú tú shuō chuí）中，"无"和"图"的韵腹相同，"说"和"锤"的韵头相同，都是 u。"国进民退"（guó jìn mín tuì）中，"国"和"退"的韵头相同，同为 u，"进"和"民"的韵腹同为 i，韵尾同为 n。"三鹿毒奶"（sān lù dú nǎi）中的"三"和"奶"的韵腹同为/ɑ/的音位变体 a，且出现的语音环境（条件）也相同，分别在韵尾 n 和 i 的前面。"鹿"和"毒"的韵腹同为 u。"开胸验肺"（kāi xiōng yàn fèi）的"开"和"验"的韵腹同为 a，与"肺"的韵尾同为 i。"光盘行动"（guāng pán xíng dòng）的"光"和"盘"的韵腹同为 a，"光"与"动"和"行"的韵尾同为 ng。"焦锐奶化"（jiāo ruì nǎi huà）的"焦""奶""化"的韵腹相似，同属于/ɑ/音位，"锐"和"奶"的韵尾同为 i，与"化"的韵头同为 u。"图种熊菊"（tú zhòng xióng jú）的"图"和"种"的韵腹同为 u，"种"和"熊"的韵尾同为 ng，"熊"和"菊"的韵腹同为 ü。

　　还有双声兼叠韵的四字格网络新成语，即语步间只要存在声母相同的字（音节），而且存在韵母的韵头、韵腹、韵尾相同或相近的字（音节）。例如，"林貌杨音"（lín mào yáng yīn）中的"林"和"音"的韵腹同为 i，韵尾同为 n，"貌"和"杨"的韵腹同为 a，"杨"和"音"均为零声母字。"韩食美史"（hán shí měi shǐ）的"食"和"史"的声母同为 sh，韵母的韵腹同为舌尖后音 i。

　　按照以上双声叠韵界定的规则，将上文 78 个四字格网络新成语在韵律方面的归纳，如表 3-2 所示。

表 3-2　四字格网络新成语韵律表

韵律	四字格网络新成语
双声	第一、三字双声：男默女泪 第一、四字双声：谁死鹿手 第二、四字双声：证齐毒全、笑而不语（4 个）
叠韵	无图说锤（一二字叠韵、三四字叠韵）、黔驴三撑（一三字叠韵）、山前刘明（一二字叠韵、二三字叠韵）、欧阳挖坑（二三字叠韵）、国进民退（一四字叠韵、二三字叠韵）、三鹿毒奶（一四字叠韵、二三字叠韵）、压力山大（一三四字叠韵）、不哭站撸（一二四字叠韵）、体亏屁思（一三四字叠韵）、细思恐极（一三四字叠韵）、刷漆绿化（一四字叠韵）、啊痛悟辣（一四字叠韵、二三字叠韵）、开胸验肺（一三字叠韵、一四字叠韵）、核传盐尽（二三字叠韵）、鸭梨山大（一三四字叠韵）、繁荣娼盛（一三字叠韵、二三四字叠韵）、光盘行动（一三四字叠韵）、地命海心（一二四字叠韵）、人艰不拆（一二字叠韵、二四字叠韵）、猪涂口红（一二四字叠韵）、范跑郭跳（一二字叠韵）、跨省追捕（一三字叠韵）、海派清口（一二字叠韵）、焦锐奶化（一三四字叠韵、二四字叠韵）、火钳刘明（二三字叠韵）、路边高墙（二三四字叠韵）、图种熊菊（一二字叠韵、三四字叠韵）、长发及腰（一二四字叠韵）、杯水车薪（一二三字叠韵）、兆山羡鬼（一二三字叠韵）、世坚跳海（二三四字叠韵）、巧言利口（一二字叠韵）、逆贼败党（二三字叠韵、三四字叠韵）、丁磊养猪（一三字叠韵）、不明觉厉（二四字叠韵）、累觉不爱（一二字叠韵、一四字叠韵）、正龙拍虎（一二字叠韵）、钓鱼执法（一四字叠韵）、拜登吃面（一四字叠韵）、不学无术（一三四字叠韵）、爱名如子（二四字叠韵）、欧猪五国（一四字叠韵、二三字叠韵）（42 个）

续表

韵律	四字格网络新成语
双声兼叠韵	飞蝗芜湖（二四字双声、三四字叠韵）、网络暴力（二四字双声、一三字叠韵）、官走生坐（二四字双声兼叠韵）、人肉搜索（一二字双声、三四字双声、二三字叠韵）、旁岐曲径（二三字叠韵、二四字叠韵）、韩食美史（二四字双声兼叠韵）、敢动中国（一四字双声、二三字叠韵）、度日如年（二三字双声、一三字叠韵）、三毛抄四（一四字双声、一二三字叠韵）、聚德酱油（一三字双声、二三字叠韵）、亦正亦邪（一三字双声兼叠韵）、毒德大学（一二三字双声、二四字叠韵）、化危为机（二三字双声兼叠韵）、不约而同（二三字双声、一四字叠韵）、林貌杨音（三四字双声、一四字叠韵、二三字叠韵）、东跑西颠（一四字双声、二四字叠韵）、三网合一（二四字双声、一二字叠韵）、十面霾伏（二三字双声兼叠韵）、非法献花（一二字双声、二三四字叠韵）、故宫强撼（一二字双声兼叠韵、三四字叠韵）（20个）

从表 3-2 可以清晰地看到，叠韵类网络新成语居多（约占 53.8%），双声兼叠韵的次之（约占 25.6%），双声类的四字格网络新成语最少（约占 5%）。

二、四字格网络新成语的语义构成

网络新成语属于词汇范畴，同样有多个义项，一般可以归纳为字面义、比喻义、引申义三个层面。有些四字格网络新成语各个义项之间的关系不是并列的，其中一个义项是基本的、浅显易懂的，叫作字面义。借用四字格网络新成语的字面义形容另一种事物，抽象提炼出的新的意义，这类具有形象性的意义即比喻义。在字面义的基础上通过推演纵向衍生的意义是引申义，它和字面义有本质的联系。例如，"秋雨含泪"典出作家余秋雨在 2008 年发表的一篇博文《含泪劝告请愿灾民》，意在劝告请愿灾民，他们的孩子已经安息，别再横生枝节误被反华势力利用。后被形容为虚伪的鳄鱼眼泪，引申为腐败的政治爪牙和献媚的文化口红[①]。

例 1 余秋雨发表博文，含泪规劝声讨豆腐渣校舍负责人的请愿灾民，真是秋雨含泪，煞费苦心。

例 2 班长："小明，虽然我很同情你，但是请你上课别再迟到了，免得被班主任惩罚。"

小明："班长，你还真是秋雨含泪啊！你是班主任请来的说客吧！"

例 3 某市市长在第一时间赶往灾难现场，对灾民们承诺："我一定会为你们死去的家人讨回公道，查出强拆的不法分子，不然，此行不免有秋雨含泪之嫌。"

以上三例均用到"秋雨含泪"，但是各有不同层次的意义。例 1 使用了"秋雨含泪"的字面义，结合成语的典出事件，从字面就可以了解其含义。例 2 使用"秋雨含泪"的比喻义，小明认为班长的劝告带有虚伪的同情，怀疑这是班主任的意思。例 3 借用"秋雨含泪的"引申义，引申为"不务实、做作的政治帮闲"。例 2、例 3 是在例 1 字面义

---

① 文化口红，也可以说是"文化身段""文化装扮"，带有装模作样、弄虚作假的性质，用来形容某些文学中带有向主流文化思想和市场双重献媚的倾向，也指文章中有煽情话语，以迎合受众。这类文章被称为文化消费品，而不是真正纯文学。

的推演下延伸的意义，例2的比喻义适用于生活中相似的情形，例3的引申义则适用于跟字面具有一脉相承关系的、类似的语境中。

又如，"唐骏读博"典出：2010年，科普作家方舟子揭发一位叫唐骏的知识分子在其作品《我的成功可以复制》中所描述的学历和专利发明都涉嫌造假。后来"唐骏读博"比喻知名人士或公众人物在某种利益的驱动下作假欺众，谎言被拆穿后而矢口否认。该成语引申为捏造谎言欺瞒大众或社会精英人群缺乏诚信。

例4 李某在入职面试时谎称自己是博士，最终被公司发现给予开除处分。这是唐骏读博，咎由自取。

例5 普通家庭出身的小明爱吹牛，常常向同学吹嘘自己的爸爸是政府干部以此满足虚荣心，真是唐骏读博的愚蠢行为。

例6 如今，很多伪专家声称自己学术权威，推销虚假保健品从中牟利，大有唐骏读博之嫌。

例4运用了"唐骏读博"的字面义，李某欺瞒公司，捏造读博谎言，和唐骏欺世盗名的行为类似。例5运用比喻义，形容小明这类弄虚作假的人无耻的欺骗行为。例6运用引申义，由"吹嘘学历"引申为"为了某种利益谎话连篇，欺骗大众的弄虚作假的卑劣行为"。

再如，"不明觉厉"典出：周星驰主演的电影《食神》中人物的对话。字面义是"虽然不明白，但是觉得很厉害"，比喻义为"新手对专业高手的仰慕"，引申义用于嫌弃对方所谈内容过于深奥，不知所云，或伪装自己韬光养晦的饰辞。

例7 听完讲解员对新研发的科技产品的介绍后，小明表示不明觉厉。

例8 作为一个电脑盲，小亮观看IT精英对电脑熟练的操作流程后表示不明觉厉，心悦诚服。

例9 有些老师的授课内容远远超出学生的理解范围，学生们对所讲内容表示不明觉厉。

例7运用"不明觉厉"的字面义，小明对讲解员所讲的内容完全不明白，但是觉得很厉害、有意思。例8运用该词的比喻义，小亮作为外行对IT精英表示崇拜。例9运用该词的引申义，表达学生对老师所讲晦涩深奥内容的吐槽和无奈。

四字格网络新成语的字面义推演为深层次的引申义和比喻义，增加丰富的内涵，适用于描绘社会现象，从而广为使用。四字格网络新成语的语义构成揭示了其强大的使用价值和生命力，使自身逐渐具备传统成语的语义特征，向规范化发展。

三、四字格网络新成语的语法构成

四字格网络新成语语法构成大体分为三种结构：复合结构、紧缩结构、弱语法结构，如表3-3所示。

表 3-3　四字格网络新成语的语法结构

语法结构	四字格网络新成语
复合结构	主谓式：秋雨含泪、唐骏读博、兆山羡鬼、世坚跳海、丁磊养猪、正龙拍虎 并列式：旁岐曲径、喜大普奔、范跑郭跳、证齐毒全、东跑西颠、逆贼败党 偏正式：三鹿毒奶、跨省追捕、海派清口、非法献花、刷漆绿化 补充式：度日如年、化危为机、爱名如子 连谓式：开胸验肺 动宾式：敢动中国、不学无术（网络新意义）
紧缩结构	联合式：地命海心、男默女泪、累觉不爱 偏正式：十动然拒、社病我药、国进民退、体亏屁思、说闹觉余、笑而不语、不明觉厉、人艰不拆
弱语法结构	飞蝗芜湖、山前刘明、细思恐极、火钳刘明

（一）复合结构

复合结构的四字格网络新成语与传统成语的基本语法结构相似，有并列结构，如"范跑郭跳""喜大普奔"；有偏正结构，如"非法献花""跨省追捕"；有动宾结构，如"敢动中国""聚打酱油"；有补充结构，如"度日如年""化危为机"；有主谓结构，如"正龙拍虎"；还有连谓结构，如"开胸验肺"。

（二）紧缩结构

紧缩结构的四字格网络新成语由紧缩复句缩略语素构成。复句分为联合复句和偏正复句。因此，紧缩结构的四字格网络新成语分为联合与偏正两类。联合类即成语缩略前的各分句意义平等，如"地命海心""图种熊菊"；偏正类则相反，分句间有主从之分，如"十动然拒""不明觉厉""人艰不拆"。

（三）弱语法结构

弱语法结构指的是以谐音字替代表意语素，且不符合语法规则的结构类别。从字面义分析弱语法结构的四字格网络新成语，发现其不符合语法结构，而是谐音替代形成的弱语法结构。为了达到娱乐幽默的效果，或是输入有误等原因，此类成语广为使用，如"火钳刘明""鸭梨山大""山前刘明""繁荣娼盛"。

受语言表达生动性和多样性原则的驱动，网络语言中新词语层出不穷，以网络新成语为代表的近期网络语言现象来源复杂，构词多样化，具有趋新、尚简与嘲讽等语用特征，标志着一种网络亚文化的崛起，是平民文化对所谓主流文化的一种蔑视，反映了网络文化价值观念中的一些全新变化。网络新成语与传统成语的形成机制相仿，但毕竟是语言中的新现象，其中一部分缺乏足够的理据性，是否具有很强的生存能力，还有待时间的考验。

第三节　四字格网络新成语的互文性体现

网络新成语大部分来自网络事件，借助微博、微信等网络媒介得以广泛传播。这些网络新成语并非无源之水，无本之木，它们的形成机制亦有迹可循。大多数网络新成语都会和传统成语存在一定的关联，有些网络新成语之间也存在着指涉关系，呈现互文性的特点。网络新成语的生成机制在一定程度上体现了互文性。

成语作为中华民族传统文化的精髓，源远流长，极富表现力。人们在日常学习生活中接触了许多传统成语，并潜移默化地将它们纳入自己的认知框架中。网民对网络时事产生想法后，自然会诉诸网络媒介提供的自由言论的平台。由于帖子字数的限制、人们快节奏的生活习惯、交流的经济原则等因素，许多言简意赅的网络新成语应运而生，深受人们的喜爱。一方面，网络新成语的形式受到人们认知框架的影响；另一方面，其内容反映了当下社会现象。网络新成语的形式和内容皆具备主观性与客观性，其形式的选择反映了人们的认知框架（对传统成语的认知体系）和借鉴传统成语的构词方式；其内容表现了社会现实也映射了人们的情感倾向。

一、互文性的理论简介

"互文性"这一专有名词是由法国著名理论学家克里斯多娃于20世纪60年代末提出的。诺曼·费尔克拉夫（2003）在《话语与社会变迁》一书中对互文性的理论作了详细介绍：互文性的意思是任何陈述均以特定的方式再次实现其他以往的陈述，任何陈述之间总存在这样或那样的关联，陈述之间的内容或形式有相似之处，呈现二者呼应的现象。

互文性理论源于西方的文艺理论学领域，是结构主义的延伸，其研究对象是文本。文本可以是一篇文章、一段话、一个词语，关键是其具有语义特征。本书探究的四字格网络新成语也是互文性理论的研究对象，互文性是网络新成语生成的本质特征。

二、四字格网络新成语与传统成语在特点上的互文性

四字格网络新成语属于成语范畴，具有成语的一般属性，四字格的网络新成语所具备的某些特点雷同于传统成语的某些特征，即二者具有相似的属性、交织的特点，体现了四字格网络新成语在特点上呈现出互文性。

（一）意义整体性

四字格网络新成语同传统成语一样，其意义并非构成成分意义的简单相加，而是各部分概括、提炼成系统性整体后的意义。传统成语"破釜沉舟"的实际含义不是"砸烂饭锅，沉下船"，而是"下定决心做某事"。网络新成语"社病我药"的字面意思是"社会病了，我来吃药"，实际意思是"明明是社会体制有问题，却让我们百姓委曲求全"。

（二）结构凝固性

四字格网络新成语同传统成语相同，其结构形式和构成成分一般是固定的，不可变

动词序或增减其构成成分。由于限制性指涉关系，"地命海心"不可改为"地心海命"，"林貌杨音"不可换为"林音杨貌"。

综上所述，四字格网络新成语具有和传统成语相似的特点，同属于成语的范畴，体现了融合的互文性特征：意义整体性、结构凝固性。然而，四字格网络新成语针砭时弊，生动贴切，又形成了风格形象性特点。

三、四字格网络新成语与传统成语在语音上的互文性体现

很多网络新成语的生成深受传统成语影响，同传统成语的语音具有相似点，体现一定的互文性。例如，四字格网络新成语"累觉不爱"与传统成语"屡教不改"调值相近，"累"和"屡"字的声母同为 l，"觉"和"教"字的声母同为 j，"不"是同字，"爱"与"改"的韵母同为 ai。

又如，四字格网络新成语"男默女泪"与"男尊女卑"同为双声类成语，而且"泪"和"卑"字的韵母同为 ei。

再如，四字格网络新成语"不明觉厉"和传统成语"不明就里"同为叠韵类，"明""厉""里"字的韵腹同为 i，"觉"和"就"的声母同为 j，"厉"和"里"的声母同为 l，韵母同为 i。"不计其数"和"不明觉厉"中四个字的调值基本相同。"不言而喻"和"不明觉厉"的四字调值一样。

四、四字格网络新成语与传统成语在语义上的互文性体现

从历史的角度分析，互文性概念将文本看作是把以往的事物——当前的习俗和既有的文本——改装成现在的东西。

网民在创制网络新成语时常常利用传统成语中某个语素的谐音方法，让受者在熟悉中感受陌生化，以达到讽刺社会现实的目的。这体现了"构建的互文性"，即网络新成语借鉴传统成语的构词方式，参照性地吸取相似的语义和语素模板，调整性地换掉部分语素，并且将换掉的语素谐音为语义色彩不同的语素。

例如，"十面霾伏"是根据传统成语"十面埋伏"改编而来的。"十面埋伏"的意思是设伏兵于十面以围歼敌军的战术。"十面霾伏"也有相似的"包围"的意思，"霾"指雾霾，代表着如今的社会环境状态。

例 10 项羽在汉军十面埋伏的绝境中，心生无颜见江东父老的愧意，自刎而死。

例 11 处在十面霾伏的空气环境下，大家出门都自备口罩，防止呼吸污浊的雾霾。

"十面霾伏"借鉴了"十面埋伏"，巧妙调换了谐音语素，都有"包围"的含义，也有"偷偷地、无察觉"的意思，体现了互文性。

又如，"前腐后继"指的是现今一些贪官污吏接连落马离职，嘲讽了那些贪官污吏没有参照前车之鉴，执迷不悟进行贪污受贿的肮脏交易，最终落得遗臭万年的骂名。该词借鉴了"前赴后继"，二者都有"连续不断"的意思，但是一褒一贬，前后形成强烈

的对比，产生鲜明的讽刺效果。

"爱民如子"是形容两袖清风的父母官视百姓如亲人，爱护有加。"爱名如子"则是对待名利就像对儿子一般宠爱，颇显道貌岸然的污吏獐头鼠目之相。"爱名如子"借鉴传统成语"爱民如子"，都有"视某人或某物为己命般重要"的意思。"一个注重名誉"，"一个爱护百姓"，形成极大的反差。

"刷漆绿化"与传统成语"画饼充饥"在语义上具有互文性，都有"弄虚作假，空有虚名，欺骗忽悠"的含义。

例12 那些搞传销的不法分子给你洗脑，简直是画饼充饥啊！你可不能上当受骗。

例13 某些下级部门敷衍了事地应对上级检查，就会刷漆绿化，只做表面文章。

例12中的"画饼充饥"体现了不法分子弄虚作假，诱骗别人的套路。例13中的"刷漆绿化"则表现了"上有政策，下有对策的应对方式，体现了未触及本质要求的形式主义做法"。以上两例皆体现了成语"不切实际，徒有其表"的语义，揭示了"刷漆绿化"和传统成语"画饼充饥"在语义方面的互文性。

上述网络新成语皆源于传统成语，语义之间有联系，两者构成有机整体，鲜明的对比凸显丑陋的社会现象。这类网络新成语鲜明地表现了其互文性的特征，凸显了文本的生产能力，揭示了"文本整改过去文本，重构现有的文本（习俗）"的互文性特点。上述网络新成语证实了互文性是文本所具有的属性，即有些文本截取了另外一些文本的片段，它们的差异性被明显地甄别，而文本也会将它们加以吸纳，并与之产生矛盾，讽刺性地呼应它们，形成对比鲜明的互文现象。这种"构建的互文性"体现了网络新成语构词的灵活性和创造性。以上类型的网络新成语的构成机制在一定程度上模仿、借鉴了传统成语，这说明了文本的建构是多个文本互相作用、互相渗透、互相参照的结果，不是某个个体的纯粹创造。

五、四字格网络新成语与传统成语在语法上的互文性体现

四字格网络新成语往往是在借鉴传统成语的语法结构基础上产生的，二者句法结构具有相似性。作为文本的基本特征，"互文性"指任何文本都是由引语拼合而成，皆是对其他既有文本的借鉴与参考，强调深化不同文本之间的相互渗透与牵涉关系。从网络新成语的构词方式中可以窥视到传统成语构词方式的影子，较为明确地体现了网络新成语的互文性。

（一）复合结构

前面陈述过，四字格网络新成语同传统成语语法结构相似，有主谓型、偏正型、并列型、动宾型、补充型、连谓型结构。

主谓结构的四字格网络新成语由施事者及其施事动作组合而成，往往引用典故，这一点和主谓型传统成语相似，体现语法方面的互文性。例如，四字格网络新成语"兆山羡鬼"的生成结构受到传统成语"东施效颦""夸父逐日"的影响。

例14　甲："他爸死得多光荣，他不但被列为英烈子女，可以享受政策的各项照顾，而且政府给的抚恤金也够他花一辈子的了，真羡慕啊！"

乙："人家都没爸爸了，你这不是兆山羡鬼吗？"

例15　现在很多年轻人盲目模仿偶像，他们简直是东施效颦。

例16　小明在模拟考试中的成绩只够大专的分数，却在填志愿的时候报了清华大学，同学说他是夸父逐日，不自量力。

例14中的四字格网络新成语"兆山羡鬼"借鉴例15、例16中的传统成语构词方式：从结构类型看，都是主谓结构；语法功能也具有互文性，从以上两例看，"兆山羡鬼"参照"东施效颦"和"夸父逐日"，都可以充当例句的谓语成分。

四字格网络新成语"欧阳挖坑"的生成在语法结构上借鉴了传统成语"精卫填海"与"愚公移山"。

例17　某某医院的院长针对婴儿室丢孩子事件不但不表示歉意，反而大放厥词："孩子丢了不是医院单方面的责任，家长也有责任，况且偷者有心，我们也没办法。"这院长真是做了欧阳挖坑的蠢事啊。

例18　有志者，事竟成，我们要以精卫填海的精神去追求梦想。

例19　追求梦想要有愚公移山的精神，坚持就是胜利。

"欧阳挖坑"模仿例18、例19中成语的互文性表现：结构具有互文性，都是主谓型语法结构。"欧阳挖坑"的谓语动词"挖"带受事宾语"坑"，传统成语"精卫填海""愚公移山"的谓语动词"填""移"分别带受事宾语"海""山"，具有互文性特征。其语法功能也体现互文性：都能做例句的定语成分。

偏正结构是由修饰语和中心语组成的，结构成分之间有修饰与被修饰关系的语法结构。例如，四字格网络新成语"林貌杨音"释义是"为了某种目的有意犯冒名顶替的错误"。

例20　现在公务员招聘考试更加公平了，林貌杨音的现象很少出现了。

例21　秀外慧中的小红，是个心灵手巧的好姑娘。

从以上两例看出，"林貌杨音"借鉴了传统成语"秀外慧中"的语法结构，都是偏正兼并列结构。二者都有能够充当句子定语成分的语法功能。

又如，"三鹿毒奶"借鉴传统成语"世外桃源"的语法结构，都是定中型偏正结构。再如，"非法献花"借鉴传统成语"惨淡经营"，同为状中型偏正结构。

并列结构是由语法地位平等的两个或几个部分组成，各部分之间是并列、选择或递进等关系的语法结构。例如，四字格网络新成语"旁岐曲径"仿照传统成语"秀外慧中"，同为并列式兼偏正式（定中型）语法结构；"喜大普奔"借鉴"古今中外"，同为并列式语法结构；"范跑郭跳"借鉴"龙腾虎跃"，同为并列兼主谓式语法结构；"东跑西颠"参照"深思熟虑"，同为并列式兼偏正式（状中型）语法结构。

动宾结构是由动语和宾语组成，结构成分之间有支配与被支配关系的语法结构。例如，"敢动中国"参照传统成语"顾全大局"，同为动宾型语法结构；网络新成语"不学无术"（不学没有实用价值的技术、专业）按照新成语的含义则是模仿传统成语"包罗万象"的语法结构，同为动宾型结构。

补充结构是由中心语和补语组成，结构成分之间有补充与被补充关系的语法结构。例如，网络新成语"化危为机"仿照传统成语"危在旦夕"，同为补充型语法结构，且补语都表示因行为导致的结果，同为结果补语；"爱名如子"参照传统成语"爱民如子"，同为补充型语法结构，补语表示由于动作呈现的情态，为情态补语；"细思恐极"借鉴"悲痛欲绝"，同为补语结构，补语为程度补语，分别形容"恐怖""悲痛"的程度之深。

连谓结构是由共用同一个主语的两个或两个以上的谓词性词语组成的、其间是动作行为的顺承关系的语法结构。例如，网络新成语"开胸验肺"仿照传统成语"解甲归田""卧薪尝胆"，同属于连谓型语法结构，成语内部的谓词遵循先后顺序即先出现的动作在前："开胸"在"验肺"之前，"解甲"后"归田"，"卧薪"后"尝胆"。

（二）紧缩结构

紧缩结构分为联合与偏正两大类。

联合式指结构组成部分之间意义上平等、无主从之分。例如，网络新成语"男默女泪"仿照传统成语"男耕女织"联合式语法结构，分别缩略句子"男生看了沉默，女生看了流泪"和"男人负责耕地，女人负责织布"。二者内部结构都是主谓型，谓语动词之间是联合结构。

偏正式是结构内部成分之间意义有主有从、有正有偏。例如，网络新成语"十动然拒"借鉴传统成语"不约而同"，皆属于偏正型紧缩结构，都有前后转折的意味。"笑而不语"借鉴"不言而喻"，都属于具有转折含义的偏正型紧缩结构。

成语是语言中经过长期使用、锤炼而形成的固定短语。人们脑海中根深蒂固的传统成语经过大脑筛选、分类，附着在意识思维中。网民根据网络时事产生的想法就像原生素材，经过认知框架的加工，就形成了网络新成语。有些网络新成语针砭时弊，与传统成语互文的同时又增添内容的准确度。网络新成语的运用简洁通俗，方便网络交际，它的产生深受传统成语的影响，体现了互文性理论，而当下的网络时事是二者得以发展的契合点。网络新成语是网络时代的产物，互文性是网络新成语生成的手段之一。从互文性的角度剖析网络新成语，可以寻找并掌握一些规律，以供日后研究网络语言。甚至完善汉语新词新语的发展。

1. 车飞．汉语网络类成语研究——"网络成语""网络新成语"或"后现代成语"及其相关问题的多维新探索[D]．黑龙江大学硕士学位论文，2015．

2. 刘晓明．网络新成语建构中的模因机制探析[J]．山西师范大学学报（社会科学版），2014，(S5)：144-146．

3. 申慧．近年来网络媒体流行的"新"成语探析[J]．山西师范大学学报（社会科学版），2012，(S2)：78-80．

 **思考与练习**

1. 举例分析网络新成语的特征有哪些。
2. 简述四字格网络新成语的节奏特点。
3. 四字格网络新成语的语法构成有哪几种类型？举例简析。
4. 四字格网络新成语与传统成语在语法上的互文性体现是什么？试举例分析。
5. 试分析下列网络新成语的构成方式。

> 三毛抄四　喜大普奔　压力山大　毒德大学　谁死鹿手
> 不明觉厉　证齐毒全　焦锐奶化　无图说锤　十面霾伏

第四章　网络语言中的短语、语句、语篇

学习要求：了解网络语言的构成类型、派生法的含义，理解并学会运用派生法分析网络语言短语、句子、语篇。

网络语言以词为主，也包括一些短语、语句和被称为网络文体的"小语篇"。这些语言现象大多由派生而成。派生法原指在词根语素上附加词缀以构成新词的方法。网络语言中运用的派生法已经由词语扩大至语句、语篇。网络交际中，网民在追求创新的过程中，争相复制、传播各种最新的网络语言表达模式并加以改造，不限于单个词语，有时是语句，甚至是整段语篇。这类表达模式往往别出心裁地以某个特定结构为样板套以不同的内容。

第一节　网络语言中的短语派生："被×"结构

与网络派生词一样，网络语言中出现了一些派生短语，如"很×很××"（很傻很天真、很黄很暴力、很纯很暧昧）、"有×就××"（有钱就任性、有权就任性、有钱就装逼）等。本节以"被××"为例来考察网络语言中的短语派生现象。

"被××"短语疑似源于内地有大学假造学生就业率，一批未找到工作的毕业生无奈"被就业"，后因事件性质演变为"被代表""被自杀""被失踪""被统计""被捐款""被幸福""被艾滋"……泛指在非自愿的情况下，被冠以某种行为，突显弱势群体的无奈和委屈。"被××"的总是弱势的一方，无法发出自己的声音，甚至连定义权也只能任由权力的一方掌控。

由于这种特殊的"被"字用法肇始于网络，这里把这种另类的表达方式命名为新兴"被××"以区别于传统"被××"。新兴"被××"作为一种流行的语言现象，无论在构成形式还是语义表达上都与传统"被××"有很大不同。

一、新兴"被××"的构成与分布

首先，我们把"被××"从句子中抽出来考察它的主要结构形式。

（一）"××"的构成

在汉语传统上，"被××"中"××"可以是单音节，也可以是双音节，也可以是多音节，而且都为及物动词或以及物动词为中心的动词性短语。比如，被打，被压迫，被打击报复，等等。而新兴"被××"中"××"没有单音节的情况，且多为双音节，

还有少数多音节的情况,如表4-1所示;其构成也突破了传统"被××"中"××"只能为及物动词的局限,主要有以下几种构词形式,如表4-2所示。

表4-1 传统"被××"与新兴"被××"音节形式对比

音节形式	单音节	双音节	多音节
传统"被××"	被打,被捕(动词) 被告(名词) 被动(形容词)	被剥削 被压迫 被选举	被打击报复 被执行枪决 被勒令退学
新兴"被××"	无	(双音节占多数) 被自杀、被失踪、被就业、被增长、被下降、 被捐款、被吸毒、被发烧、被学习、被代表、 被煽动、被从良、被自愿、被全勤、被道歉、 被鼓掌	(占少数) 被挂名抄袭 被不明真相 被下等人

表4-2 传统"被××"与新兴"被××"语法结构对比

音节形式	被+及物动词	被+不及物动词	被+名词	被+形容词	被+动宾短语
传统"被××"	大多数	无	无	无	占少数
新兴"被××"	占少数	占多数	占多数	占多数	占少数

1. 被+及物动词

被统计、被代表、被学习、被煽动、被录取、被培训、被赞成。

2. 被+不及物动词

被自杀、被失踪、被就业、被增长、被下降、被发烧、被痊愈、被觉醒、被退休。

3. 被+名词

被心脏病、被噩梦、被小康、被全勤、被广告、被慈善、被网瘾、被精神病、被艾滋、被奥数。

4. 被+形容词

被和谐、被幸福、被繁荣、被开心、被富裕、被满意、被巧合、被高尚。

5. 被+动宾短语

被脱轨、被用水、被结婚、被离婚、被跳楼、被吸毒、被鼓掌、被当爸、被涨工资。

6. 被+定中短语

被凤姐夫、被下等人。

在汉语传统上,"被××"大多是"被+及物动词"形式,在此,我们考察一下新兴"被××"的其他几种后位成分(被+及物动词、被+名词、被+形容词、被+动宾短语)的共同特征。尽管"被"的后位成分丰富多彩,但它们都具有鲜明的自主性,且大多为自主动词,没有被动语态,而且完全省略了"被"字后面的施事者。在这些词前面加上一个"被"字,语义上变成了主动义+被动义的矛盾表达,我们通常认为这是语法错误,但这种矛盾表达既吸引眼球又耐人寻味,并迅速从网络走到现实中来,在纸质媒体上得到极为广泛的应用。"被××"结构颠覆了现代汉语的常规语法规则,完成了被动和主动孪生、施动和受动同体的语法创新。

(二)新兴"被××"的语法分布

新兴"被××"结构是加词性的,可以充当偏正短语的修饰、限制语,即名词性偏正短语的定语与谓词性偏正短语的状语。

例1 《李宁:我们进入"被学习"时代》(华龙网2009年8月7日)
例2 《教师被自愿捐赠两月工资 帮助需救济的困难群众》(齐鲁网2010年2月9日)

与其他介词短语作定语的情况不同,新兴"被××"结构作定语时并不需要添加结构助词"的",试比较以下几个例句。

例3 关于现代文学的思考
例4 对曹操的评价
例5 《调查失业率能否规避"被就业"丑闻》(山西新闻网2010年2月27日)

大部分新兴"被××"结构具有谓词性特征,既充当主谓结构的谓语或谓语中心,也可以充当动宾短语的动语。

例6 《老师特权不"断奶",学生只能"被喝奶"》(红网2010年3月27日)
例7 《"被学习外语",本能要求还是效能捆绑?》(奥一网2009年8月5日)

少数新兴"被××"结构具备体词性特征,有的可以充当主语、宾语,有的可以充当定中短语的中心语,有的可以被数量短语修饰。

例8 《"被全勤"引热议,1/3网民称无年假》(新浪2009年8月19日)
例9 《防止"满意"之余的"被满意"》(东方网2010年1月26日)
例10 然而,与此同时,却有不少老师开始在网络上发帖或是向媒体反映,自己遭遇了一次典型的"被捐款"。(新民网2010年2月11日)

从以上分析可以看出,传统"被××"结构中的"××"一般是具有处置性的及物动词,通常用在谓语动词前充当状语,也有延续古代汉语用法的情况,直接充当谓语,但一般不能充当主语、宾语,不具备体词性特征。而新兴"被××"结构中的"××"却包括了不及物动词、名词、形容词与部分短语,构词呈现多样化,在语句里充当句法成分的能力及与其他词类组合的能力也明显增强,可以充当多个句法成分,具备部分体词性特征。

二、新兴"被××"的语用特征

"被"在《现代汉语八百词》中的解释是:"用于被动句,引进动作的施动者。前面的主语是动作的受动者。"[①]因此,被字句可以表示为 NP1+被+(NP2)+VP。其中 NP1 和 NP2 为名词性成分,NP1 是广义的受事,往往是 VP 的受事成分,NP2 是广义的

---

① 吕叔湘. 现代汉语八百词[M]. 北京:商务印书馆,2003.

施事，但往往省略。

例 11 张三被（李四）揍了。

作为被动标记的"被"通常是与及物动词搭配构成被动句的。"揍"是及物动词，"揍"的宾语是主语"张三"。因此，常规"被××"一般能变成相应的"把"字句。

例 12 李四把张三揍了。

新兴"被××"则不易变为"把"字句。

例 13 今天，你被"捐款"了吗？（今生有约论坛，2008年11月15日）

例 13 就不能转变为"把"字句。

新兴"被××"突破常规的句法搭配，表现出非同寻常的语用意义。下面我们就把"被××"放在句子中考察它的语用特征。

（一）非意愿

例 14 《网曝洛宁下发红头文件 万名干部教师"被捐款"》（大河网2010年3月4日）

例 15 《月票新方案"被满意" 网民曝刷票内幕》（21CN 2009年11月14日）

例 16 乔志峰：67%赞成汉字整形有点蒙人，网民"被赞成"了。（《齐鲁晚报》2009年8月24日）

例 17 《"被凤姐夫"的男生李耕：我不走娱乐路线》（新华网2010年3月21日）

以上四个句子有个共同的特征是，主语和"××"之间都是"施事—动作"的关系，主语分别是家长、公众、网民、大学生，他们是施事主体，动作捐款、满意、赞成、成为"凤姐夫"本应由他们自己发出，而在动词前面加一个"被"字，却隐含着某种神秘的力量迫使施事主体完成动作。施事主体并非按照自己的意愿去履行或完成某件事，而是被别人强加造成的某种事实，是被迫的，不得已的，甚至是胁迫的，没有半点自愿的意思。"被××"实质上描述的是一种"受人摆布""强加于人"的不自由状态，一种弱势的权利受强势的权力任意摆布的被动状态。

（二）非真实

例 18 有网民发帖称，自己在完全不知情的情况下突然就业了……他"太兴奋"了，发帖庆祝自己"被就业"。（《南方都市报》2009年7月19日）

例 19 最让人担忧的还是那句"被和谐"的话，比如人们下班，顺手在马路集市的摊贩那里买点便宜东西，有一天为建立文明街道大行动，摊贩不见了，人们就会说"被和谐"了。（《我们不要走进"被时代"》人民网—强国社区2009年08月03日）

例 20 官方数据一出笼，老百姓又一次感觉"被统计"了。（《汉风报》2009年8月6日）

无业大学生"被就业"，工资"被增长"，城管胡作非为"被满意"，社会"被繁荣""被和谐"，北京"被富裕"，人民"被幸福""被开心""被小康"，这一系列"被××"都是公众对有关部门发表的数据和言论的质疑、反对和调侃。

为什么会出现各单位"制造数字"的情况？数据本是最客观、最具说服力的手段，但当数据变成衡量一个领导功绩大小、一个政策效果的好坏或民意取向的工具时，数据就变成了利益集团随意运用的工具。拿"被就业"来说，自从高校扩招之后，学校面临就业率降低的问题，而就业率又是国家评估学校和院系的一个重要指标。如果学校的就业率连续几年降低，国家就有可能缩减学校和院系的招生规模，甚至将院系停办。为了保证院系的办学规模及其背后的实际利益，学校和院系就会千方百计地在就业率里"掺水"。于是，"被就业"就产生了。

为了完成各种各样的"指标"，各单位都在"制造数字""制造繁荣""制造和谐"。殊不知权力机关玩好大喜功的数字游戏，损害了政府的威信和权威，误导决策者及公众，最终损害的是国家的利益。权力机关只有用事实说话，才能在未来避免"被幸福"和"被繁荣"的尴尬。

例21　一记者在山西采访时"被失踪"。（百度贴吧2008年12月14日）

例22　两个月内5人在河南派出所"被自杀"。（大河论坛2008年12月16日）

例23　彩票，你"被巧合"了吗？（《青年时报》2009年8月15日）

"被失踪"，被调查的记者明明被拘捕，却被叙述为"失踪"；"被自杀"，死亡者事出有因，却被告知自缢于医院；"被巧合"，中彩票到底是"巧合"还是"预谋"。网民们利用自己的智慧和冷幽默，将自己对此事的怀疑和不满发泄在"被"字的另类表达上。"被"字使深藏着的真相一下子凸显出来，并诏告天下：事实不是这样的，里面另有玄机！

（三）不知情

例24　《与女网民共度一夜后我"被当爸"》（人民网天津视窗2010年3月11日）

例25　13名辍学生在不知情的情况下"被中考"，为的竟只是"降低辍学率，提高学校综合成绩"，给学校遮羞，避免在"全县教育系统会上作检查"。（《"被中考"敲响"严堵舞弊空间"的警钟》奥一网2009年7月20日）

例26　《弟弟用哥身份登记　哥"被结婚"9年婚事差点黄》（搜狐新闻2015年7月21日 10:07）

例27　《丈夫找人冒充妻子离婚　女子半年才知自己"被离婚"》（中国新闻网2009年8月20日）

以上四个句子的共同特征是，事件主体都在毫不知情的情况下被赋予某种本应自主产生的行为或状态。"我"、13名辍学生、哥哥、女子在不知情的情况下"被当爸""被中考""被结婚""被离婚"等都反映了当事人在不知情的情况下发生了自己不愿看到的事情。

（四）不幸的遭遇，表贬义

例28　《"被嫖娼"公安副局长欲起诉艾滋女造谣者》（腾讯网2009年10月20日）

例29　《徐静蕾被吸毒PK张曼玉被订婚　女明星上演跨年被事件》（中国山东网

2010年1月4日)

例30　本人一不小心就"被下等人"了。(《信息时报》2009年7月21日)

例31　《大学女教师"被卖淫"　一夜间手机号QQ号传网上》(百灵网2010年1月29日)

传统汉语中，无论是动词"被"还是介词"被"，被动式所叙述的，对主体而言，都是不如意或不期望的事，如受祸害、受欺骗、受损害或引起不利的结果等。传统"被××"被处置的结果多数带有"遭受、不希望"的语用色彩。现代汉语中"被"字的语义扩大了，有时也表如意的事或中性的事。

例32　张三被表扬了。(表褒义)

例33　"河水被晚霞照得有些微红。"——老舍《骆驼祥子》(表示中性)

而新兴"被××"反映的均为负面的、不尽如人意的事情，全部表消极语义而且贬义色彩更强烈，用于表达对某一事件的质疑、不满甚至讽刺。

总的来看，新兴"被××"结构具有以下表达功用。

1. 强调

作者有意识地使用新兴"被××"是为了强调主体的某种行为或某个动作的被动性和被迫性，如城乡居民收入"被增长"，无业大学生"被就业"，等等。

2. 简略

新兴"被××"不仅新颖，而且简洁明了，或许平时要用几个句子才能表达出来的意思，用一个"被××"便一针见血，自然成为人们表情达意的首选。

3. 对比

例34　《从"被幸福"走向"真幸福"》(《大河报》2009年8月3日)

在语义上，使"被幸福"与"幸福"产生强烈对比，使人感到意味深长。

三、新兴"被××"的动因与意义

语言不仅仅是人们表达的工具，也是一种活动方式，而一定的社会心理及社会环境等因素都在不同程度地影响着语言的发展。

(一)新兴"被××"大行其道的原因

新兴"被××"的大行其道与社会心理及社会环境有着密切的关系。

1. 公众个体利益诉求无奈的社会心理

当民众个体利益受到侵害时，虽然民众在法律上、名义上拥有选择权和表达权，但实际上他们的诉求却无法顺畅表达，他们只能诉诸文字的另类表达来暗示心里的真正想法。于是，"被××"一时间成为公众面对强权时无可奈何的代名词，也反映了当代许多普通人挥之不去的被动性命运。

2. 公众个体权利觉醒的社会心理

现实生活中，即使没有分歧，个人也不愿让别人替自己做决定，更何况新兴"被××"对主体不公、不利甚至产生了伤害，使个人蒙受了直接的经济和精神损失。新兴"被××"的蹿红表明了无权弱势群体寻求权力感的欲望，预示着公民意识已经深入人心。

3. 社会不良环境是新兴"被××"滋生的沃土

当今社会不良现象蔚然成风，学校强迫家长交"慰问金"（"被自愿""被捐款"），走过场的听证会（"被赞成""被代表"），有关部门炮制的政绩单（"被就业""被增长""被富裕"），领导部门追求虚无数据带来的快感（"被富裕""被幸福"）……有关部门的虚无统计数据和虚假的事实解释引发了民众波澜壮阔的情绪宣泄：质疑、无奈、调侃、愤怒、指责、委屈、戏谑……于是，公众选择了新兴"被××"作为自己对污浊的社会环境的回应。一个"被"字勾勒出我国当代社会中的各种利益纠葛，可见新兴"被××"不是一个简单的文字游戏，更是反映社会现实的一面镜子。

4. 语言模因的驱动

模因在同一文化中的传播总是通过模仿，尤其是语言。语言本身就是模因，它可以在字、词、句乃至篇章层面上表现出来。语言模因的复制和传播主要依靠模因。在模因的作用下，词语与句式得到复制，创造新词语、新句式的创意也得到复制，从而形成了人与语言的互动模式。新兴"被××"结构作为语言模因，具有很高的保真度。对此结构进行改动，进行创新，由熟悉推向陌生，使之与时俱进，不仅能够保持其权威性和吸引力，而且新闻传播效应可能还要更为显著。从"被自杀""被就业"到后来的"被捐款""被代表"等，新兴"被××"结构在纷繁复杂的社会环境里迅速衍生出庞大的词群。

（二）新兴"被××"蹿红的意义

1. 对语言发展的贡献

新兴"被××"结构突破了以往的常规搭配，为"被"字语言结构增添了新的"被"族词群。这种搭配并没使人们感觉别扭，它准确、贴切、切中时弊的表达反而使人们感到意味深长，这也是中国语言智慧的创新。

2. 对社会发展的贡献

一滴水能折射出太阳的光芒，新兴"被××"折射出的是政治、经济、社会和时代的特征，是我们观察社会、认识社会的一个很好的平台。新兴"被××"将强权置于舆论的漩涡中，被追问，被调侃，被质疑，被指责。民意的不断壮大也督促公权力不断自省和矫正，南京大学社会学教授陈友华说："这是一种'倒逼机制'促进政府改善工作方式，进一步提高执政能力。"当执政部门能有效地体察民意、考量公众利益、尊重人民的感受，让权力内敛、让权利伸张时，才能促进社会朝着更趋公正、公平、公开的方向前进，终结无奈的"被时代"。

新兴"被××"结构在构成、分布、语义、语用表达上都与传统"被××"结构具有明显的不同：其一，"被"字后完全省略施事者，多与双音节词语搭配，构成"××"的成分较为丰富，既有词，也有短语，词以不及物动词为主，也有及物动词，还有形容词，甚至名词；其二，充当句法成分的位置多样化，具备部分体词性特征；其三，"××"具有共同的语义特征，即具有鲜明的自主性，前面的"被"字使本应由主体自主操控的事情变成由外来因素支配，从而使"被××"结构的主体由原先的主动、自主变成被动、被支配的状态，丧失了行动自由与话语表达的权力；其四，新兴"被××"结构所反映的均为负面的、不尽如人意的事情，全部表消极语义而且贬义色彩更强烈，表现了在无奈与幽怨中对某一事件的质疑、不满甚至讽刺的情绪。新兴"被××"结构形式上新颖独特，符合当今求新求变的社会心理，暂时还带有较为明显的流行色彩，是否能够稳定下来，成为汉语被字句的一种新用法，有待进一步考察。

第二节 网络语言中的语句派生："……，且×且××"

近年来，网络语言中每年都会出现不少流行语句。这些语句大多遵从语言派生规律生成。语句派生是指网络语言中出现的网民出于从众心理而对一些流行语句争相模仿而生成的一些短语与句式。

例35 ××，你妈喊你回家吃××。

在魔兽贴吧中，一句经典的"贾君鹏，你妈喊你回家吃饭"的经典帖子吸引了众人的眼球，这一表达形式很快就被复制和传播，在不同的场合出现同构异义的模因现象：除了原来的"贾君鹏，你妈喊你回家吃饭"之外，流传着"××，你妈喊你回家吃饭""××，你妈喊你回家吃月饼""××，你妈喊你回家过节""××，你妈喊你回家结婚"等变体。网络交际中，即使是一些常见的词语，一旦定格为模式，便会被到处复制、模仿。

类似的网络流行语句还有很多，如"……，……，……，重要的事情说三遍""××，你怎么看？"本节以"……，且×且××"流行句式为例来探寻网络语言中的语句派生现象，分析其句式结构，在句式与社会流行心态的关联中将此句式加以描述，勾勒社会发展的轮廓，反映民众的心理诉求。

"……，且行且珍惜"的流行源于某明星在微博上对于其丈夫出轨事件的回复，"恋爱虽易，婚姻不易，且行且珍惜"，一石激起千层浪。某明星的大度容忍，其丈夫的致歉微博，遭到网民的疯狂跟帖转载，一时间"且行且珍惜"风行于网络，甚至包括英国 BBC、《每日邮报》、美国《美联社》等多家外媒都对此事进行了追踪报道，Being in love is easy, being married is not. It is to be cherished. 见诸头条。同时，这段大度容忍的回复在网络上也被网民们纷纷效仿，灵活地运用于各种话题，形成了各式各样的"且……且……"体，从网络语言一路延伸到现实生活，成为大家的习惯用语。

一、"……，且×且××"系列流行语的结构分析

从结构上看，由"恋爱虽易，婚姻不易，且行且珍惜"语句可以衍生出"A 虽易，B 不易，且 V_1 且 V_2""C 且 V_1 且 V_2"等类型，这是一个既具有空位又具有骨架的框架，使用者可以通过在空位上充填语言成分而形成新的句子，而又因存留骨架成分与原句式保持联系。从语义上看，该句原义表示对对方的行为轻微告诫或劝诫其好自为之，经过流行，这一表达可根据个人需要使用在不同的场合中，使用者或宣泄久受压抑的情绪，或表达个人面对当下处境的感受，或自我嘲讽。

"……，且×且××"系列的流行不仅由于该流行语触发于网络事件，触发于社会上有影响力的明星身上，更是由于"……，且×且××"句式极强的能产性。"……，且×且××"是一个既有空位又有骨架的框架，现已成为表达叮嘱或劝诫等意义的流行句式，广大民众根据自己的切实情况在空位上填充成分形成新的语句，与此同时语句中保留的骨架成分得以以原句式意义而存留。空位上的成分可以开放性地充填不同的变项，但是变项的充填需要受到常项句式的制约。"恋爱虽易，婚姻不易，且行且珍惜"的增生经历了从仿拟性框填到流行性框填的过程。

（一）A 虽易，B 不易，且 V_1 且 V_2

"且行且珍惜"被不断用于不同的事件场景中，在实际运用中也逐渐脱离对原新闻事件的依赖，提取出"A 虽易，B 不易，且 V_1 且 V_2"的框架结构，其中需要替换填充的空位是框架的变项，剩下的语言成分是框架的常项。

1. A 虽易，B 不易，且行且珍惜

例36 创业虽易，坚守不易，且行且珍惜（创业者）。
例37 上班虽易，休假不易，且行且珍惜（上班族）。
例38 上课虽易，听懂不易，且行且珍惜（学生党）。
例39 醒来虽易，起来不易，且行且珍惜（起床者）。

其中的 A 和 B 二者间存在着相关性，从事不同职业的人们通过对"A 虽易，B 不易，且行且珍惜"的框填表示了劝勉，整个语义的重点在"珍惜"上，"行"的具体意义被虚化。

2. A 虽易，B 不易，且 V 且珍惜

例40 自拍虽易，拍好不易，且拍且珍惜。
例41 开车虽易，洗车不易，且洗且珍惜。
例42 花钱虽易，赚钱不易，且花且珍惜。
例43 吃饭虽易，减肥不易，且吃且珍惜。

其中的 A 和 B 依旧具有相关性，在 A 与 B "易"与"不易"的讨论中重点应该放在 V 上，"珍惜"则处于次要地位。

3. A虽易，B不易，且V_1且V_2

例44 开会虽易，落实不易，且说且践行。
例45 三旧虽易，改造不易，且推且实施。
例46 限购虽易，屯车不易，且看且淡定。
例47 买房虽易，装修不易，且看且收藏。

前后两个相关的A和B，在此结构中V_1和V_2的作用同样重要，在V_1的同时也要V_2，可以理解为"既V_1又V_2"。

（二）C且V_1且V_2（C可根据具体情况省略）

"C且V_1且V_2"（C可根据具体情况省略）框架成分的常项越来越好，变项的空位相应增加，越来越多的主观成分可以加入句式中，使整体句式能够展现越来越多的场景。

1. C且行且珍惜

例48 通用航空企业经营风险凸显，且行且珍惜。
例49 收入分配改革，且行且珍惜。
例50 巴萨且行且珍惜。

2. C且行且V

例51 时尚之路，且行且学习。

3. C且V_1且V_2

例52 行走的心灵——且聊且思考。

网络这个几乎无门槛的平台为广大民众提供了足够充分的自主空间，充分发挥了民众的创新性。变项空位上的每一次充填都意味着该流行语的又一次扩散，在一定意义上，这系列流行语的流行过程与"……，且×且××"句式的变项填充密切相关，句式的适用场景范围越来越大。

二、"……，且×且××"系列流行语的语义分析

流行语之所以被称为流行语，其一定具备某种或多种其他普通语言项目所不具备的性质。首先该流行语的形式构成一定是新颖的，迎合人们的语言审美倾向，其次该流行语在其本义的基础上一定附着了某类特定的意义成分，表现了在特定阶段中民众对于社会生活中时政、形势的基本认识和态度，表达了民众的真实情绪和心理诉求，可能是正面的，亦可能是负面的，也可能暗含了他们潜在的追求和期盼。"……，且×且××"被视为一种句式，那么它一定具有某种由社会文化所赋予的并且不可从其构成成分和构成规则推导出来的句式义，这也是推动它走向流行的重要动力。

"……，且×且××"在很多情况下被理解为"一边……一边……"，由此可见"且

V_1且V_2"可以表示为做V_1的同时也要做V_2。从上文对其句式类型和框填的分析中，不难看出V_1和V_2的作用根据前面成分需要可以有不同程度的凸显，也可以是同等的凸显。在分析V的成分时，也发现一个很重要的现象，V_1多为延续性动词，其行为的发生一定在V_2之前，持续的时间也较V_2要长，且V_2的动作并不一定真正发生，有可能是说话者的一种企盼、希望、劝诫、警告，抑或是自嘲，其中真正蕴含的生活哲学和人生哲理因具体的情况不一而足。

"A虽易，B不易，且V_1且V_2"中，A和B是一组对立有差异的陈述，根据A和B"易"和"不易"的讨论，判断V_1和V_2两个动作的进行及凸显。在具体的使用中，A和B陈述的都是时下与民众现实生活密切相关的事实，广大民众对两者"易"和"不易"的判断极易产生心理共鸣。在这样一个娱乐调侃的句式中，宣泄了民众在飞速发展的社会中受到的工作生活的重压，引起了民众对于社会生活的重新审视。

"C且V_1且V_2"中，C的可填范围更大，C既可以是民众期待、劝诫、警告等的对象，也可以是民众对于某一热点社会现象的陈述，V_1和V_2的凸显程度根据具体的描述作出相应的判断。整个句式的描述表现了民众对于对象或事件的切实思考和深刻反思，内含了民众的真实情感，希望现实能有所改善。

三、"……，且×且××"系列流行语的动因分析

明星公众人物的效应、现代网络媒体的发展、明星事件引发的社会共鸣及人们在言语交际中的审美倾向与期待心理等多种因素推动了"……，且×且××"系列流行语的流行。"且行且珍惜"被广泛地运用于各种场合，可以是抒发感情，表现对现实的自嘲或是感慨，强调人生的不易，珍惜眼前的人和物；可以用于广告语、新闻标题等，吸引民众眼球，达到宣传效果；也可以用作警示语表示规劝、警告等。

"……，且×且××"系列句式的流行，主要有三方面原因：一是自身句式的强大动力，二是社会条件的外在推动，三是话语使用者和接受者的心理影响。

（一）"……，且×且××"句式的强大动力

从句式自身条件来讲主要有三点原因：其一，"……，且×且××"句式结构简单，简洁明了，套用半文言的样式，古朴文雅，又不会显得平淡无常，并且能够准确精致地表达语义，具有极强的表述能力，符合人们言语交际时的审美倾向。其二，"……，且×且××"句式具有极强的能产性，既有空位又有骨架的框架，给予了广大民众自由发挥的空间。其三，"……，且×且××"句式满足了使用者的创新需要，在创新与从众两种心理之间找到了平衡支点，与言语使用者求异又求稳的矛盾心理相契合。马克思主义关于"人是社会关系的总和"的理论体现了社会生活中的个体在自主性与受制性之间辩证统一的过程，这一理论为"……，且×且××"句式的流行在人性基础上找到了依据，即社会民众兼具自主性与受制性两种心理，表现为在渴望标新立异、彰显个性的同

时又依据社会发展潮流限制和约束自己。流行是创新心理与从众心理二者之间相互牵制、张力平衡的结果。从众是单纯地模仿他人的行为、顺应社会发展的潮流，做规定的、合习惯的动作，在这样的行为中抹杀了个人的主观能动性，个人的价值得不到完全的实现。而创新则以一种异于常人的方式出现在公众视野，别于从众，这是一种冒险大胆的行为，将个人的行为曝于公众视野之下，虽然在一定程度上能够高度展现个性，实现个人的存在价值，但也会带来强烈的不安。而"……，且×且××"这一系列的框填式流行语的出现恰恰能够满足民众的这两种心理，这是该系列流行语走向流行的重要动力。该句式保留的骨架成分实现了与原话语关系的承接，达到了"从众"的目的，而留出的空白的填充恰好满足了话语使用者的"创新"心理，可以依据新话语场景进行充填。如此，在不会显得过分标新立异的情况下，也能够凸显个性元素，充分合理地实现个人价值，却又符合一定的社会习惯。

（二）社会条件的外在推动

从社会条件的外在推动来看，首先是传播的媒介和载体的迅猛发展，当今网络媒体的发展，真正实现了"秀才不出门，能知天下事"的古语。随着某两位明星的婚姻走向成为热门事件，"且行且珍惜"也因此成了网络流行语。名人效应的影响，使得人们争相仿拟，从网络世界到现实生活。再者，随着社会的发展，人们的物质生活与精神生活逐渐不相匹配，整个社会的价值观念在逐步发生着变化，人与人之间的相处模式也愈显尴尬。看上去富裕的物质生活，实则精神上又表现为高度的紧张和空虚，高节奏的工作生活模式增加了人们的心理负担，减少了与家人、朋友之间交流的机会，也正是在这样高强度的模式中人们失去了很多本该珍惜的东西，亲情、友情、健康、幸福感等都在慢慢地消逝，和亲朋好友的谈心甚至成为一种"奢侈"。某明星的"恋爱虽易，婚姻不易，且行且珍惜"对于婚姻关系的理解引起了民众的广泛共鸣，这样的诉求又哪里只是存在于恋爱婚姻关系中，而是存在于社会的方方面面。人与人之间相处模式的探讨本就是现实生活中公众关注的焦点问题，人生活在由林林总总的社会关系织成的大网中，只有在各种社会关系中寻求到平衡才能在社会中顺利地走下去，才能收获幸福。"且行且珍惜"理解为自我宽慰也好，疏导劝诫也好，都揭示了一种普遍的社会共同心理，人们呼唤渴望珍惜与被珍惜，相互提醒着在人生旅程上前行的同时，也要学会放慢脚步，体会生活，感悟人生，学会常怀一颗感恩之心，珍惜身边人的每一次付出。

（三）话语使用者和接受者的心理影响

从话语使用者的心理因素来看，"……，且×且××"契合了民众操纵语言的审美驱动和趣味，是当下社会语言审美趣味的集中体现，是人们在现代社会的压力下，在一种"娱乐、游戏的心态"中把玩语言的结果，甚至是在"求新求异、彰显个性"的目标追求下大众语言智慧的释放。话语使用者在长期的语言运用和积累中，都有希望能够将通过自己操纵语言体验的语言美感传递给他人的欲望。"且行且珍惜"的出现，无疑为广大民众提供了一个充分展示语言智慧的平台。一方面，不仅是生活中原本应该珍惜的东西消逝带来的无奈,更是无奈后的自嘲、压抑的宣泄;另一方面,这种宣泄并不是简单的宣泄,而是以一种理性的语调,试图将这样的因"珍惜"而带来的情绪转化为一种貌似轻松的劝勉、宽慰。

网络时代信息传播速度飞快,民众的主观能动性在新媒体这样广而深的媒介载体中得到了充分的发挥,每当一种具有潜在的仿拟或能产特性的语体出现时,网络上就会出现适用于各种场合的对于该语体的模仿。研究这一类型的流行语,既有社会学的价值,又有语言学的价值。

一句由娱乐圈明星出轨门事件诱发的受民众高度关注的流行语在发达的现代网络媒体的推动下风靡全球,表达了一种既要大步向前迈进也要珍惜当下的生活哲学。从"……,且×且××"句式的研究中可以发现,语言与社会现实之间的紧密结合不是一种静态的结果,伴随着社会现实的不断发展,流行语系列也呈现出同步发展,二者表现为一种动态的前行。

流行语句"……,且×且××"的句式可以提取出"A 虽易,B 不易,且 V_1 且 V_2"的框架类型,表示在 V_1 的时候也不能忽视 V_2。"……,且×且××"系列的流行不仅是其自身句式的强大动力决定的,也离不开外在的社会条件和力量的推动,与话语使用者的心理因素也有莫大的联系。从句式语法的角度出发进行研究,描述其与社会现实的关联,可以看到由网络事件触发的自嘲、感慨、劝诫抑或是警告的人生哲学和生活道理便是经由"……,且×且××"流行语系列这样一个看似轻松的句式体现出来的,忠告人们放慢脚步,常怀一颗感恩之心,珍惜身边人的每一次付出。

第三节 网络语言中的语篇派生:"甄嬛体"

网络语言中的语篇派生主要是指起源或流行于网络的新文体,通常是由于一个突发奇想的帖子、一次集体恶搞或者是一个热点事件而产生的,也就是所谓的网络"XX 体",是一种或具备标识性词汇或拥有共同句式结构或具有特定语言风格的网络语言现象的统称。一般起源于社交网站上的言论、影视广告作品、社会热点事件及一些文学作品等。常见的网络文体有"知音体""校内体""凡客体""德纲体""蜜糖体""虚伪体""TVB 体""私奔体""走近科学体""一言不合体""友谊的小船体"等。每种网络文体都有相应的模板,例如,"QQ 体"源自 2010 年 11 月 3 日晚间腾讯发表了"致广大 QQ 用户的一封信"称"将在装有 360 软件的电脑上停止运行 QQ 软件",随后网民开始模仿腾讯公开信改写"QQ 体",其中最经典的台词为"我们作出了一个非常艰难的决定"令人啼笑皆非。其文体模板如下。

例 53 亲爱的＿＿＿用户:当您看到这封信的时候,我们刚刚作出了一个非常艰难的决定。……我们决定……我们深知这样会给您造成一定的不便,我们诚恳地向您致歉。……盼望得到您的理解和支持。有幸能陪伴着您成长;未来日子,我们期待与您继续同行!

腾讯这一著名的"艰难的决定"被网民纷纷改编,在各大论坛和社区成为热门语篇高居不下，演变为QQ体。

例 54 亲爱的中国用户：当您看到这封信的时候，我们刚刚作出了一个非常艰难的决定：由于人民币的存在严重地干扰和威胁了Q币的地位，在您停止使用人民币之前，我们决定在您电脑上停止运行QQ软件。为了您的账号安全，请尽快把所有人民币转换为Q币。十二年来，QQ有幸能陪伴您成长；未来日子我们期待与您继续同行。（QQ币版）

例 55 亲爱的宝马用户，当您看到这封信的时候，我们刚刚作出了一个非常艰难的决定。在奔驰梅赛德斯公司停止对宝马公司进行恶意侵犯和恶意诋毁之前，我们决定将自动识别奔驰轿车，并自动驾驶您的爱车与所识别到的奔驰轿车同归于尽。我们深知这样会给您造成一定的不便，我们诚恳地向您致歉。（宝马版）

一、网络"××体"的分类

由网络语篇派生而成的网络"××体"是一种网络语言现象的统称。薛婷（2014）认为，网络"××体"是由一些具备标志性词汇，或者拥有共同句式结构，或者具有特定语言风格的网络语言构成。根据其定义，可以对其从构成方式的角度进行分类，将其分为标志性字词型、固定句式结构型、特定语言风格型及种类混杂型四类。

（一）标志性字词型

标志性字词，是指此类网络体在整体的形式结构上没有严格的要求。但必须含有此类网络体所特有的关键字词或关键符号。这些关键字词具有特定的指向性，让人能够立即根据这些关键字词将其进行归属。微博上红极一时的秋裤体便是此类代表。秋裤体源于微博上的一句流行语"有一种思念叫做望穿秋水，有一种寒冷叫做忘穿秋裤。"网友据此，掀起了一股用"秋裤"造句的热潮。比如，"秋裤恒久远，一条永流传"；"昨夜秋风凋碧树，独穿秋裤，望尽天涯路"；"问君能有几多愁，恰似遇上寒流没穿秋裤"等。通过分析网友创作的秋裤体，发现"秋裤"一词可以出现在句首、句中、句末各个位置上，既可以充当主语也可以充当宾语，也就是说秋裤体并没有严格的句法上的要求，秋裤体构成的关键是关键词的显现，只要仿作中出现"秋裤"二字，就可将其称作秋裤体。除秋裤体之外，还有将古诗词末句后三个字改成"耍流饭"的流饭体，逢人便称"亲"的淘宝体，含有叠词"痛痛快快"的痛快体及仿句中必有"hold 住"组合的 hold 住体等，这些"体"的共同特征都是具有标明其"身份"的关键字词。

（二）固定句式结构型

固定句式结构型，与标志性字词型不同的地方在于前者拘泥于特定的句式结构和既成的句法，并不如后者只要抓住关键的字词即可。固定句式结构型受到句式结构模型和已有句法的约束，而二者的相同之处在于这些特征都是其特有的"身份"标识。固定句式结构型可分为固定句式型和固定结构型。固定句式型网络体在创作时，需要把握两个要点：句式固定及句式位置固定。第一，句式固定是指此类网络体一般都有一个既成的句子：如元芳体中的"元芳，你怎么看？"高铁体中的"至于你信不信，反正我信了"；赶集体中的"赶集网，啥都有"；长发及腰体中的"待我长发及腰"。这些既成的句子为原作所特有，网友在自己创作的版本中必须要体现这个句子。第二，句式位置固定，顾名思义是指这些既成的句子在这种网络体中都有其固定的位置：靠前、置中或偏后。元芳体中的"元芳，你怎么看？"一句，必定紧跟在前面所叙述的一件事情之后，如"近期全国各地雾霾现象严重，元芳，你怎么看？"长发及腰体中的"待我长发及腰"一句则必须置于句首位置，如"待我长发及腰，少年娶我可好"，而如果随意调换此句位置将其置于句末，则不能称为严格意义上的长发及腰体。

固定结构型，此类网络体一般具有显而易见的整体框架或者结构模式，创作时只需在模式的空缺处根据具体的语境填写合适的内容即可。创作的过程如同嵌入式填写的过程一样，将自己所要表达的内容嵌入在已有的框架结构中。此种类型只注重形式相似，一般不注意具体内容。典型代表有陈欧体、凡客体、丹丹体、生活体及熊胆体等。例如，丹丹体就是来源于知名演员宋丹丹2011年11月7日在新浪微博上责难潘石屹的一条微博状态："我老公不让我说了，他说别太得罪人，可我真忍不住。潘总，我就是个演员，没多少钱，我请你喝拉菲，别再盖楼了，真的，求你了！"这条微博发布后，瞬间引起网友疯狂转载和改编，并经广大网友提炼，形成了以宋丹丹名字命名的"丹丹体"模板："××，我就是个××，没多少钱，我请你××，别再××，真的，求你了。"网友结合自己需要表达的内容，再套上丹丹体的结构模式，分别创作了春运版、国足版等多种版本。

（三）特定语言风格型

特定语言风格，与亦步亦趋的模仿字词、结构相比，在这种类型的网络体仿作中很难寻觅到原文中的标志性字词、固定句式结构。创作这种类型的网络体需要遵循"形散神似"的原则，需要从宏观层面立足，从整体上仿拟原文的语言风格。蜜糖体等就是其中的典型代表。

纵观现有的网络体构成方式，这种类型的网络体可以算是较为主流的。比如，梨花体是对赵丽华诗歌风格的模仿，创作要点是尽可能的直白、口语化；甄嬛体则是对电视剧《后宫甄嬛传》中台词风格的模仿，其创作要求语调不急不缓，语言复古之风明显；琼瑶体则是对琼瑶剧中琼瑶式对白风格的仿拟，其创作要点是删简就繁，尽可能多的用复句、排比句。

（四）多种类别混杂型

除了上述三种构成方式以外，还有一类网络体由其中两类甚至三类混合构成。也就是说这类网络体既有标志性字词、固定的句式结构，又有一以贯之的语言风格，因此姑且将之称为多种类别混杂型。例如，春式家书、凡客体等。春式家书体源于明星李宇春给其母亲的一封家书，内容上要按照早中晚的时间顺序写作，并遵循书信这种文体固有的格式，又需要在字里行间中透露出浓浓的温情，达到"看似琐碎，实则温馨"的效果。

凡客体源于某购物网站 2010 年的一则广告文案。其广告词极尽调侃之所能，戏谑主流文化，彰显品牌的个性形象，混合了以下方式：第一，具有标志性字词。"爱"字是凡客体的标志性字眼。第二，具有固定的句式结构。凡客体的句式结构为"爱××，爱××，也爱××，我不是××，不是××，我是××"。第三，具有特定的语言风格。"调侃主流文化，凸显个性"的风格要贯穿始终。第四，图文结合。通过文字和图片的有机结合，达到新颖、个性的效果。

二、"甄嬛体"的语体特点

网络文体一般形式自由，特点鲜明，在一段时间内会引起较高的关注度，引发网民纷纷模仿，出现大量的派生语篇。下面我们以"甄嬛体"为例来探寻网络语言中出现的语篇派生现象。

2012 年 4 月，随着电视剧《后宫甄嬛传》在全国各地的热播，观众在欣赏电视剧的过程中，被剧中"古色古香"的台词所倾倒。剧中人物对话文艺腔调十足，语调不急不缓，口气不惊不乍，从容大方。细细品味古诗风韵之余，引起网民的效仿，并将这种文体称为"甄嬛体"。很多网民平时说话聊天纷纷使用"甄嬛体"，言语间颇具古风，极具喜感。网民们不仅在微博上刻意地运用"甄嬛体"造句，还把它引入到日常生活当中，凭空制造出不少欢乐。

"甄嬛体"之个人生活版

例 56 近日里说话难免有些甄嬛风，虽不合时宜，倒也颇有雅趣。闺中素无大事，加之身子逢乍暖不适，闲来无聊。亏得姐妹们得以叙旧同乐，共修心性，想来焉非福也。

"甄嬛体"之青年节版

例 57 方才察觉今年青年节至，惆怅万千，若终日碌碌，虚耗光阴，不免凄凄惨惨戚戚。想当年武穆疾呼：莫等闲，白了少年头，空悲切，也是极好的。良辰美景虽好，但也需行乐有度，方不负恩泽。说人话：五四青年节快乐！

"甄嬛体"之学习版

例 58 方才在精炼上看到一道数学题，出法极是诡异，私心想着若是这道题让你来做，定可增加公式熟练度，对你的数学必是极好的。说人话：这道题我不会做。

"甄嬛体"之警方提醒版

例 59 您好，如果您拒接陌生来电那是极好的，因为陌生来电多数存在诈骗隐患，但您若是接了确认有恙再挂断是最好不过的了。相信您也愿密切联系警方，虽然会耽误一点时间，倒也不负警方提醒。警方提醒：陌生号码来电不要随意接听，陌生未接来电更不要回复，防诈骗需警觉，有问题找民警。（中新网昆山 5 月 18 日电）

"甄嬛体"之天气版

例 60 现如今天气是愈发热了，虽方才五月，明儿多地的气温却也将超过 30℃了，夏天是真真要到了。天气闷热倒也不打紧，这般天气若能食水果、多进茶水便是极好的，以免上火闹心。说人话：明日我国最高气温 30℃，范围将不断扩展，天气干燥，要多吃水果预防上火。

"甄嬛体"的具体模式：言必称——本宫、臣妾、嫔妾、朕、哀家、孤；描述事物用双字——方才、想来、极好、左右、罢了；通常需一个反转——"说人话"；常用短语、短句——若是……想必是极好的，但……倒也不负……；用于形容一件事物完美——这真真是极好的。具体包括以下几方面。

（一）使用"虽会……倒也（却、但）……"等转折句式

转折复句的分句之间在语义上具有相反或相对的关系，这种关系在不同的句子中又有不同的表现方式，表达出的转折意味也有轻重之分。"虽……但……"此类转折句式通过让步后转折的语势强调事物之间因果逆转的关系。不同转折词的使用，体现的语气也有所差别。在大多数"甄嬛体"中，"倒也"出现的频率最高，原因在于它的转折语气较为舒缓，留有余地，表达了说话人的主观态度和情感。"倒也"后常接"不负恩泽"，这本来是《后宫甄嬛传》中答谢的台词，经过网民使用后更多地成为转折后的"口头禅"，如"虽会荷包消瘦，倒也不负恩泽""我愿多品几口，虽会体态渐腴，倒也不负恩泽"。这里的转折意味似乎不大，更多的是一种情感上的抒发，虽然有不尽如人意的地方，也不是那么在乎了。

（二）运用"极、甚、颇、真真的"等副词

表示程度高的副词"很"在近代作品中出现得较晚，与其意义相当的"极""甚"却十分常见，修饰形容词的比率较高，如"极好""极凶""极险""甚好""甚恶""甚笃"等。"甄嬛体"中避免使用"很"字，形容什么都是"极好的""甚好的"，以体现出语体的与众不同。

"真真的"等双音节副词是随着汉语词汇普遍双音化产生的，而"真真的"是北京方言中比较有代表性的一个词。据刘冬青（2010）考察，"真真的"出现较晚，发展到清代后，作品中的用例才较多，而现当代的艺术作品也较少使用。那么，"真真的"可以看作一个标志性的词语，《后宫甄嬛传》讲的是雍正年间的事，那么"甄嬛体"所模仿的也是当时的语言。此外，在北京话中，有半数的形容词可以重叠，而普通话和书面语中的形容词可以重叠的百分比要小得多。形容词的重叠究竟表示何种附加意义，语言学家们的意见不尽一致，但一般都认为是"强调"或"加重"。"早早儿的"强调要早，"真真的"强调真切，另外形容词的重叠也增强了话语的生动性和感染力，其口语表达效果要比单音节形容词好得多。

（三）"红楼体"式的文白语言

"甄嬛体"让人有兴趣的是其中古腔古调、一唱三叹、文白夹杂的语言。这并非作者原创，而是借鉴了我国第一部用北京话作为基础方言写成的长篇白话名著——《红楼梦》。《红楼梦》用语中虽夹杂一些文言，却无碍白话的圆转流利，在注意语言质朴自然的同时，又十分强调对生活语言的文学处理，用简单的表达形式体现更多更丰富的内

容,让话语的意义远远超出字面本身。它将白话与文言两种语言恰当地配合起来运用,更赋予语言以妙处。"甄嬛体"的模仿通常在句末有一个"反转",即"说人话",这当然是较为直白的说法,而细看"甄嬛体"的魅力就是将生活化、简单化的语言赋予文学创作,形式简单而又内容丰富。

三、"甄嬛体"网络流行的动因

(一)语言模因的作用

模因论是基于达尔文进化论的观点,用来解释文化进化规律的理论。"模因"一词最早出现在英国牛津大学著名动物学家和行为生态学家 Richard Dawkins 的著作 *The Selfish Gene* 中。模因的英文 memo 意为"被模仿的东西",这一观点被语言学家运用到语言现象的解释中去,认为语言本身就是一种模因,模因也寓于语言之中,任何字、词、句、段落,甚至篇章,只要通过模仿得到复制和传播,就有可能成为模因。

1. 模因与文化

模因在很大程度上是文化的基因,它能够以非遗传的方式,主要通过模仿将一些思想或观点传播,并代代相传下来。我们之前分析过"甄嬛体"的语体特点,它以一种古典腔调引得人们的关注,这当然和电视剧的热播有很大关系,但细看其台词,不难发现个中言语出自对《红楼梦》的借鉴和模仿。该剧的编剧也表示因为自己很喜欢《红楼梦》,所以《后宫甄嬛传》中的语言风格都有模仿,而这种语言风格也很符合当时的朝代。我们不妨摘录其中一段以作对比。

例61 (贾元春)写毕,向诸位姐妹笑道:"我素乏捷才,且不长于吟咏,妹辈素所深知。今也聊以塞责,不负斯景而已。异日少暇,必补撰《大观园记》,并《省亲颂》等文,以记今日之事。妹辈亦各题一匾一诗,随才之长短,亦暂吟成,不可为我微才所缚。且喜宝玉竟知题咏,是我意外之想。此中潇湘馆、蘅芜苑二处,我所极爱,次之,怡红院、浣葛山庄。此四大处,必得别有章句题咏方妙。前所题之联虽佳,如今再赋五言律一首,使我当面试过,方不负我自幼教授之苦心。"(《红楼梦》第十七至第十八回)

相信对绝大多数的中国人来说,《红楼梦》的影响不可小觑,观众在欣赏《后宫甄嬛传》的同时,会对其中偏于"红楼体"的语言产生共鸣。如果没有受到汉文化烙印的陶冶,恐怕就不会对这种古腔古调有多大兴趣了。

2. 模因与社会实践

网民们将"甄嬛体"引入到日常生活中,于细节中制造出不少欢乐。有网民家楼下开了一丛小花,也被冠以"甄嬛体","春天终于真真儿的来了,楼下的迎春花开得甚好"。就连不少机关部门出具通知,公司招聘广告也加入此热潮,引来大批关注和赞同。例如,江宁一交警部门在五一小长假最后一天的通告如下:

例 62 今儿个是小长假最后一日，赶着回家虽要紧，却也不能忘了安全二字。如今的路虽是越发地宽广了，但今日不比往昔，路上必是车水马龙，热闹得紧。若是超了速，碰了车，人没事倒也罢了，便是耽搁了回家的行程，明日误了早班，也是要挨罚的。总之你们记住了：舒心出门，平安到家。

这样的告示，既有警醒作用，又温馨愉悦，相信网民们在看到后也都会欣然接受，乐于遵从。

3. 语言的感染

语言的感染现象是模因的表现形式，网络语言的仿制与传播，甚至是今年来不断新出的"××体"都是依靠模因的"魔力"。模仿者意在效仿他人成品的同时，更试图创新，将此种模因渗入到方方面面。从论文写作到减肥，从家乡美景到个人情感，都可以用"甄嬛体"表现出来，在聊天或写博客的时候被其他网民看到，感觉富有趣味，转而继续模仿，被更多的人使用，加之网络这个传播最为迅速的平台，"甄嬛体"的感染效力可见一斑。

在内容上，"甄嬛体"利用《后宫甄嬛传》中的经典台词形式，反映社会生活或个人生活状态，在曲折婉转的语言中表达通俗的含义。当网民疯狂模仿"甄嬛体"抒发情感、描述事件时，一些机关部门也兴然加入了此行列。厦门地税部门在微博上运用"甄嬛体"发布了一条原本枯燥无味的服务提醒信息如下。

例 63 私下想来，发票换章是去见就提的，断不至于还用着旧章，倒是这新章模样，知道要来报备的不多。今儿个给各位小主提个醒，赶紧把发票章往那白纸上盖个红印，递给税管员备个底儿，也别忘了在自个的证上头盖个红印。如若不然，往后这发票便不好购了。说人话：请尽快将新版发票专用章印模报备给税务机关。

这条微博发布之后，迅速被网民们转发，纷纷表示"可爱、有才"，一改地税部门往日的严肃形象。如此通知，既轻松愉悦，平易近人，大众又乐于接受，相信达到的成效比平铺直叙要显著得多。政府其他部门不妨也改变原有的肃然面貌，创新一番，尝试将通知表述得更为婉转一些，说不定会得到意想不到的效果。

《后宫甄嬛传》的语言，多半是文白夹杂，在当时的年代盛行使用。但随着社会的变迁在相当长的时间里人们并不再使用，原本作为一个弱势、过气的语言模因，而现在因为古装电视剧的热捧及文字的复古再创造，网络甚至报刊又让这一语言模因信息重新活跃起来。当它被绝大多数人认可使用时，在这个时期就成了强势模因。从语言形式上看，它虽然是对旧模因的复制；但从内容上看，更形成一种独具匠心的新概念。语言的感染是发散式的综合感染，网络新词新体的派生更依赖于这种表现形式。

（二）语言顺应的作用

从维索尔伦对"顺应论"的运用来看，语言是一种顺应语境和交际意图的过程。语言具有变异性（variability）、商讨性（negotiability）和顺应性（adaptability）。变异性作为语言的一种属性，决定（语言结构的各个层次）可能选择的范围。一些司空见惯的启示通知用语因为缺乏新鲜感而被冷落，效果不如预期所想，而换之以柔和新鲜，体现中华文化的新表达方式的"甄嬛体"则达到了意想不到的收获。对于语言顺应来说，维索尔伦认为需要同时考察四个方面：语境因素的顺应、语言结构选择的顺应、顺应的动态过程及顺应过程的意识凸显程度（Vershueren，1987）。

从语境因素的顺应来看，人们在交际中对语言作的选择都是对相应语境的顺应。平时日常说话，我们当然不可能使用"甄嬛体"进行交际，那是不符合日常交际语境的。转而到了网络这个虚拟语境中，多数语言都可以被接受，甚至追求越新颖独特越好。网络语境标榜个性，崇尚自由，鼓励创造，时代的娱乐性与游戏性在这里得到率性发挥。网络使用者的主体是年轻人，他们易于追求新鲜事物，崇尚标新立异，追求与众不同。此时"甄嬛体"可以看作是赶时髦的标志，它满足了使用者的交际目的，并获得了交际成功的语境因素（物质世界、社交世界、心理世界及交际双方），从而使人们对其作出正确的选择。

选择发生在语言结构任何一个可能的层面上。"甄嬛体"或其他各种体的使用一般只会出现在网络中。报刊上或熟悉度较深的人之间用来做谈笑性或轻松性的话题，能够得到较好的交际价值，在正式场合或严肃事件中，网民一般不会无端造次。维索尔伦认为，相对于话语理解这一共时现象而言，我们需要关注具有明显交际价值的语言结构的选择，尤其需要对显著地发生在哪些语言层次上的语言结构做出顺应性的选择，以及关注由此产生的特别语的语用意义。

从语言选择的实际运作看，策略性的语言运作是交际动态性的突出表现。我们以一家公司使用"甄嬛体"的招聘广告为例。

例64 今日天气真真晴朗，阳光极好，本宫方才和志同道合的伙伴们一起享用下午茶，私心想若是再增加些设计才俊和文案高手，定能让我们家小店蓬荜生辉，亦可合力发展本土文化事业，倒也不负恩泽！

说人话：橙果文化传播公司急招平面设计和文案策划（中山日报2012/5/11 第6325期A8版）

这家公司的背景是文化创意公司，因为看重创意，所以给一贯公事公办的招聘广告来点幽默调味。这则招聘广告的语言策略在于，迎合网民目前的兴趣同时又符合公司的形象，应聘者在潜意识里会认为这家公司实力较高，注重员工的创意与才能，进而对其产生好感。

（三）互文性的作用

互文性是文本所具有的属性，即一些文本充满着一些其他文本的片段，它们可以被明确地区分或融合，而文本也可以对它们加以吸收，与之发生矛盾，讥讽性地回应它们。根据互文性理论，任何一个文本都是在它以前的文本遗迹或记忆基础上产生的，或者是在对其他文本的吸收和转化中形成的。

"甄嬛体"的体式和语言运用源自对《后宫甄嬛传》中经典台词的模仿和转换，剧中的语言风格接近于《红楼梦》，《红楼梦》的语言也是对当时社会的交际口语进行了文学性的升华。从电视情节来看，它也都是源自文学对现实生活的模仿。有媒体戏称《后宫甄嬛传》是职场上位的最佳宝典，甄嬛从嫔妃到皇太后的升迁过程，放在现实社会来看，就是初入职场的女大学生到职场 CEO 的成长史。互文性并不是简单的文字借用，而是思想的相互碰撞，涉及历史、文化、知识、语言等各方面的交融。

从历史的角度出发，互文性概念将文本看作是把已有的文本改造成现在的东西，也可以借助话语秩序的新结构，借助明显的互文话语的新模式创造性地生成。后现代知识最为推崇的就是创造力和创新力。想象丰富的创造力，可以将分散支离的知识系统迅速组合并清晰表达，互联网的普及和网络语言的日益成熟彰显着"外在化"和"符号化"的获取信息的方式。"甄嬛体"具有时代性、新颖性的特点，符合人们求新、求奇、求认同的语言表达心理，尤其是在电脑霸权的背景下，独特新颖的网络文体更是符合大众的口味。

除了个人的网络交际和情感表达喜欢使用"甄嬛体"外，不少机关部门和公司也追求时髦，迎合大众需求。他们的使用目的各不相同，或提醒、或宣传、或劝说等，如果只使用普通的表达方式，效果甚微，而若将"甄嬛体"与内容通过互文形式混合起来，刺激大众心理和眼球，那么就较易达到预期设定的效果。

布莱克摩尔认为："任何一个信息，只有它能够通过广义上成'模仿'的过程而被复制，它就可以成为模因了。"（Blackmore，1999）而模因又是社会实践的产物，它是与社会实践紧密联系在一起的，新的社会实践可能产生新的模因。"甄嬛体"等"××体"是近年来才出现的网络语篇文体，具有一种固定的格式和语体风格，网民可以根据不同的语境进行再创造。其实相同的现象早已有之，如某些电影、电视剧的经典台词经过改编形成各种不同的版本，一些中国古典诗词保留骨架结构而换上新的内容。这种模仿绝不是百分之百的克隆，而是模因集合的重组，通过在相同的形式里放进不同的内容使模因不断得到扩展。"××体"的语言现象一经出现并为人关注后，网民自行改编不同的语言格式而命名新的"体"，一旦被接受并复制，也可以成为新的模因。在网络这种随意性较大的平台下，"甄嬛体"等多种最新的网络流行语篇可以在最短的时间内迅速传播，甚至通过明星效应、新闻效应愈演愈热，满足了当代人追求新颖、力求创新又同时希望得到赞同和认可的需求。

拓 展 阅 读

1．雷冬平，李要珍．元话语和网络语言中"体"的篇章构式研究[J]．湘潭大学学报，2013，(03)：106-111．

2．黄自然．网络流行语体的传播机制与传播动因探析[J]．新闻界，2011，(06)：93-96．

3．彭咏梅，甘于恩．"被V双"：一种新兴的被动格式[J]．中国语文 2010，(01)：57-58．

4．王寅．"新被字构式"的词汇压制解析——对"被自愿"一类新表达的认知构式语法研究[J]．上海外国语大学学报，2013，(03)：13-20．

5. 夏历,张鸿艳. 网络语境下的"×哥"形式研究[J]. 语言文字应用, 2014, (03): 44-50.
6. 朱晓彧,冯美. 网络流行语生成传播机制探究——以"××体"为例[J]. 河南大学学报, 2014, (04): 112-118.

思考与练习

1. 简述传统"被××"与新兴"被××"音节形式的对比。
2. 简述传统"被××"与新兴"被××"语法结构的对比。
3. 举例简述新兴"被××"的语用特征有哪些。
4. "……,且×且××"句式流行的强大动因是什么?
5. 分析甄嬛体中"极、甚、颇、真真的"等副词的表达效果。
6. 举例说明网络语言的一种语句派生方式。
7. 任选一种网络文体进行创作。

第五章 网络语言修辞策略

学习要求：了解网络语言的各种修辞策略，理解并掌握网络语言具体个案运用修辞策略的分析方法。

网络语言之所以能够如此特立独行、富于个性，主要就是因为它运用了各种各样的修辞策略以达到"变异"的目的，可以说近年来网络语言变化中最显著的特点就体现在其修辞策略的运用上。修辞策略是修辞学的一个重要概念，在语言交际中使用得非常广泛。修辞策略是"在语言交际活动中，说写者为了顺利达到交际目的，努力适应听读者而选择和运用修辞手段的一种谋略设计"[①]。通俗来讲，修辞策略就是修辞手段运用的策略。然而，修辞手段所涵盖的意义很广，"并不只指辞格，用词造句、谋篇布局、风格建构等，凡是有助于语言表达效果的修辞方法都包括在内"[②]。

第一节 象似性修辞策略

象似性这一术语源自符号学中的象似符概念，最早由符号学奠基人皮尔斯提出。象似性的概念在语言学中有不同的阐释，简单地说，"象似性是语言形式与意义之间更为具体的理据关系，即两者在关系或结构上'相似'"[③]。象似性作为一种修辞策略，一直为人们所广泛使用，语言使用者会时常运用或违背象似性原则来达到修辞效果。

象似性在语言中有各种表现形式，象似符可以细分为影像符、隐喻符和图示符三类[④]。影像符最为直观，主要表现在语音、语言形态层面；而隐喻符所表达的隐喻概念已成为认知语言学的一个中心概念，通常独立于象似性研究之外；图示符是指形式与意义关系或结构相似。目前国外在图示象似方面的研究得出的主要原则有距离象似性、数量象似性和顺序象似性三种。我国著名认知语言学家王寅在其著作《认知语言学探索》[⑤]中添加了标记象似性。在网络语言中，图示象似性广泛存在于各个层面。

网络语言中的数量象似性修辞策略

一、数量象似性

"语符越多所表达的意义就越多，这就是数量象似性原则。"[⑥]语言单位的复杂往往表示意义的复杂，语言单位的增多表示意义的添加。在言语交际中，要向对方提供适量的信息，就需要适当的语符量。倘若语符数量多了，传达的信息量则会比正常多，反之

[①][②] 郑荣馨. 论修辞策略的概念[J]. 江汉大学学报，2003，(22)：93.
[③][④] 李福印. 认知语言学概论[M]. 北京：北京大学出版社，2008.
[⑤][⑥] 王寅. 认知语言学探索[M]. 重庆：重庆出版社，2005.

则不然。网络语言的数量象似性主要体现在以下几个方面。

（一）有意义词的并列

有意义词的并列就是把意思上相近的词语并列在一起使用，以加强表达效果。网络语言经常通过有意义词的并列使用来抒发一种强烈的感慨，这种并列结构形式上平衡对称，韵律上节奏明快，增加了语言的表现力和节奏感，起到强调的修辞效果，也更加上口易记。例如，"很好很强大"。

当某人把一件事情办得非常好或者非常差的时候，网民们就以"很好很强大"对此人进行称赞或表示无语。"好"与"强大"这两个词在意义上有共通之处，都表示正面、向上的意义，网络语言把这两个意义相近的词放在一起使用，一方面加强了语言的节奏感，说起来琅琅上口；另一方面也在一定程度上夸大了"好"与"强大"的意义，比单独说"很好"或者"很强大"所表达的意义更强烈，使"很好很强大"获得了大于这两个词之外的表达效果，抒发了一种无限感慨之情。之后，网民们在"很好很强大"的基础上，又创造出了"很黄很暴力""很傻很天真"等意义上重复的词语，使这种词语在网络上流行起来。

（二）无意义词的添加

在网络语言中，经常在平常的词语之中或之后加入无意义的类似于衬字的词，使原本书面化的词语变得具有口语色彩，在不影响语言辨识度的情况下，增加语言的韵律感和娱乐感，更易于使用与传播。例如，"果勒个然"，也可以写作"果了个然"，就是在"果然"一词中间加入无意义的衬字"勒个"，仍表示"果然"的意思。"勒个"源于方言，一般情况下表示"那个"，用于回答对方提出的问题，如"勒个东西我忘了"。网络语言采纳方言"勒个"，但并不完全照搬其用法，而是淡化"勒个"的意义，使其变为词语中间无意义的衬字。"果勒个然"虽然就表示"果然"的意思，但是加入了衬字"勒个"，更添加了一种戏谑的成分。试想一下，某件事情你原本已经想到它有可能产生的后果，而且这种后果偏向消极，最后让你猜对了，这种时候"果勒个然"就比"果然"更能够表达内心的感受，"勒个"起到了加强语气的作用，既能够表达出自己猜对了这后果的欣慰，又表达了对这种消极后果产生的无可奈何，有一种自我嘲讽、自我调侃之意。

又如，"……的说"是网络语言中的习惯性后缀语，通常放在句末，没有实际意义。这种用法受日本语法的影响，被网络语言采纳进来，成为网络流行的后缀语。

例1 我觉得这部电影很好看的说。

在正常的句子之后加上衬词"的说"，虽然并无实际意义，但是却在语气上增强了表达效果。例句中表达了"我"觉得电影很好看的想法，但"我……"的句型在语气上显得以自我为中心，比较强势，可能会引起另外一些觉得电影不好看的人的反感。在句子之后加上衬字"的说"，表达效果就有很大不同，把自己的想法借用另一种口吻提出，减少了强加于人的感觉,也暗示对方,不同意这种想法也没关系。网络语言"的说",弱化了语气,显得说话人俏皮可爱,给人一种亲切之感,使自己的想法更易于被人接受,这也是"的说"受到广大女性网民喜爱的最大原因。

(三)标点的重复

标点符号是汉语中不容忽视的一部分,它使原本没有语气的语句变得富有感情色彩。网络语言当然不会忽略最能够表达感情的标点,而且突破常规,一句话的结尾通常重复使用一个标点,从而使语气表达得更加强烈。最突出的例子就是我们之前多次提到过的网络新体"咆哮体"。

例2 学摄影的学生你们伤不起!!!!!!!!!!!!!!!!!!!!!!

例3 我是文科!读的文学院啊有木有!!!!!!!!!!!!!

例4 上来就开始讲蛋清显影法!硝酸银氯化银有木有!!!!!!!!!!!!!!!!

例5 我要懂了,我去读化学了有木有!!!!!!!!!!!!!!!!!!!!!!!!!!

例6 乳胶颗粒和制版技巧跟我有什么关系啊!!!!!!!!!!!!!!!!!!!

在例句中,每句话之后都重复使用感叹号,这也是"咆哮体"的标志之一。感叹号就表示一种强烈的感情,而咆哮体则用一排感叹号放于句子末尾,感叹号的数量甚至超过了句中字的数量,这种非常规的重复用法,首先看到一排排密密麻麻的感叹号,在视觉上造成强烈的冲击,再结合句中文字内容,更能够想象出"咆哮体"作者那种无可奈何、忍无可忍的强烈情感诉求,仿佛能够听到很多声音在耳边肆意咆哮一样,使原本无声的文字变得"有声",从而更具有表现力。

二、顺序象似性

一个词语或句子"倘若按照抽象的自然顺序形式来组织信息,即语句顺序与储存形式相一致时,提取信息就较为容易"[1]。这就是顺序象似性原则。简单来说,就是"在其他条件相同的情况下,叙述的顺序对应所描述事件的顺序"[2]。顺序象似性在汉语中尤为重要,尤其是时间顺序原则在汉语中普遍存在,例如,联动结构的表达顺序反映动作顺序,动词短语反映按照时间先后顺序的动作,副词相对于动词的位置隐含不同的概念顺序,等等。而在网络语言中,则突破原有语言的顺序模式,经常使用倒装逆序等形式造成语言的陌生化效果。网络语言除了使用顺序逆反外,还使用词语的层层递进,来表达更深入的意义。

(一)掉尾句的使用

掉尾句,就是把重要的信息放在句子的末尾,以起到强调的作用。这种不按照标准汉语语法顺序的句子,非常受网络语言的青睐,在网络语言中使用得比较广泛。

---

[1] 王寅. 认知语言学探索[M]. 重庆:重庆出版社,2005.
[2] 李福印. 认知语言学概论[M]. 北京:北京大学出版社,2008.

例7 他们结婚了可能。

按照正常的语序，应该是"他们可能结婚了"，但是网络语言为了使句子与众不同，故意将"可能"放在句末，在没有影响句子表达内容的情况下，强调说话人对于事件的不确定，有一种"要是说错了不要怪我"的暗示。

其实，这种掉尾句在汉语方言中就有广泛的使用，如广东话把"我先走"说成"我走先"，一度成为网络上流行的说法。近年来的网络语言扩大了这种用法，把一些表示状语的词，如"可能""大概""都""就"等移到句末，因为句末或句首是突出中心思想的最佳位置，把重要信息放在句末突出了其意义内容，也起到了强调的作用。

（二）词语的层递

层递，是把要表达的意思分层次，按照大小、多少、高低、轻重、远近等不同程度逐层排列，这就体现出顺序象似性原则。在近年来的网络语言中，开始出现以词语的层递来增强表达效果的网络新词，这种新词往往通过几个近义词的依次排列来表达强烈的感情，如"羡慕嫉妒恨"，是按照一个人的情感变化由轻到重的顺序逐层递加起来的。先是对一个人有所羡慕，看到羡慕对象有的，希望自己也有，然而在现实中却无法实现，进而产生了嫉妒的心理，慢慢对羡慕对象产生一种冷漠、贬低、排斥，甚至是敌视的心理状态，久而久之，就变成了对羡慕对象和不公现实的恨。这样把三种情绪按轻重由小到大的顺序叠加起来，通过紧凑、复沓的形式，表达鲜明、强烈的情感，追求一种奇特、夸张的效果。仔细品味还是相当地绝妙，这一词包含了情绪变化的结构层次和来龙去脉，说话人因为不满情绪的递增而使自己的自卑感强烈到不能自持。然而在网络语言中，"羡慕嫉妒恨"的程度并没有那么深，更多的是作为一种发表感慨的方式，有点类似于感叹词，感慨生活待人的不公却并无愤世嫉俗之情，而具有一种调侃生活的意味。

网络语言不把"羡慕嫉妒恨"分开写成"羡慕、嫉妒、恨"或者"羡慕·嫉妒·恨"，那样处理将会削弱它的表达效果，甚而使之韵味尽失，而把其归为一个词语来使用，在词语内部产生顺序的象似。随着"羡慕嫉妒恨"的流行，网络上逐渐产生了其他利用顺序象似的类似词语，如"空虚寂寞冷""神速麻利快""忠厚老实憨"等，都是利用程度不同，或由小到大，或由大到小的顺序逐层递加，结构上反复迭踏，构成语义强烈、感情复杂的顺序象似性网络语言。

三、距离象似性

距离象似性就是指，"功能上、概念上和认知上距离近的，形式上的距离也近"①，即认知或概念上接近的词语，他们的语言结构形式也是接近的。在概念上，实体间表现为一种物象距离；在认知上，实体间表现为一种社会距离。距离象似性就是语言形式所体现的社会心理距离之间及语符距离和概念距离之间关系的反映。网络语言在距离象似性上通常表现为语符距离的拉长和心理距离的缩短两个方面。

---

① 李福印．认知语言学概论[M]．北京：北京大学出版社，2008．

（一）语符距离的拉长

网络语言追求新奇独特，为了达到求新的目的，在写法上往往不遵循一般的汉字写法，而是另辟蹊径，把原有的汉字语符拆分开来，并拉长语符距离，使原有汉字的结构形式发生变化，但不改变其意思。这不同于之前提到过的"拆字"，拆字是把一些字加以拆装和拼凑，从变化的字形中附会出某种意义，附会出的意义和原有词语的意思完全不同；而语符距离的拉长则只是单纯地将原有词语的结构进行拆分，将其语符之间的距离拉长，并没有改变词语的意义。这也是网络语言惯用的一种夸张的表达手法，如"走召弓虽"，由原有词语"超强"拆分成构字部首"走""召""弓""虽"，并拉长其语符距离，改变语符结构，从两个字变为四个字，但仍表示"超强"的意思。把"超强"的构字部首分开来写，在视觉上使这两个字拉长变大，起到了突出、强调、醒目的作用；在形式上拉长了语符间的距离，使"超强"在概念和认知上也有所加深，其意义更加突出，更能够表达出对方的强大和不可战胜，从而使对对方的赞美之情更加强烈。

网络语言中语符距离拉长的距离象似性原则使用得比较广泛，通常用于整蛊别人等娱乐方面，如"女口果人尔能言卖日月白这段言舌，言兑日月人尔有严重白勺豆又鸟目艮"。该句把所有能够拆分开来写的字全都拆开并拉长语符间的距离，形式上造成陌生化效果，使人不免产生想要读懂的欲望，但如果仔细看起来就能够明白，这句话是再平常不过的话，只是改变了字的结构，拉长了语符的距离，使人读懂后会心一笑。

（二）心理距离的缩短

网络语言的表达者和接受者之间并不是一成不变的，有的时候接受者会变为表达者，而表达者往往也是接受者，这就造成网络语言表达者和接受者之间心理的相通。网络语言利用这一特点，往往使用一些能够缩短网络语言表达者和接受者之间距离的词语。更进一步说，就是利用语言的"预设"理论。所谓"预设"，就是"在表达者看来交际双方所共知的、不言而喻的背景知识"[1]，而"预设意义"就是"言语除了字面意义外，还传达一定的言外之意"[2]。网络语言往往利用预设，即网络语言表达者和接受者之间共知的背景知识，来缩短二者之间的心理距离，从而表达一种不言而喻的复杂的预设意义。这在近年来的网络语言中出现的频率呈现增多趋势，如"你懂的"。

乍一听，"你懂的"这三个字字面意义很清楚，但表达的到底是什么意思却让人摸不着头脑，但实际上这却是网民们所有"心照不宣"的最佳表达。一件事情如果所有人都知道，但是又不能公开地说明白，或者不用说得那么明白，即不能明说和不必细说的情况下，就可以用"你懂的"来表达。一个"你"直指接受者，再加上双方都共知的事件背景，一下子就拉近了表达者和接受者之间的心理距离。

例8 今晚汽油涨价，你懂的。

句子的前一部分"今晚汽油涨价"，陈述了一个社会事实，陈述这一事实的目的自

---

[1][2] 王德春. 大学修辞学[M]. 福州：福建人民出版社，2004.

然就是想要告诉大家快去给汽车加油，否则等涨价了就亏了。但是表达者却不明说这一目的，而是利用预设理论，以"大家都知道在东西涨价之前买比较划算"这一社会共知的道理为预设，用一个"你懂的"来隐晦地传达出来。因这社会共知的道理作为预设，所以接受者在表达者不细说的情况下仍然能够正确理解表达者的意图，这就说明接受者与表达者的心理距离被拉近，从而能够达到理解上的共识。这是对于发生事件不必细说的情况，然而"你懂的"作为一种隐晦地表达，更多地运用在不能明说的情况。

例9 撞了人还得有胆子大叫"我爸是李刚"，你懂的。

"我爸是李刚"事件在社会上引起了很大的反响，某公安局副局长李刚之子酒后驾车而且超速，撞倒两名女学生后还想逃逸，被人拦住后竟没有丝毫悔意，反而口出狂言道"我爸是李刚，你们有本事告去"。这一事件折射出的并不只是个人教养的问题，更多地则反映出现代社会某些有权有地位的官员仗势欺人、利用权力胡作非为、违法乱纪的现象。每个社会都有这种官员腐败的问题，普通网民想发表自己的看法但是又不好明说，就选择用这种隐晦的方式来表达所有的情绪和愤慨，就算没有说把细节说明白，也能够被接受者所理解。这是因为接受者与表达者有共同的价值观，对同一件事有着共同的看法，二者心理距离被拉近。可以说，"你懂的"这三个字已经聚集了自觉的批判锋芒和力量，成为一种含蓄却有力的社会舆论，含蓄里的不是冷漠，也不可能是软弱和健忘，而是一种对良知与公正的诉求。这种隐晦的说法在近年来的网络语言中开始慢慢发展起来，并逐渐成为一种烙印着时代印记的文化。

四、标记象似性

我国认知语言学家王寅在国外学者总结出的前三种象似性原则的基础上，根据象似性原理，又归纳出标记象似性原则：标记从无到有的顺序象似于认知的自然顺序及组词的一般顺序；有标记象似于额外的意义，无标记象似于可预测的信息[1]。人类认知的一般顺序是按照从无标记到有标记的顺序进行的，我们在习得和学习语言时，往往都是先从无标记语言项开始，然后才是有标记项。这是因为无标记项比有标记项具有更为普遍性的意义，用于广泛的语言环境中。而带区别性特征的有标记的语言成分比其对应的无标记成分更为明显地表示着额外的、不寻常的意义，这就是标记象似性。用有标记的语言项代替无标记的语言项时，便会偏离常规，产生突出的修辞效果，成为一种象似性修辞策略。这种标记象似性修辞策略正符合网络语言求新求异、突破常规的特点，在网络语言中应用得十分广泛。

（一）字形的标记

网络语言大多利用键盘输入的方式发表在互联网上，由于这种不同于手写的输入方法的特殊性，网络语言的字形变化空间非常大，加黑、加粗、斜写、下划线，或者是艺术字体、卡通字体，抑或是动态字体，都是网络语言对常规的一种偏离，带有标记特征，

---

[1] 王寅. 认知语言学探索[M]. 重庆：重庆出版社，2005.

从而达到突出、强调、醒目的作用。这是多媒体语言独有的表达特点，也是网络语言多样化的方式，如花，是利用艺术字和卡通效果，将原本"花"的草字头的其中一短竖变为一朵小花的样子，既美化了字体效果，非常抢眼，又能够更直观地表现出该字的意思，使字形和字义浑然天成。除了这种静态的字形外，网络语言还有很大一部分的文字利用了动态的效果，如"晕"这一网络感叹词经常被动画化，以字体中心为轴点顺时针或逆时针旋转，使动态字体和"晕"本身所要表达的那种"晕头转向，不知道怎么办"的意思相互对应，融合为一体[①]。网络语言这种字形的标记形式可以说是它与普通手写文字相比最突出的特殊之处，使其在视觉上更吸引人，也更能够突出字义。

（二）词义的标记

词义分为理性义和色彩义，这里主要就词语的色彩义方面来分析标记象似性原则在网络语言中的表现。

1. 古词今用

随着时代的发展，很多在以前的时代中经常使用的词语逐渐被新词语所取代，然而网络语言为了突破常规，寻求新鲜，往往重新使用已经被人们抛弃了的古语词，使词语的文体色彩暂时位移，偏离原词使用语域的常规，使词语带有明显的标记性特征，给人耳目一新的感觉。例如，"乃们"。中国古代就有"乃"一词，表示"你，你的"，如"余嘉乃勋"（左丘明《左传·僖公十二年》，春秋）、"王师北定中原日，家祭无忘告乃翁"（陆游《示儿》，南宋）。随着汉字的发展，现代汉语的"你"慢慢代替了"乃"，成为主要的第二人称代词，"乃"逐渐被人们所遗忘。网络语言却与现实相反，它把这一古词从"故纸堆"里拾掇出来，用它来代替网络语言中的第二人称代词，并结合现代汉语复数词的构词法，将古语词"乃"与现代汉语表示复数的"们"连接起来组成新的网络词语"乃们"，表示第二人称复数代词。"乃们"相比于"你们"，一是具有古词今用的特殊性，二是"乃"的读音 nǎi 与"俺"的读音 ǎn 比较接近，经常被发为二者的结合音 nǎn，在理解时又多了一层"我和你们一起"的意思，使"乃们"更多了亲昵的感觉，在网络语言中经常被当作第二人称的昵称。

又如，"银子"。中国古代使用金银或者铜钱作为货币，随着社会的发展和时代的变迁，这种不便于携带和流通的货币逐渐被纸币的钱所取代，"金子""银子"等词也只能作为贵重金属或首饰的名称来使用。网络语言为了与众不同，又将"银子"一词重新拾起，将其作为"钱"的代称。一是想要求新，二是因为社会环境。现代社会是充斥着物质和金钱的社会，各种经济压力压得人们喘不过气，人们希望通过网络来缓解压力，释放负面情绪。然而"钱"这个字眼在这样的社会中显得格外刺眼，是很多人心理上的负担，所以在网络上人们不希望使用"钱"这种太过物质化的词语，而用另一种相对来说比较委婉的、更易于被人们接受的词语"银子"来代替，这种把古代词语用于现代交流的用法也起到了一定的娱乐效果。

[①] 由于动态效果无法被打印出来，在此只是用语言形容，无法列出图片举例说明，技术上的原因还请谅解。

2. 褒贬互换

有些词语除了表示意义之外，还能表示出喜爱或憎恶、褒扬或贬斥等感情色彩。习惯上把这些词叫作褒义词或贬义词，统称褒贬词语。在运用时，常规情况下应注意区分不同感情色彩的词语，避免误用。但在特殊情况下，有时可以有意把它们交换使用，以表现特定的语气、情感等，如以贬义词表示喜爱，以褒义词表示反讽，这就是词语的褒贬互换。褒贬互换使词语的感情色彩暂时发生变化，使常规词语在褒贬色彩转换时具有了标记性。例如，"亮骚"，源自方言，意思是"摆谱、显摆或臭美"，多用于贬义，而在网络语言中，则用以表示将心爱的东西，如最新购得的物品、最近拍摄的照片，以及一切生活中美好的、积极的"小零件"展示给外人看或向他人炫耀得意之事，一般表示褒义。其实在生活中存在着许多美好的事物，并不一定是钱财或者贵重的物品，一些生活的小细节就能够给予人们极高的精神财富，网民们喜欢把自己生活中的美好事物放到网络上与人们分享，这种"亮骚"的行为不但不是显摆和臭美，而且还能够传递出一种积极向上、乐观开朗的精神状态。

又如，"专家"（也写作"砖家"）。在常规语言中，"专家"是指"在学术、技艺等方面有专门技能或专业知识的人"，用于褒义，而在网络语言中，"专家"却俨然成了贬义词，被人经常戏称为"砖家"。随着学术越来越娱乐化与大众化，出现了很多自称为"专家"的人，他们上电视，上网络，宣扬自己的一套专家理论，导致的结果是所谓文化大师在光环下疑窦重重；所谓养生达人，学说却毫无科学依据；所谓权威人士，言论往往自相矛盾。正因为这种伪专家的泛滥，使人们不再相信专家，反而对专家产生反感情绪，人们开始在网络上讽刺这些专家，使"专家"一词变为了不折不扣的贬义词。"专家"这一褒义词贬用使原有词语带有了明显的标记性，具有极强的反语效果和讽刺性。

第二节　隐喻修辞策略

第一节主要从象似性理论的图示象似分析了网络语言的修辞策略，这里详细阐述象似性理论的另一大分支——隐喻在网络语言中的应用。网络词语经常运用隐喻手段为旧的词语赋予新的意义，这种隐喻类词语和我们这里所要阐述的隐喻理论是不同的。前者只是单纯地基于传统修辞格理论中的隐喻辞格为旧词新意类网络词语做出分类，这里所说的隐喻则是认知语言学中重要的概念。这里的隐喻"在本质上不是一种修辞现象，而是一种认知活动，对我们认识世界有潜在的、深刻的影响，从而在人类的范畴化、概念结构、思维推理的形成过程中起着十分重要的作用"[①]。可见，现代隐喻的研究范围大大超出了传统汉语修辞学对隐喻所做的界定。

从不同的角度、基于不同的方法、运用不同的观点，许多学者对隐喻作出了不同的分类。这里根据在隐喻理论发展过程中有重要影响的莱考夫在《我们赖以生存的隐喻》[②]中

[①] 王寅. 认知语言学[M]. 上海：上海外语教育出版社，2007.
[②] 莱考夫，约翰逊. 我们赖以生存的隐喻[M]. 何文忠译. 杭州：浙江大学出版社，2015.

对隐喻进行的分类，结合网络语言中隐喻修辞的特点，对网络语言的隐喻修辞策略进行分析与阐述。

一、结构性隐喻

结构性隐喻是指"隐喻中始源概念域的结构可系统地转移到目标概念域中去，使得后者可按照前者的结构来系统地加以理解"[①]。简单来说，就是本体和喻体之间在结构上有密切的联系，喻体域中的相关概念可以系统地映合到本体域中。例如，"伸手党"。所谓伸手，中国人俗称盗窃者，手上功夫出神入化，而网络上的伸手党，则指不劳而获、坐享其成的人群，这些人想要得到电影、动漫、游戏的下载资源却不愿意自己动手在网络上搜索，而是一味要求别人把现有的资源传给自己。这二者之间盗窃者是本体，伸手党是喻体，二者有着系统的联系。盗窃者经常通过盗窃、骗取别人的财物获得利益，这些也可以系统地用于有关"伸手党"表达的隐喻中。同时，盗窃者对社会治安有较大的危害，伸手党对互联网的共享精神也造成了一定的损害。

又如，"弹幕"，本意是飞行射击游戏中由各种武器发出的子弹，由于子弹过于密集以至于像一张幕布一样，从而形成"弹幕"一词。而网络中的弹幕更多地则是指在视频资料中出现的评论，这些网民们自行加载的在视频中的评论从视频中飘过时的效果看上去像是飞行射击游戏里子弹横飞的场景，因而也被叫作弹幕。真正的子弹构成的弹幕和视频中飘过的网民的评论形成的"弹幕"构成一对隐喻，子弹弹幕是本体，评论弹幕是喻体。我们可以把二者详细地做一下对比，如表 5-1 所示。

表 5-1　弹幕本体和喻体的对比

本体	喻体
子弹构成的弹幕	评论构成的弹幕
子弹从武器中发射	评论以滚动、弹跳、飞跃等方式在视频中出现
子弹密集形成幕布	评论杂多形成幕布
子弹可造成身体创伤	评论大多言辞犀利、一语道破，易构成心理震慑

由此我们可以清楚地看出，子弹弹幕和评论弹幕在结构上有很多相似之处，因而构成一对结构性隐喻。

二、本体性隐喻

本体性隐喻指"用关于物体的概念或概念结构来认识和理解我们的经验。如可将抽象的概念喻说成具体的物体，可使后者的有关特征映合到前者上去"[②]。网络语言更多地运用本体性隐喻达到修辞目的，这和网络语言大众化的接受人群有很大的关系，由于网络语言受众知识素养参差不齐，为了使网络语言更好地被接受和传播，通常采取这种

---

①② 王寅. 认知语言学[M]. 上海：上海外语教育出版社，2007.

将抽象概念化为具体物体的方法,增加语言的生动性,达到广泛传播的目的。当然本体性隐喻不仅只是这样,它主要又分为三类。

(一)实体和物质隐喻

这种隐喻方式通常把经验看成一种实体或物质,利用后者来理解前者,从而对已有经验做出对应的物质性描写,如指称、量化、分类,使其带有某类物质的特征,再加以引申、推理,并分析其相应的原因等。这种方式在网络语言中比较多见,其中最突出的例子就是把论坛中的发帖行为比作"盖楼"的一系列隐喻。

在论坛中发表的帖子通常被形象地隐喻为"楼",这是因为论坛中帖子的形式是一层一层累积起来的,就像盖楼房一样需要从地基开始一楼一楼地建设,因此在论坛中发表帖子就被隐喻成"盖楼"。正是因为有了将帖子比作"楼"的隐喻基础,才会把发表帖子隐喻成"盖楼",发表帖子的人成了"楼主"。有了"楼主"自然这层"楼"就要有房间,房间里就要有各种家具,从而又引申出第一个回复帖子的人称为"坐沙发",因为通常有客人来访时主人常在客厅的沙发上接待。通过"沙发"这一隐喻,又将第二个回帖的人称为"坐板凳",来访的客人多了沙发不够坐的了,只有板凳可以招待了;第三个回帖的人称为"坐地板",客人越来越多,家里没有家具可供客人来坐了,那就只能坐地板了。这一系列形象的隐喻都是由把帖子隐喻成楼这一基础引申而来的,一连串隐喻性说法都在这一个体系之内,构成密不可分的整体隐喻。

除了"盖楼"系列外,还有一个很典型的实体和物质性隐喻的例子,就是"灌水"系列。可以说,"盖楼"和"灌水"这两个系列词是中国网民对世界互联网文化的一大贡献,其语言风格生动活泼、风趣幽默,具有鲜明的"网言"特色,同时这两类词都是以一个中心词为基础,在此基础上加以引申。

"灌水",简单来说就是发表没有实际阅读意义的文章,或是为了打发时间,或是为了聊天,或是为了发泄感情。由"灌水"这一隐喻基础出发,又引申出了"水手"这一表示网络上发这种无意义文章的人的隐喻,从而又有了更高一级的引申"船长"一词,用以表示灌水能力更加高超的网民;这些人又因为都与"水"有关,又被统称为"水星人",用以称呼这些喜欢灌水的网民。这一系列隐喻与"盖楼"系列不谋而合,都是本体性隐喻中实体与物质隐喻的典型代表。

(二)容器隐喻

容器隐喻是将本体(不是容器的事物,如大地、视野、事件、行动、活动、状态、心境等)视为一种容器,从而使其有边界、可量化、能进、可出①。这种隐喻形式大多将抽象的东西加以具象,使抽象的东西容易理解,以求达到生动、形象的目的。例如,"秀下限"。这里是将智商或者情商这种无实体形态的东西看作有边界的容器,"下限"即智商或情商的最低限度,秀下限就是向别人展示自己在智商或者情商方面水平的最低限度,而且本人还不以为耻、反以为荣,通常用来嘲讽别人智商或情商的低下。智商或情商本是无形态的

---

① 王寅. 认知语言学[M]. 上海:上海外语教育出版社,2007.

事物，网络语言将这种无实物的东西量化处理，使其变为一种"容器"，从而有了"边界"，再将这种边界加以界定，让人形成具象化思维，就能轻易得知"秀下限"的意义。

又如，"戳中笑点"。"笑点"就是发笑的制约点，这是网民们从"沸点"这一词引申出来的。比如，水的沸点是100℃，那么水在温度达到100℃的时候就会沸腾，一个人如果达到了他的笑点，那么他就会发笑。"戳中笑点"就是一下子达到了某个人的笑点使其发笑。网民把使人发笑这种抽象的事物容器化，使其具有边界性，到达了一定的界限就会使人发笑，就像武侠小说中武功高强的人利用点穴功夫点到了某人致命的穴道使人重伤一样，用"戳中笑点"这种具象化的词来表示抽象的意义，使表达内容更加形象，使人在脑中产生联想，更容易被人理解和接受。

（三）拟人隐喻

拟人隐喻即将事体视为具有人性的物体，把事物人格化，把本来不具备人的动作和感情的事物变成和人一样具有个性或情感等行为特点的事物。这和传统修辞中的拟人辞格不谋而合。拟人隐喻使词语更加生动、形象、具体，既能生动地写出某事物的某个特点，又有了拟人化之后特有的具象效果。在近年来的网络语言中，童言童语的广泛流传使拟人隐喻得到了极大的应用，创造出充满童趣的拟人化词语。例如，"喵星人"。这是网络上对于"猫"的昵称。网民们通过丰富的想象，并结合猫本身所具有的特性，将猫戏称为从遥远外太空的喵星球来到地球的外星人，利用可爱的外表骗取人类的信任，然后出其不意地占用地球的鱼资源。这种拟人隐喻既拟声了猫"喵喵"叫的声音，使猫的声音特点具象化，又赋予了猫人类的情感特征，使人自然地把它的所有动作或习性看成人类的生存模式，在脑海中形成猫可爱的印象画面，充满了童趣色彩。在该词的隐喻基础上，又引申出了"汪星人"（即指狗）、"吱星人"（即指老鼠）等类似的拟人隐喻，表达了人们对小动物的喜爱之情，也使这些动物的形象更加生动活泼。

又如，"度娘"是对于网络搜索引擎"百度"的拟人化称呼。"百度"在中国是非常著名的搜索引擎，很多人都已经习惯了有事就"百度一下"。百度就好像学识渊博、温柔体贴的"妈妈"一样，在你需要帮助的时候总是能给予你好的建议和答案，网民们便开始称"百度"为"度娘"，"百度一下"逐渐变为了"问问度娘"。还有一个原因是因为百度经常屏蔽敏感词，很多网民想知道的敏感事件都不能搜索，网民觉得百度很"事儿"，婆婆妈妈的，更像一个爱管闲事的老妈妈，于是"度娘"一词更进一步地扩展开了。把没有生命的搜索引擎拟人为充满感情色彩的人，这种拟人隐喻法拉近了网民与看不见摸不着却每天都要与之打交道的网络之间的距离，使单纯的上网冲浪变为与网络交朋友，干巴巴的网络一下子变得充满了人情味，原本干巴巴的词语变为充满感情色彩的拟人词，生动的形象跃然纸上。

三、修辞性隐喻

汉语辞格在一定程度上与隐喻理论有着密不可分的联系，理应纳入到现代汉语隐喻研究的大视野中。就像上文本体性隐喻中的拟人隐喻一样，与传统修辞的拟人辞格具有内在关联和本质上的一致性。从认知角度来看，根据隐喻的"相似性"和"跨域性"两条标准，汉语隐喻的研究范围至少应该包括比喻、比拟、拈连、移就、双关、夸张六种辞格①。这些辞格本质上都是通过"以一种经验来理解和体验另一种经验，而且都预设了两种经验之间的相似性"②。下面我们将结合传统修辞中的修辞格理论对网络语言的隐喻修辞策略进行分析。

（一）双关

双关就是"有意识地使同一个词语、同一句话，在同一个上下文中，同时兼有两层（或两层以上）的意思"③。双关可分为谐音相关、语义相关和语法相关，涉及隐喻的主要是语意双关。语意双关，是利用语词和句子的语言多义现象而构成的，也可以利用言语语境意义的多义来构成。网络语言中的双关大多不仅仅限于一种双关，而是兼有谐音和语意双关。例如，"蒜你狠"与"算你狠"属谐音双关和语意双关，其是基于市场上大蒜涨价超过100倍这一事件出现的。从2010年起，通货膨胀就开始向普通商品蔓延，从而导致一些农作物蔬菜轮番涨价，首当其冲的就是大蒜。由于天气异常、西南干旱、北方倒春寒影响农产品收成等天气因素，再加上一些不法商人倒买倒卖，大量收购大蒜，造成市场上大蒜供量减少等人为因素，大蒜的价格疯长，甚至比鸡蛋和肉的价格都要高。面对这一不正常的现象，网民以"算你狠"这一词语为基础，创造出了"蒜你狠"。首先，"蒜你狠"一词从语音上与原词语"算你狠"一致，让人首先联想到原词语的意义；其次，"蒜你狠"将原词语中的"算"巧妙地变为"蒜"，也与大蒜涨价这一事件相呼应，表现出民众对于大蒜价格疯涨这一现象的无法理解与无可奈何，也从另一种意义上讽刺了当今中国社会经济制度的不完善和市场体系的缺失。随着"蒜你狠"这一词的出现，其他相关词语也根据当前蔬菜价格的变动情况相继出现，"豆你玩""姜你军""苹什么""煤超疯""棉花掌""玉米疯""萝你命""辣翻天""盐王爷""糖高宗""油不得""税大觉"等一系列词语成为年度最流行的话题。这些词语都利用了双关的手法，将价格疯涨的果蔬的名称巧妙地融入到已有词语之中，造成谐音双关，而且反映了当前的社会现实，造成语意双关，发人深省。

又如，"查水表"一词出自电视剧《派出所的故事》，其中的警察在办案时为使嫌疑人开门而谎称是查水表的工作人员，此后该词被网民们引申出其他的意思，即有人在网络上发表了一些过激的言论而被警方进行盘查，或者在贴吧或论坛里拥有删帖权限的管理员，检查贴吧里是否存在灌水的帖子或跟帖，遇到就进行删除的行为。总之，这两种引申义的共性就是被管理和被纠正，都涉及行政相关行为。网络上的这种"查水表"行为大多具有嘲讽和调侃的意味，它已经不是单纯意义上的"查水表"了，而具有了一种双关的功能，表面上就是日常生活中该词的意思，而实际上用的是"查水表"的比喻义，即被管理审查。

---

①② 徐慈华. 选择与适应——汉语隐喻的语用综观研究[M]. 北京：中国社会科学出版社，2009.
③ 希杰. 汉语修辞学[M]. 北京：商务印书馆，2004.

（二）夸张

夸张，是"根据情感抒发、事物描写的需要，运用丰富的想象力，在客观现实的基础上有目的地放大或缩小事物的形象特征，以表达某种强烈的情感，增强表达效果的修辞手法"[①]。夸张有直接和间接之分，涉及隐喻的主要是间接夸张。间接夸张是通过比喻、比拟等修辞方式来实现的。网络语言中，经常使用这种夸张形式达到增强语气、表达强烈感叹的目的。比如，"神作"。该词一开始出现在动漫和游戏领域，指有极高的思想意义，发人深省，能反映社会或者人心深处，且其画面、音乐、剧情、人物设置等方面完美结合，气势恢宏，一气呵成，没有致命性弱点（烂尾、拖沓等）的作品；后来泛指各个领域中特别杰出的作品。一个"神"字就把夸张发挥到了极限，只有非常完美无缺的作品才配得上称为只有神才能完成的作品。这一夸张隐喻把人们对于一个作品的喜爱和赞美表达得淋漓尽致，无需太多语言，一个"神"字就能够反映出作品的精妙绝伦和人们对于它的赞叹。在网络中，评价一部精彩的电影、一个发人深省的视频、一幅美妙的图片，甚至是一首广为流传的歌曲，或者是其他任何觉得很"给力"的东西，"神作"无疑是最好的选择。由于"神"字的夸张性非常符合网络语言追求娱乐游戏的性质，以"神"为核心的词在网络语言中慢慢发展起来，如有段时间一首由于没有歌词并且旋律非常奇特而流行的歌曲《忐忑》被网民们称为"神曲"，结合它那种一般人模仿不来的曲调，真的可以担当"神曲"这一称号。

又如，"纯爷们"一词形容不扭捏、不惺惺作态、行为举止大方、有男人气概、豪爽的男子汉。在传统汉语中，就有用"爷们"这个词来形容有男子气概的男人，而网络语言又在前面加上了一个程度副词"纯"，起到了夸张的作用。"爷们"就已经非常男人了，那"爷们"之中非常"纯"的"爷们"，岂不是更加具有男人味。后来，"纯爷们"不光形容男人，也拿来形容很有男人气质的女人，如一个女人外表很彪悍，举止又很粗野，那么网民们一般戏称她为"纯爷们"。"纯爷们"一词的出现，在一定程度上反映了现代社会男人缺少男人气概、女人反倒粗野彪悍的社会现象，并把这种现象夸张化，以"纯爷们"一词加以调侃，极具讽刺效果。

第三节　模因修辞策略

1976 年，英国牛津大学动物学家 Richard Dawkins 撰写了 *The Selfish Gene* 一书，他在该书末尾首次正式提出社会文化进化的单位 meme，试图借助达尔文生物进化论的观点来解释社会文化进化规律。何自然（2003）将 meme 译为"模因"[②]。"模因论是基于达尔文进化论的观点解释文化进化规律的一种新理论，它试图从历时和共时的视角对事物之间的普遍联系以及文化具有传承性这种本质特征的进化规律进行诠释。"[③]模因

---

① 金普. 浅谈夸张修辞格[J]. 安徽文学（下半月），2008，(3): 58.
② 何自然，何雪林. 模因论与与语用[J]. 现代外语，2003，(2): 201.
③ 何自然. 语言中的模因[J]. 语言科学，2005，(6): 54.

论中最核心的术语是模因，模因主要寄于语言之中，"任何字、词、语句、段落乃至篇章，只要利用模仿的形式得到传播和复制，都可以称为模因，并从字、词、句乃至篇章层面上表现出来"①。这和辞格中的仿拟辞格有一定的联系，二者的本质都是故意为之的模仿，且形式多样，能产开放，但是二者又存在明显的区别，"仿拟抽取的是成品的形式，而不是内容，其仿体形式结构并未发生改变，而且仿拟必须以存在一个可供模仿的结构形式为前提而进行，不能直接对某个事件或行为进行仿拟；模因则不同，它可以包括任何信息，甚至是思想和行为"②。

我国著名语言学家何自然根据模因在传播、复制过程中与不同语境相结合的不同形式，将模因的传播方式分为基因型和表现型，又从语言变异角度分析了模因在传播、复制过程中出现的变异现象，网络语言的模因修辞策略也可以通过这些角度来探讨。

一、基因型模因

表达同一信息的模因在复制和传播过程中的表现形式可能一样，也可能不一样，但其内容却始终同一。"同一信息可以先后在不同的语境中以不同的形式传递，这类以传递信息内容为主的模因储存在我们的大脑之中，可以比喻为基因型的模因。"③基因型模因具体又可以划分为两种形式，一种是相同的信息直接传递，即"同形复制"模因，另一种是相同的信息异形传递，即"变异移植"模因。

（一）同形复制

同形复制模因即"在合适的场合下不改动信息内容而直接传递"④的语言模因。当模因在与原语言形式相似或相近的语境下出现时，经常以这种直接的方式来进行自我复制和传播。网络语言中应用最广泛的就是各种引用、转述或者重复别人的话语等。例如，"打酱油"在网络语言中指什么事都与自己无关，自己什么都不知道，只是一心忙着自己的事而已。该词最早源于某电视台采访一位市民关于当年轰动一时的娱乐圈丑闻事件的看法，该市民闭口不谈，张嘴就是："关我什么事，我只是出来打酱油的。"此句一出，轰动网络，网民们直接把"打酱油"一词引用过来，并在网络上传播开，其意义也在传播中逐渐深化，从原来单纯的字面意义演变成后来表示事不关己的意思。

又如，"我爸是李刚"某公安局副局长李刚之子酒后驾车而且超速，撞倒两名女学生后还想逃逸，被人拦住后竟没有丝毫悔意，反而口出狂言道"我爸是李刚，你们有本事告去"。这一事件在社会上引起了很大的反响。"我爸是李刚"在当时发生酒醉肇事事件的语境条件下，本是酒醉驾车肇事者的狂妄之言，后来被网民们直接复制到网络上，在网络道德舆论批判的语境下，成为直接揭露现代社会少数地方出现权力当道、以权谋私黑暗面的隐晦说法。这句话后来又被网民们模因为各种桥段。

---

① 何自然. 语用三论：关联论·顺应论·模因论[M]. 上海：上海教育出版社，2007.
② 姜雨青. 模因理论视角下的汉语网络流行语研究[D]. 曲阜师范大学硕士学位论文，2012.
③④ 何自然. 语言中的模因[J]. 语言科学，2005，(6)：54.

例10 床前明月光，我爸是李刚。

例11 假如生活欺骗了你，不要悲伤，我爸是李刚。

例12 世界上最遥远的距离，不是生与死，而是我就站在你面前，你却不知道我爸是李刚。

这些都是利用"我爸是李刚"模因出来的，看似幽默搞笑，但实际上却是网民们借此来表达对权力阶级的一种声讨，对社会不公平现象的痛恨和讽刺。

（二）变异移植

变异移植也是一种以复制信息内容为主的模因，它以纵向递进的方式传播。"尽管在复制过程中出现信息变异，或者说信息在复制过程中出现模因的移植，但这些变化并不影响原始信息，复制出来的仍是复制前的内容。"[①] 简单来说，就是相同的信息通过不同的形式来传递。在网络语言中，变异移植主要表现为拼音缩略或数字移植和意义移植两种形式。

1. 拼音缩略或数字移植

在网络语言中，为了追求打字的效率和传播的广泛性，汉语在网络上会用汉语拼音字母缩略或用数字取代，成为汉语的新词或表达一个新义，这是一种变异类移植模因的方式。这种模因方式简单易记，表达起来通俗简洁，在网络语言中应用得非常广泛，例如，YY为汉语"意淫"的拼音缩写，指美好但不切实际地胡思乱想或泛指发言者言论不切实际全属个人凭空想象。"意淫"最早出现于《红楼梦》中，后来在网络语言中演变为两字拼音首字母的缩略——YY。"淫"一字在现代汉语中往往含贬义，网络语言将其缩写为YY，一方面为了书写方便，另一方面也在一定程度上缓解了该词的敏感性，使贬义色彩不那么浓厚，也便于人们理解其网络意义。

又如，"泡8喝9说10话"是将现代汉语"泡吧喝酒说实话"中与数字同音的词全都移植为相应数字，意义上简洁明了，而且正好是按照自然数的顺序逐层递进，表达上也显得新鲜有趣。

2. 意义移植

意义移植就是将司空见惯的意义用不同寻常的词语表示出来。模因在传播复制的过程中尽管其表现形式与原始形式大相径庭，但实质却没有发生变化，只是用了不同寻常的词语来表示我们司空见惯的意义。这正与网络语言求新求变的要求相吻合，因此，网络语言经常使用意义移植的模因。例如，"拍砖"的原始信息是"挑毛病"。在现代网络中，"挑毛病，持反对意见"都用"拍砖"来表示，这主要源于论坛贴吧中把发帖、回帖叫作"盖楼"，而实际生活中的"楼"一般是用"砖头"盖起来的。砖头既可盖楼，也可砸人。在跟帖中持反对、批评意见，就像用砖头砸人一样，因此，把这种挑别人毛病，专门和别人意见相对的行为称为"拍砖"。

---

① 何自然. 语言中的模因[J]. 语言科学, 2005, (6): 54.

又如，"围脖"的原始信息是"微博"，因为二者发音近似，所以就将"微博"移植为"围脖"。又因为围脖一般由毛线等编织而成，所以网民们又把在围脖上发表言论看法等行为称为"织围脖"。

二、表现型模因

表现型模因采用同一的表现形式，分别按需要表达不同的内容。"这种横向并联传播的模因，它按需而发，形式近似，内容迥异，是模因的表现型。"①简单地说，表现型模因就是不同的信息同型传递，即所谓"旧瓶新酒"或"移花接木"等都属于这种模因形式。网络语言中，表现型模因主要有以下几种形式。

（一）音同义不同

音同义不同即"在传播的时候，保留原模因因子的读音形式，将其中的某个字用同音字代替，以已经为大家所熟悉的模因形式为跳板，来推销新形成的网络流行语"②。例如，"暗贱难防"将成语"暗箭难防"中的"箭"替代为同音字"贱"。"贱"在现代汉语中形容地位低下或者卑鄙的人。在现代社会，由于利益的驱使，一些人为了达到自己的目的不择手段，甚至采用一些卑鄙的方法暗中伤人。网民们根据固有成语"暗箭难防"模因为"暗贱难防"，一个"贱"字在其中起到了突出强调的作用，使本来文绉绉的成语带有了很强的讽刺意味，把人们对于这种暗中伤人行为的愤恨和无奈之情表达得淋漓尽致。

除此之外，我们在仿拟辞格修辞策略中提到的"蒜你狠"系列词语也属于音同义不同的表现型模因，这也从一定意义上说明了修辞格中的仿拟与语言学中的模因存在一定程度的联系。

（二）构同义不同

构同义不同即指"语言模因的结构和形式都不变，但内容变了，为另外的词语所取代。平时一些常见的词语，一旦定格为模式，也会被到处复制，模仿，成为活跃的语言模因"③。这种构同义不同的横向嫁接模因不只限于单个词语，有时是语句，甚至是整段篇章。这类模因往往别出心裁地以某个特定结构为样板套以不同的内容，这种简单易操作的模因形式在网络语言中应用得非常广泛。例如，派生词"××宅"。"宅"在现代汉语中有"住宅，居住"的意思，而在网络语言中，则表示经常蹲在家里不喜欢出门的一类人。随着"宅"一词的广泛流传，"宅"逐渐形成了一种所谓的"宅文化"，并像其他文化一样，"宅文化"也衍生出具有不同派系特点的类型。开始时为人们所熟悉的是"技术宅"，泛指虽然宅在家里但在某方面具有很强的专业性、权威性并拥有很高

---

① 何自然. 语言中的模因[J]. 语言科学, 2005, (6): 54.
② 姜雨青. 模因理论视角下的汉语网络流行语研究[D]. 曲阜师范大学硕士学位论文, 2012.
③ 何自然. 语用三论：关联论·顺应论·模因论[M]. 上海：上海教育出版社, 2007.

的技术水平的人，例如，用废旧的电脑硬盘自制发光时钟，一个人用管弦乐团的乐器演奏各种曲目，等等，这些都属于"技术宅"一族。在"技术宅"的基础上，网民们以"宅"为核心词，通过"技术宅"为原始模因，创造出了"××宅"的其他模因形式，如"二次元宅""军事宅""电脑宅""纯宅""虚无宅"等。它们都以"××宅"为定形模板，只是更换了主要内容，从而形成新词。

网络文体"××体"可以说是整段篇章模因的最好说明。它以原始篇章材料为固定模板，结构和形式不发生变化，只是改变了内容，是非常活跃的语言模因。

例13　爱生活，爱自由；
爱感动，不爱冷漠；
爱家人，爱朋友，也爱大自然
爱真诚，讨厌虚伪；
爱五分钱的大碗茶，也爱50元一杯的卡布奇诺。
人生就像剧场，
我行我素，爱谁谁。
我和你们不一样，
我是XX。

这就是最先在网络上流行的"凡客体"，它根据网络上某服装品牌打出的广告词改编而成，而原有的广告词是由著名新生代作家韩寒所说的。

例14　爱收集，爱自由，爱晚起，
爱夜间年夜排档，爱赛车，也爱29块的T-SHIRT，
我不是什么旗头，不是谁的代言，
我是韩寒，我只代表我自己。
我和你一样，我是××。

这段广告词大多以"爱××"的句式作排比，加上"我是××"的句式，从而形成非常容易被模仿的模因样板。例13就是模仿原有广告词而重新更换内容形成的新的"普通人版"的"××体"，它在"××体"的框架内加入关于城市普通青年的种种特点的描写，配合原有广告词非常文艺的风格，使现实的内容和文艺的风格混搭起来，让人读起来有所感触。

除了"凡客体"之外，网络上各种新文体层出不穷，像"甄嬛体"为模仿清装宫廷剧《后宫甄嬛传》中文绉绉的说话方式，"TVB体"是模仿香港电视剧中主人公经常使用的说话方式，"元芳体"是模仿古装判案剧《神探狄仁杰》中狄仁杰经常询问自己的助手李元芳"此事你怎么看"的语句模式，等等。这些网络新文体大都是根据构同义不同的模因方式，以原始材料为模因，而且这些原始材料本身必定有非常显著的、易于模仿的特点，网民们不改变其结构和形式，只改变内容而创造一系列原始材料的模因形式，从而形成新的网络文体。

三、模因的变异

语言并不是一成不变的,它会随着时代的变迁和社会的发展而产生相应的变化。凡是活的语言,应当说无时无刻不在变异之中,而模因即是语言的模因,当然也会在复制、传递过程中出现变异。例如,一则故事或一个句子在重新表达时都或多或少地被表达者润色:或增添某种内容,或删减某个细节,此后又得到接受者的模仿,在此基础上又被变异更新,从而不断发生改变。语言正是由语言模因经过不断变异而丰富和发展起来的。

(一)复合型模因

基因型模因和表现型模因往往属于单个模因,而复合型模因则是相互结合在一起从而能够同时被复制的一组模因。"模因复合体的形成不是因为选择过程迫使它们必须相互结合成群,而是为了自身的生存,即为了得到复制和传播。"[①]构成复合型模因的各个模因,作为复合体整体的组成部分,比处于分离状态时更容易得到复制,从而能够发挥比单个模因更大的影响。在近年网络语言中,出现不少复合型模因的例子,例如,"瀑布汗"。"汗"原指人体在运动或其他因素下通过皮表毛孔排出的液体,在网络语言中,因为人在尴尬或者窘迫的时候容易出冷汗,"汗"就借此衍生出很无语、很无奈或者很尴尬的意思。然而,网民们认为"一滴汗"不足以表达出自己的无语或窘迫之情,就用"瀑布汗"来形容自己流出的汗像瀑布那样又多又急,以此来夸大自己的情感。后来,随着"瀑布汗"这一语言信息在网络上的广泛流传,网民们又在此基础上进一步复制出了"黄果树瀑布汗""黄河壶口瀑布汗"等一系列模因复合体,从而使"瀑布汗"更加具体形象。黄果树瀑布是中国最高的瀑布,黄河壶口瀑布是由黄河水倾泻而出形成的,流量很大,可以想见"黄果树瀑布汗"和"黄河壶口瀑布汗"其流量之大,汗流之急,使人产生具象信息,更容易理解这种夸大的情绪。

又如,"裸婚"。"结婚""婚姻"是我们常见的词语,也是所有人人生中最重要的大事之一。随着人们对婚姻生活的重视程度越来越高,"结婚""婚姻"这一语言信息不断得到复制和传播,迅速成为模因现象。人们在评价婚姻生活方式时,将"婚姻"与不同语境相结合,产生出新的组合,如结婚一年的称为"纸婚",因为关系极不稳定,像一张纸一样容易破裂;结婚五十年的称为"金婚",即形容夫妻二人情比金坚,感情弥足珍贵等。除此之外,在网络上还出现了"裸婚"一词,指不买房、不买车、不办婚礼甚至没有婚戒而直接领证结婚的一种简朴的结婚方式。"裸"和"婚"都是人们所熟悉的两个语言信息,但二者属于不同语用领域,前者指"裸露,没有遮盖",后者则表示婚姻,结婚。二者本是风马牛不相及的事物,只因在某一点上的关联而被拉扯在一起,形成了一个新的模因复合体。因为这种结婚形式相比传统婚礼来说,非常简单,无需杂七杂八的彩头,只是领一张结婚证就算完事,和"裸"一词的义项"什么都没有"不谋

[①] 陈林霞,何自然. 语言模因现象探析[J]. 外语教学与研究(外国语文双月刊), 2006, (2): 108.

而合，因此，"裸"就与"婚"结合而形成"裸婚"这种复合型模因形式。这正说明了语言模因在复制传播过程中会不断地产生变异现象。

（二）强化型模因

"一些不常用的、陈旧的模因，因社会生活变化的需要而被强化，形成强势模因，或变得时髦起来，广泛地得到复制和传播。"①这是语言模因的另一种变异现象，在这里称为强化型模因。一些老旧的模因由于社会条件和客观交际的需要，重新被人们利用起来并得到复制和传播，从而形成强化型模因方式。例如，"人品问题"。在"文化大革命"期间，为了政治斗争的需要，专门创造了一些新词，如把找对象结婚叫解决"个人问题"，把两性关系出现异样或者某些事情没有处理好叫作"作风问题"等。那时候人们评价一个人都要看他有没有作风问题，把一切都归咎到"作风问题"上。然而随着时代的进步，"个人问题""作风问题"等逐渐被人们所抛弃，"××问题"也成为陈旧的、不再被人们所使用的模因。然而在网络语言中，为了起到一定的交际效果，网民们又让"××问题"这一语言信息重新活跃起来，形成了强势的、新生的模因和模因变体"人品问题"。就像以前人们把一切都归咎为"作风问题"一样，网络语言中把一些难以解释的问题都归咎为"人品问题"，如东西掉了，是"人品问题"；考试不理想，是"人品问题"；就连生个病受个伤，统统都是"人品问题"。一句"人品问题"就足以给事物定性，足以为那些难以用科学来解释的事做说明，那就是因为平时人品不好，坏事做多了遭到了报应。不过这种说法往往带有戏谑的味道，通常是朋友之间用来调侃的说法。

可见，模因具有创造性，同时也有继承性。尽管模因在形式或内容上会不断变异，但却始终把原始模因的定型或精髓保留下来，并在原始模因的基本特征和性质上加以继承和发展。人们能够凭借对原始模因的认识和理解，通过认知和联想使新模因的形式转变为已有的认识，从而理解新模因表达的意义。从语言形式上看，它是对旧模因的复制；但从内容上看，更是一种与众不同的新概念，让人们在熟悉的言语经验中理解出新的意义。

拓 展 阅 读

1. 姜雨青. 模因理论视角下的汉语网络流行语研究[D]. 曲阜师范大学硕士学位论文, 2012.
2. 李翠羽. 模因论视角下的网络语言变异研究[D]. 河北大学硕士学位论文, 2011.
3. 吴燕琼. 网络语言变异的模因解读[J]. 广东外语外贸大学学报. 2009, (03): 75-78.
4. 赵华伦. 论网络语言的修辞现象[J]. 语言文字应用, 2005, (01): 124-126.

---

① 陈林霞，何自然. 语言模因现象探析[J]. 外语教学与研究(外国语文双月刊), 2006, (2): 108.

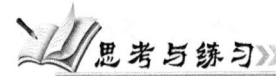 **思考与练习**

1. 网络语言的修辞策略具体包括哪些？
2. 举例分析网络语言的数量象似性主要体现在哪些方面。
3. 分析"羡慕嫉妒恨"属于顺序象似性中的哪一种类型。
4. 网络语言中的距离象似性体现在哪几方面？
5. 举例分析标记象似性原则在网络语言中的表现。
6. 本体性隐喻是什么？网络语言中的本体性隐喻分为哪几类？
7. 结合传统修辞格理论谈谈网络语言的隐喻修辞策略。
8. 什么是基因型模因？网络语言中的基因型模因分为哪几种？

第六章 网 名

学习要求：了解网名的构成与语言特征，学会运用社会语言学调查方法调查研究网名，理解并掌握网名变异及其社会文化心理的分析方法，说明网名与姓名的共性与差异。

随着互联网的兴起与普及，人们运用网名以隐藏真实身份或者标新立异，形成了独特的文化景观。网名最初是作为一种符号网络用户名（identification，ID）而出现的，随着互联网的普及和网络语言的发展，变得更加复杂。网名的设定条件非常宽泛，五花八门，可用汉字、字母、数字、特殊符号等以各种复杂的组合方式形成。因此，网民在网络交际时使用的名字，可以是真实的，也可以是虚拟的。网名表面上具有较大的随意性，但实际上却有内在的规律。我们试图从网名的分类、组成和语言特征，以及修辞变异等方面入手，再运用社会语言学的知识探究网名背后反映的社会文化心理，这对于研究网络语言的发展有着重要的意义。

第一节 网名的构成与语言特征

关于专名的研究，不同学者有不同的认识。英国哲学家 Mill 的专名理论认为，专名仅仅是事物的标志，没有任何实质性的意义，不具体描述功能和解释功能。"把绝大多数词语视作名称。名称对应于现象。名称分作专名和通名，通名有内涵有外延，专名则没有内涵只有外延。"[①]德国逻辑学家 Frege 认为"基于语言专名的指称对象的功能和表达意义的功能，两个专名所指对象虽同，意义却不一定相同；而在两个专名的意义相同时，则其对象必同一"[②]。Frege 在承认专名有意义的前提下，同时认为所指对象的意义影响着所指专名的同一性。瑞士语言学家索绪尔认为：每个词都是一个符号，包括能指（signifier）和所指（signified）两个部分，每个符号都是能指和所指的统一体。所指即语言的概念，所指是事物的心理再现，反映事物的概念，是符号的使用者通过符号所指的某物[③]。Frege 和索绪尔都承认专名的内涵性，这与 Mill 的专名理论相反。同时学者 Kripke 和 Chisholm 在承认专名自身的意义和内涵之外，还指出了专名有其社会历史性，是使用者所处的社会和时代赋予他们的，是一定社会历史的产物。

现代语言学的发展已经使语言研究涉及社会生活的各个方面，包括政治、经济、法律、科教等各个领域，语言的发展和研究已经不再是纯粹的脱离社会文化意义的研究，这在一定程度上要求我们不仅仅要对语言本身进行研究，对于语言背后的社会文化心理

---

①② 陈嘉映. 语言哲学[M]. 北京：北京大学出版社，2004.
③ 陈萌. 商店名称的现代符号学解读[J]. 重庆科技学院学报，2009，(10)：178.

和隐性内涵也要进行探索,这是与时俱进的时代特征,也是语言的社会历史性的必然要求。网络的发展使网络语言的研究逐渐走进了人们的视野。

林纲(2015)在尊重事实的前提下,通过在论坛发帖、QQ群随机调查、问卷和专访等方式调查了网名现象。调查主要采用问卷调查和数据统计的方式,在高校校园、餐厅、贴吧论坛等场域,通过实地调研、线上调研两种途径。调查共发放和回收问卷350份,获得有效问卷332份,有效率占94.9%。男女比例接近1∶1,调查对象涉及高校大学生、教师、公务员、职工、个体等不同人群。研究内容也更为具体翔实,对网民的分类、构成、语言特征、网名的本体变异等方面进行了较为细致的剖析和论述,同时结合模因论去分析网名所体现的社会文化心理,力求从多角度研究网名。

网民群体拥有各式各样的网名,有的网民甚至有不只一个网名,如QQ号码250××501的一位网民先后使用了"天黑了""四叶草""此生非你不可"等网名。还有一些网民使用了一些特殊的网名,如QQ号码756×××771的网名为"〜]づCJ"、294×××522的网名为"勿斗·义•T?C`ミ"、1104×××658的网名为"ㄏ;ιι茉"等。还有很多其他类型的网名,如"过河卒子""★★☆☆""觉主""Qing~空"等。众多网名看似没有任何联系和规律,其实可以从语言学的角度对它们进行分类研究和探析,探寻它们共有的规律和特征,通过复杂的外在形式规律,总结隐含在网名背后的深层意义。

一、网名的构成

网名的构成形式有简有繁。从形态构成层面上来看,网名的构成要素有汉字、数字、外文、符号、火星文五种元素。这里分别从外在组合形式和语义层面两个角度对网名进行分类。

(一)按外在组合形式分类

由表6-1可见网名的表层形式组合比较多样,从组合形式上将网名分为以下几类。

1)单纯汉字:纯汉字型包括简体字和繁体字,其中以简体字为主。由于汉字是中国传统文化中使用最普遍和广泛的中文书写体系,纯汉字型QQ名在全部QQ名中所占比例将近三分之一,如"不见一场宁夏的独角戏""此生非你不可""菠菜""小不点""幸运星""太阳雨""娑婆""蓝月儿""小卡"等。

2)单纯外文:外文字母型由英文、日文、德文等外文字母组成,如"Domoto Kiko""Sunrise""Andy""Capricorn""Somebody""we are young""TenohHaruka""そう"等。

3)单纯数字:如"7456""39671362""521"……也有将个人生日、随机号码、手机号等组合的,如"03-5321""0455466"等。

4)单纯符号:符号型由标点符号、数学符号、特殊符号等组成,如"★★☆☆"

"…""❀@""---""X↗in♪""↶♡---˅"等。

5）纯火星文：火星文，字面解释为可作火星人用的文字。随着互联网的普及，网民（尤其是年轻网民）开始大量使用以同音字、音近字、特殊符号来表音的文字。由于这种文字与日常生活中使用的文字相比有明显的不同并且相当奇异，故被称为火星文，如"—☆o 鈊蘏 o☆""↶♡---R˅""薀鬪⌐厗""観月ゆき（つω｀*）""き♀冰翼♂ぎ"等。

6）汉字加外文：如"李小米 Wingle""Stacey 泇雨""千の夜をこえ"等。

7）汉字加数字：如"7月""我20""一起来8""秋天的123""1颗糖2种味""颠3倒4"等。

8）汉字加火星文：如"—☆o 鈊蘏 o☆""じò莲ぴé"等。

9）汉字加符号：如"依然姗姗♥""绛雪ゞ玄霜""--左手倒影""长长的街道和永远↘""明天→_→你好""♀→傻丫頭"等。

10）外文加数字：如"sky100""summer00""love2011"等。

11）外文加符号：如"October♪""Darry&Ring""＿Eve↶""7uan、""~Mrscrazy"等。

12）外文加火星文：如"↶从泚销矢A˅""じòぴé""亻壬ィ可 thing"等。

13）数字加符号：如"0❀0""100%""1—1"等。

14）数字加火星文：如"oO 尐綢氣あ""123 蒸嚻戰""78δ 蚊ぃ"等。

15）符号加火星文：如"↶]づ CJ""---個囙✖両輩孒""[悱菔]""★芫敵尐惡魔—"等。

表6-1 网名元素组合形式一览表

元素	汉字	数字	外文	符号	火星文
汉字	小卡	7月	李小米 Wingle	依然姗姗♥	観月ゆき（つω｀*
数字	—	7456	sky100	0❀0	OO 尐綢氣あ
外文	—	—	we are young	October♪	牷蘂狳—R˅
符号	—	—	—	★★☆☆	—☆o 鈊蘏 o☆
火星文	—	—	—	—	薀鬪厗

除了表 6-1 包含的种类之外，网名还包括杂糅型。杂糅型是汉字、字母、数字、外文、火星文及符号乱码的任意组合，这种类型也大量存在，不可忽视，如"♀→傻丫頭""7uan、""↶o 蒸嚻™詀""浅挚绊离兮|‖c2""df 放""Mr↘節哀""兜兜@圊糖""---個囙✖両輩孒""|‖autumn 宝""Sunny@R""|‖右瞳 Left Eyes""拌城煙沙↘_染指流年""観月ゆき（つω｀*）""↶☆翊☆""、灬惢傢钦"等。具体组合形式的种类频数分布情况如图 6-1 所示。

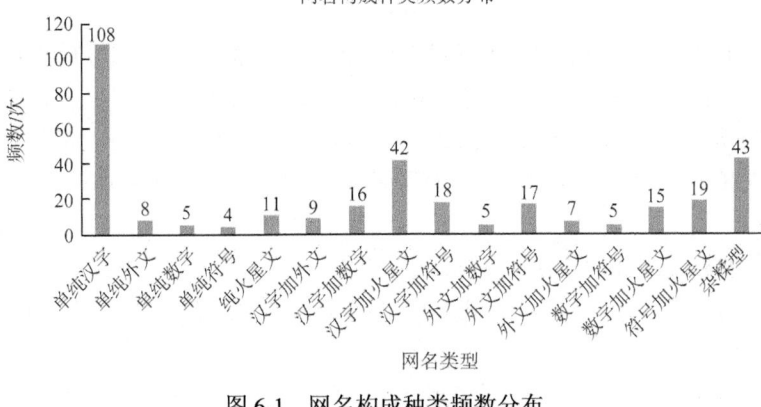

图 6-1　网名构成种类频数分布

（二）按语义内涵分类

网名语义所属的语义场与网名语义内涵的倾向性有关，如对美好爱情的渴望、对新奇事物的探索等。但是需要说明的是，由于网名组合形式的复杂性，有的网名无法确定其内涵，所以不在此项语义分类考察范围内，像纯符号、部分纯数字、数字加符号、数字加火星文和符号加火星文。如"観月ゆき（つω｀*）""0❀0""78δ 纯ι""7uan﹑"等。而有些网名可以根据联想猜测其内涵的也在考察范围内，如"⌒o 蒸嚻ᵀᴱᴸ 詀"可以联想为"终点站"，意思大概是"目的地"；"oO 尐絢氣ぁ"可以理解为"小淘气"，意思大概是"可爱顽皮的人"等。经过筛选，能够确定内涵的网名有 278 个。网名从语义上大致可以分为以下几类。

1）关联人名、动植物名，如"小沙""尚凌羽""河畔一朵花"。

2）描述现象，如"潇雨""晨露未晞"。

3）展现流行文化，包括音乐、影视、动漫、时尚等，如"低调 de 华丽（周杰伦写真集）""下一站幸福"（电视剧名）"璀璨巴黎（香水名）"。

4）表达情绪与状态，主要是个人情感的表达或者对身边诸多事情的看法或思考，如"没人心疼，久了就不需要了""此生非你不可""不如不愿"。

5）张扬个性，往往这类网名极具娱乐精神，有些具有幽默调侃的意味，如"妞，爷呗嫛涳""☆你别跑！""吃饭饭睡觉觉～"等。

二、网名的语言特征

作为网民的个人标识，网名具有以下语言特征。

（一）形象性

网名和姓名类似，也是个人身份与形象的象征，只不过其交际环境是在虚拟世界里。这里所说的形象性并非指网名一定要与网民自身形象相符，而是指网民个人所希望的在网络言语社区里呈现给大家的某种形象。因此，网民通常会选择一个符合个人形象定位要求的网名，这种形象不仅是外在的印象，也是一种内在气质性格的体现。例如，"小不点"让人联想到其娇小玲珑，惹人怜爱的形象；又如，"九尾狐"想展现一种狐踪魅影、幽幻妩媚的形象；而"拌城煙沙"ヽ_染指流年"可能联想到一位多愁善感的文艺小青年。

（二）隐匿性

网络言语社区是高科技虚拟出来的空间，其中的人人事事都是雾里花、水中月，网上交友者多以假姓名、假年龄、假地址、假职业示人，形同"假面舞会"，令人真假莫辨。网民们在申请网名时尽量避免采用个人真实姓名，出于保护个人信息的目的，网名常常模糊了人的性别、年龄等各方面信息，说明个体在自我表征的过程中有一种隐蔽自己的倾向，这样往往能达到"伪装"或"防范"的效果，而这种不真实性反而能让网民在网络交际中毫无顾忌地发表个人看法，畅所欲言。甚至有时会颠覆个人真实形象。例如，名叫"燕儿"的网民可能现实中是位粗犷憨厚的男士，又如名叫"胖胖"的在现实中可能是一位身材纤细的窈窕淑女。在统计的332个网名中，只有一位网民采用了个人真实姓名，而有些即使在网名中有部分与姓名相关联，也会换一种表现形式而不至于完全暴露出真名。

（三）变换性

在现实生活中，父母长辈给初生者起名是一件很重要的事情，并非随随便便就可以定下来的，一般都会请学识渊博的人引经据典起一个既好听又有深刻内涵的名字，以后除非特殊情况，这个名字就是跟随一辈子的个人代号，不可随意更改。网名不像姓名，恰恰可以随着时间、地点、心情、经历的不同而任意变换，因此不断翻新的网名层出不穷。交际者并不一定在同一的现实空间中，因此随意更改网名或者一个人申请多个网名也是比较常见的。同一个人也许昨天是"卷心菜"，今天就换成了"菠菜"；同一个人，也许和"胖胖"聊天时叫"我家的肥宝贝"，而和"河畔一朵花"聊天时又叫"吃花的兔子"。网民在面对不同聊天对象时采用不同网名，既是为了拉近和聊天对象的距离，同时也是展示个人心性的多变性。正是这种不识庐山真面目的虚拟网名，满足了现代人转变身份的欲望，人人都可以在网上换个角色过把瘾，充分体验网络世界与现实世界的不同之处。

（四）创造性

在上述的网名构成及分类上，不难看出其多种多样、新奇独特的特点。网名的选择既要尽量避免雷同，又要彰显个性。所以网民们不断发挥个人的才智与发散性思维，突破传统姓名字数与字符形式的限制，别出心裁地创造出新颖的、别具特色的、不落俗套的语言形式，而并不采用固有的语言模式。在调查的300多个网名中，大部分现实中为大学生，"90后"标新立异、特立独行的风格在其网名中体现得淋漓尽致，如"ʆδ莲

ƀɡé""✥S"。网名是人格化的脸谱，一个高雅、深邃的网名，无疑会大大增加其他网民主动结识自己的机会。无论背后隐藏着怎样不为人知的寓意，不可否认的是，这些创造形式使网名的发展越来越个性化和时尚化。

第二节　网名的变异及其社会文化心理

在网络交际中，常规的表达方式不足以彰显网民的个性，网民纷纷背离传统的命名方式与内容，大胆创新，充分体现特立独行的个性化意识与标新立异的发散性思维。

一、网名的变异

网名的申请虽然制约不大，但存在某些方面的限制，如 QQ 网名的最大限制是 24 个字节，即 12 个汉字或者 24 个字符或数字，但其多样性的发展并没有因此而受到影响。网名与姓名不同，传统的姓名一般是两三个字或四个字，而通过调查我们发现，网名的实现形式已经由词语转到词组甚至是句子了，字数的增加无疑是一个突出的变异表征，如"没人心疼，久了就不需要了""不见一场宁夏的独角戏"等。而字数的增加就意味着表意的丰富性，除了字符的数量多之外，其指向性也更为明确了。这类网名传达的信息会比一般网名传递的语义更为丰富，如网名"流年岁月、只望各自安好""我就要吃饭饭睡觉觉"等。"流年岁月、只望各自安好"不仅是对逝去时光的不舍，也是对身边人的祝福，甚至可能是经历过一段伤心往事的感叹；而"我就要吃饭饭睡觉觉"不仅是对一个人慵懒生活状态的描写，也是小女生表达发嗲撒娇的语气。

（一）网名的变异方式

网络时代的更新与进步使网络语言也随之更新变化，突出表现在由传统的文字转向文字符号，甚至是单纯的符号等。这种在传统的自然语言中加入非自然语言的符号，具有新颖的形式特征和表意上的特殊功能。虽然在一定程度上增加了网名的不可读性，但不可否认这种方式增强了语言的视觉效果和语用效果，如"♀→傻丫头""明天→_→你好""—☆o 鈊蘸 o☆""浅挚绊离兮|▌c2""★★☆☆""☆时间ⱳ海※"等。还有的网名通过拆分字形、增加笔画、标点字符混用等形式运用到网名上，如"ネ斤ネ寿"即"祈祷"，"言午日王"即"许旺"，另有"sky100%""☆伱别跑！""---個囚✖両輩孑"等。这种文字网名向文字符号性网名转变，形式上饶有情趣，引人注目，给人以强烈的视觉冲击。

1. 语形变异

网名从形态上呈现出一种复古的倾向性，这种倾向性一方面是受古典文化的熏陶，另一方面是对当下流行元素的反其道而行。可是说是网名的模糊性和欺骗性为复古倾向提供了条件。首先是对繁体字的推崇，如"左岸右轉""綯氣"；其次是对古典语言风格的继承，如"陌上人如玉，公子世无双""琉嫣靡"。这些网名中很多都是以繁体字、火星文、符号作为依托。根据统计发现，使用繁体字和火星文甚至是纯符号的网名有45个，占调查对象总体的12.9%。例如，"⌒o 蔡嘂™ 詀""観月ゆき""蘯黚╝萊""---""狠、［悻胈］""蘯黚"等。

拼写变异具体表现有以下几种情况。

1）作者根据喜好采用重复的手法，如"小小小家伙""一一一一针见血""下下一站"等，使网名别有一番情趣。

2）用外文文字、字母或火星文来代替本身的汉字，如"⌒o 蔡嘂™ 詀"本应是"终点站"、"Mr↘節哀"中的"節"本应是"节"等。

3）文字、字母、符号的混用，如"明天→_→你好""October♪""☆ 伱 别跑！""✈错爱い""五月●恋の痛""df 放""Qing 空""幸福 De 小调"等，语码混杂凸显个性，更加形象地表达了作者的心态和情绪，给人丰富的想象空间。

2. 语音变异

网名在语音方面的变异手法比较少，主要是采用近似音，即网名中采用数字来代替同音的文字或者外文单词，如"8 离 8 弃"原词是"不离不弃"，"我 20"本意是"我爱你"等。还有采用合音方式，即单个汉字表示两个汉字或者多个汉字，如"宣"即"喜欢"，"表问"即"不要问"等。

3. 语义变异

（1）具有确定的心理倾向

网名在语义上的变异体现在语义场的变化，网名用词所属语义场的不同体现了网名语义内涵的倾向性，这种语义层面的变异对网名使用者的心理研究具有重要意义。在调查范围内，根据语义研究的需要，无法确定其内涵的网名不在此考察范围之内，这样能够确定内涵的网名有 278 个。调查从宏观上对网名按照物理世界、心理世界和社会世界进行分类，确定心理倾向性的网名有 197 例，占总体的 70.9%。这样的网名有很多，如"此生非你不可""左手边/想念""俶迼""别傻了""不是只有爱就足够""不如不愿""吃饭饭睡觉觉～""流年岁月丶只望各自安好""下一站幸福""幸福 De 小调""没人心疼，久了就不需要了""梦一样自由""Mr↘節哀"等。这类网名更着重对于心理情趣的表达和释放。对于心理性词汇的使用，是网名传达语义的主要手段。

（2）呈现一定的性别吸引

这里所说的性别吸引指的是网名中所表现出来的性别特征和对于异性的用词考量。网名不仅仅是个人对于内心情感的表达，同时也是宣泄内心异性缘的平台和场所。传统的姓名由于姓氏和字数的限制无法明确地表达自身定位，或者是与国家有关的"爱国"，或者是与山水有关的"嵩清"即"山高水清"，或者是与时代有关的"红卫"等，男性大多与阳刚、学识、品行等有关，女性大多以美丽、智慧、品德有关。而网名突破了此类限制，可以直抒胸臆，如"爷只要你""此生非你不可""姐的温柔你高攀不起""安静男孩"等,这种对于内心情感的宣泄是网名在语义上的突破。

(二)变异的原因

网络环境的虚拟性为网名的出现及各种类型的拓展提供了平台,网络空间中各种文化的相互影响为网名的新颖与创新提供了可能。"变异更能补救语言本身的缺憾,它更有利于济语言表达之穷,因为它往往能表达出运用选择所不能表达的思想感情,并且以其变异的新奇的语言表达方式,取得因变制奇的良好的修辞效果。"[①]网名变异的原因较为复杂,但根据调查结果及网名的发展现状,其主要原因可归结为以下三个方面。

1. 受网络主体的影响

现阶段的网民主体是年轻人,"80后""90后"以其突出的性格特色被大众所记忆。他们以年轻、活跃、勇于接受新鲜事物的态度,被大众定义为"玩得酷靠得住"的一代,因此,网名在一定程度上是他们的性格标签和先锋宣言。

2. 受网民个体的影响

每个人所扮演的社会角色不同,生活经历与心理状态也呈现出不同的特征,因而网名在形式上的多样变化与内涵上的无限延展也就不足为奇。比如,使用者为了表达自己的情绪,或者为了反映自己对于社会现实的心态,突破传统对网名进行加工,来为自己服务,以更好地表达自己的心理情感。

3. 受社会发展的影响

社会的高速发展,使得生活在其中的人们压力越来越大,这就造成了人的思想情感在现实生活中交流不畅,受其影响,一些人不愿与他人进行心灵的情感沟通,只得借助网络这个现代媒介工具,在虚拟世界去实现内心真实的情感发泄,于是网名便首当其冲。网名在很大程度上成为体现网民内心思想的一种语言符号。

二、网络折射的社会文化心理

网名在一定程度上体现着网民明确的心理倾向,是文化观念和价值取向的集中映射。语言和社会之间存在着互动关系,社会是动态发展的,人们处在不同的社会背景中,社会的各种因素和个人的不同特征也会对语言产生影响。网名是传统姓名在网络世界的延伸,它既是一种语言现象,又是一种社会文化现象,即网名形式背后所反映的道德、信仰、价值观念、社会文化心理等。

语言是模因传播的载体之一,模因有利于语言的发展,而语言本身就是依靠模因得以复制和传播的,无论是代际之间的文化传承还是横向的沟通传播交际,都离不开模因的作用。因此,语言本身就是一种模因。模因如同思维病毒,从一方过渡到另一方,不

---

① 张琦. 标点符号的变异修辞形式[J]. 语文学刊, 2006, (16): 129.

断传染、入侵，即使变化着形态，但始终保持其固有的模式。虽然我们不知道模因到底是怎样的一个存在，但是当某种流行现象出现时，我们会下意识地去模仿去传播，即使每个人的方式不一样，但这种从众心理很大程度上为模因现象的产生提供了土壤。这正如Lynch认为的"如果说两个人想法一致，这种一致性并不是面面俱到的、具体的一致，而是说这两种想法具有某种相似的实质。这个实质就是想法的复制"[①]。

何自然在《语言中的模因》一文中，根据语言模因复制和传播的方式将其分为"内容相同形式各异"的基因型和"形式相同内容各异"的表现型两种方式，根据对所收集到的网名的综合分析可得，网名所反映出的社会文化心理在模因类型的体认上，也大致可以分为以下两类。

（一）基因型模因网名

网名在产生和使用的过程中，存在通过不同命名形式表达某种共同或相似社会文化心理的类型，即基因型模因。基因型模因指以传递信息内容为主的模因，表达同一信息的模因在复制和传播过程中的表现形式可能一样，也可能不一样，但内容基本统一。网名的基因型模因主要表现为以下三类。

1. 热爱自然渴望回归的追求

当今社会日趋现代化、城市化，天然去雕饰的自然风光已不复存在，在喧嚣繁华的社会中，人们扮演着各种各样的角色，难免厌倦或烦躁，一成不变的生活方式正在一点点扼杀人的天性与自由，这种繁重枷锁甚至让人喘不过气来。而越来越小的自然空间更是成为人们内心最珍贵的归属。尤其是都市的喧嚣与浮华，使得人们更加渴望摆脱约束，寻找归宿，寻一方净土。很多人都希望能够返璞归真、拥抱自然。这种"对自然的热爱、对自然的向往"的基因模因在网名的命名中也得到了充分感染和体现，有不少网民在设置自己的网名时，都或多或少地反映了对于回归自然、崇尚质朴的内心情愫，如"河畔一朵花""散步的鱼""太阳雨""若雪""晓野"等，或通过自然风光，或通过自己喜欢的动植物的名称，或通过某些自然现象，运用这些不同的命名形式创造自己的网名，以此来表达现代都市人对质朴、平实、自然、纯真的向往与追求这一共同的文化心理。

2. 标新立异游戏人生的价值观念

中国人深受儒家伦理道德观念的影响。儒家讲究"中庸之道"，人们习惯用"中庸"的态度对待自身的处世价值。这种儒家文化在传统人名中多有反映，如韩愈，字退之，"愈"为太过，必须"退之"，以求中庸和谐。而网名中所反映的价值取向则大相径庭，我们很难在网名中看到谦和礼让君子之风，更多的是张扬个性和标新立异。或者用自我标榜的方式体现个人价值，如"低调 de 华丽""无懈可击""陌上人如玉，公子世无双""梦一样自由""世界因我而不同"；或者用自我介绍的方式突出自身特点，如"侠客书生""嘻哈宝贝""书生小宋"；或者用非常规的语言形式和语义搭配显示与众不

---

① 何自然，何雪林. 模因论与社会语用[J]. 现代外语，2003，(2)：201.

同，如"Joan-左岸右轉""会飞的鱼""吃花的兔子""ツ+__Tian"。

强调人的个性，立足于个体，以个体为轴心来构建价值观体系，这是当代中国人，特别是青年价值观现代化的重要特点。不过，追求展示自己的个性，应以尊重他人的个性为前提，以尊重公共道德为前提，以尊重社会秩序为前提。但有的青年人缺乏起码的公德意识，自身标榜一些离经叛道或反叛世俗的非主流文化，在网上，像"装孙子""你爷爷"之类的网名时而可见，尽管表现形式各异，然而传达的亚健康的文化心理的确存在很大的相似性。这种现象反映了当代青年现代价值观的戏谑心理。有些是纯粹个人品行的写照，而有些是刻意通过这样的网名以此寻求刺激或得到某种关注。尤其是有些大学生，依仗良好的条件，游戏人生，混沌生活。还有些玩世不恭，非要寻求极端的不正常的道路，反叛周遭，如"有钱我怕谁"，又如"想死趁现在"等。

3. 不健康文化泛滥的流毒

网名是研究语言和文化的新窗口。通过网名可以了解在网络这个巨大的人际交流平台上语言的使用特点，也可以由此折射出聊天者的审美情趣与心态。通过对网名人文心态的分析，可以看出网坛也是喜忧参半。一方面，我国传统文化在网络文化中仍占了很大的份额，是网络的主流，它引导着健康的发展趋势；另一方面，网名也折射出一些不和谐的声音，即网络语言文字混乱和不健康文化泛滥。网络是一堵宣泄墙，它为都市快节奏生活提供了一个宣泄的场所，无论谁在现实中遇到了什么挫折，都可以到网上发泄一通。但是，这种发泄也必须遵循基本的网络道德和规范。

随着上网用户的增加，网络对社会的影响更加深远，长期沉迷网络使人陷入虚幻，不切实际，以致不可自拔或"走火入魔"。另外，网络还给"黄色"文化提供了一个更为隐蔽的温床。调查反馈出来的数据中，有少数网名或直露或隐含着"性"元素的部分，如"爷只要你""姐的温柔你高攀不起""寂寞春闺"等。

（二）表现型模因网名

网名在产生和使用的过程中，也往往存在着利用某些固有的结构或句式，如化用古典诗词、名言警句、歌词、流行用语等，表现出不同的审美情怀和文化心理，这即是表现型模因在网名取用中的体现。表现型模因指以传递形式为主的模因，也就是说语言模因后保持原句的整体结构，只是将有些词进行更换。这种形式的模因变体能够无限套用结构，内容灵活多变。在网名的取用中，也十分多见。而基于表现型模因所产生的网名，其对社会文化心理的反映则主要如下。

1. 古典文化传统的存续

汉语拥有悠久的历史，几千年的文化留下了大量的名言警句、诗词歌赋、谚语俗语，起网名这个事件本身，就隐藏着某种一脉相承的人文心态。无论是古代文人雅士对自己书斋名、字号命名的风雅，还是现代作家对于自己笔名的考量，无不蕴含着作家本身的某种心态和情愫。当今网民对自身网名的重视程度，不亚于历代文人对自己字号及斋号的重视。网名同字号、笔名一样，都是用户费尽心思为自己取的一种寄托遥深的意象，蕴含着某种理想、志向或追求,这与中国的文化传统有极大关系。时下审美的复古倾向愈演愈烈,从热播的古装电视剧《宫》《步步惊心》到风靡一时的《后宫甄嬛传》,用语典雅、句句生香,直接导致不少新鲜网名的出炉,"甄嬛传"这个模因,衍生出了像"甄凉凉""宛宛类卿""淳小主"等的网络用户名,这诚然是一种文化复制和模因的大众传播。在调查中,有不少网民常常借用古典诗词等文学因素,以使自己的网名具有高雅的古典韵味。中华文化的博大精深为网名的衍生提供了深厚土壤,如"陌上人如玉,公子世无双""侠客书生""墨茉锦年""拌城煙沙"ㄟ_染指流年"等,这些名字蕴含着高雅古朴的情趣,或体现了人们崇尚古典、追求雅趣的文化心理,或体现了人们文化复古的审美追求,或表达了自身脱于流俗、追崇国学的文化情结。

2. 追赶潮流时尚崇拜的趋势

调查的人群大部分来自青年群体,他们大多喜欢追赶潮流、崇拜偶像。很多流行元素是他们网名中最闪亮的"代言",他们借用明星人名、影视作品或音乐等来作为自己的网名,然而同样都是对流行元素的植入,有的只是为了追赶潮流而借此为自己贴上"时尚"的标签,如应运而生的"芙蓉姐夫""奶茶妹妹"等;有的是为了满足自身的猎奇心理和对新鲜事物的热衷,如"穿越时空的爱""御丁厢韩国代购";有的则是以此来表达他们对当下流行文化某些方面的喜好和推崇,如"下一站*幸福"(出自台湾偶像剧)、"桔年"(出自畅销小说的主人公)、"哆啦A梦"(出自日本经典动画)等。

网名作为网络社会特有的衍生物,是指称网民个人的标志符号,是网民在网络空间里体验现实生活的另类感受,是在现实生活中所无法达到的一种精神诉求。网名大多出于表达需要,或为避俗、避熟、避免重复;或求生动形象,创造更新、更深意境;或求言简意赅,表达复杂内容;或求匀称、对偶,适应声律要求。网名还可以借用一定的修辞手段,通过巧妙恰当地运用,往往能够产生诙谐戏谑、新颖别致的效果。网名由于与网民个人的生平活动、思想性格等特征关系密切,比姓名具有更为丰富的内涵。特别是一些性格典型、特征鲜明的网名,一经使用,往往很快产生共同的语用背景和前提,引发与之有关的联想,不仅生动形象,而且表意于言外,从而以最精练的语言表达相当复杂的思想感情。

拓 展 阅 读

1. 毛延生. 变异与认同:网名的社会语用研究[J]. 语言文字应用, 2010, (04): 32-40.
2. 武小军. 网名成因的社会语言学阐释[J]. 求索, 2006, (11): 191-193.
3. 于全有, 裴景瑞. 一种新型的网络语言——"火星文"论析[J]. 沈阳师范大学学报, 2008, (06): 148-152.
4. 张莉. 网名的语言调查及文化分析[J]. 河南大学学报, 2004, (03): 130-132.

 思考与练习

1. 网名的语言特征有哪些?
2. 网名变异的原因有哪些?
3. 网名的基因型模因主要表现为哪几种类型?
4. 你的网名属于什么类型?具有什么样的特征?
5. 网名与姓名有何不同?
6. 请你至少调查二十位同学的网名,看看他们的网名都属于什么类型?咨询他们起这个网名的原因。

第七章　网络与网络言语社区

学习要求：了解网络语言的生成语境、媒介融合背景下的语言融合类型、网络媒介用户的群聚效应，理解并掌握网络言语社区的论证方法。

网络的产生与发展造就了网络语言的出现与演变，从早期单纯用于网络交际的特殊词汇逐渐发展为近期反映社会民众心理诉求与文化观念和社会热点事件的语词组合形式，反映网络语言越来越贴近网民的现实生活。在近二十年来网络语言的发展历程中，从其日趋多样化的表达形式、与社会价值观念和热点事件紧密联系的语义内容中，可以看出网民的语言态度具有趋同性，语言使用规范具有一致性，而网络语言与现实语言仍具有较大的区别，其使用也受到一定限制，这种现象说明网络言语社区具备了一定基础。

第一节　网络媒体背景

网络语言作为信息时代的产物，其发展变化乃至变异使用都有着鲜明的时代背景，影响语言变异的因素也是复杂和动态的。网络语言变异现象具有相对复杂的外部影响环境，相比于现实语言，网络语言呈现出来的变异特点与其所处的物质和文化环境、语言使用者的社会心理特征，都有着极其密切的联系，受多层面因素的影响，与此同时，在新媒体时代媒体融合的速度加快，网络媒体在语言文字的产生使用、复制传播及更迭变异上呈现出特点鲜明的影响因素，因而网络语言的变异使用与传播媒介的特点也密不可分。

纵观人类的发展史，我们可以发现，信息传播技术的每一次发展，都会深刻影响人类使用语言进行交流的方式和特点。从古人使用兽皮龟壳记录文字到造纸术印刷术的发明，从无线电广播技术到有线无线电话通信技术的发展，从报刊电视的出现到新媒体时代计算机网络的普及，每一次传媒技术的更迭发展都带动了人类语言、文字的巨大改革。尤其在如今媒介融合的大背景下，各种媒介呈现出多功能一体化的趋势，网络媒体作为第四媒体的优势更加凸显，在网络媒体这一"弱控制"媒体下，部分信息传播的权力传到了网络用户的手中，传统媒体下的议程设置发生巨大变化，语言的使用和规范的限制也受到冲击，网络用户由于年龄、职业、兴趣爱好、社会地位等差异出现群聚效应，新的网络言语社区出现，不同网络群体之间由于交流的相对隔阂又呈现出不同的网络语言使用和变异情况及态势。

一、媒介融合背景下的语言融合

喻国明（2009）在《传媒经济学》中认为，媒介融合是指报刊、广播电视、互联网所依赖的技术越来越趋同，随着媒介技术的发展，媒介组织进一步走向联合，"媒介融合"已经成为一个无处不在、十分具有影响力的现象。在媒介融合的大背景下，各种媒介环境下各具特点的语言也在发生着融合，并表现为以下三个方面。

（一）语言传播形式的互通融合

随着通信和网络技术的飞速发展，以及这些技术在广电、通信领域的全方位渗透与应用，传统媒介的界限渐渐模糊，新媒体形式层出不穷，同样一条新闻短消息，会通过诸如广播电视、报刊、手机短信或客户端推送，门户网站或官方平台微博等也通过不同的方式和平台发布给受众，同样地，人们可以通过网络获取报刊内容、收听广播、观看电视，通过互动电视进行网络内容浏览，各种传播形式的互通融合将不同媒介对于语言的使用相融合，网络语言在传统媒体上的使用在技术上成为可能。

随着媒体的相互融合，产生于网络或在网络中产生变异的语言现象通过各种传媒形式得到传播和使用，而新媒体的强势传播，使语言文字进入到了一个交流互动的全民传播时代。例如，"给力"一词一般表示有帮助、有作用、给面子的含义。最初在网络上被网民创新使用，其来源是北方某些地区的方言（也有说法指出该词来源于闽南方言），最早被人熟知是在网民翻译配音的日本搞笑动画短剧《西游记：旅程的终点》里的使用，随后在《解放日报》《中国青年报》《京华时报》等国内报刊对于南非世界杯的报道中开始使用"给力"一词，2010年10月11日《人民日报》的头版头条标题"江苏给力'文化强省'"中也出现"给力"一词，同年中央电视台春节联欢晚会的语言类节目中也多次出现该词，从而在网络上再次掀起一股"给力热"，该词亦被收录于《现代汉语词典（第6版）》中，紧接着又被网民二度创造出了英语 gelivable 和法语 très guélile，并出现在美国《纽约时报》的报道中。正是各种媒介语言传播形式的互通融合，给诸如"给力"的网络新词和新用法注入了生命力，也为汉语网络语的变异提供了源源不断的媒介动力。

（二）语言变异元素的互通融合

语言传播形式的互通融合为语言变异元素的互通融合提供了条件，随着社会经济文化的发展，为了更加充分地与大众互动，增强与受众的亲和力，广播电视媒体也大量运用网络语言，出现了因迎合受众而产生的变化。广播电视媒体对汉语的使用被视为广大民众语言使用的典范，具有示范性和推广性，因而语言传播形式的互通融合从一定程度上对网络语言的使用及变异使用起到了推广的作用，而这种作用也加速了不同媒介下语言变异元素的互通融合。

与此同时，具有合作关系的媒介之间也会相互推广自己的内容，不加改动地刊播、转载不同媒介和平台上的内容，进而使信息互通融合，使得新创造的词语及汉语的变异使用方式大量涌现并得到快速的传播。"土豪""给力""卖萌""正能量""女汉子"等新词语新用法不断出现在各种媒体平台之上，有的语言现象源自社会主流价值和传统媒体（如"中国梦""舌尖上的××""美职篮"等），有些则来自娱乐流行文化和网络空间（如"××style""吐槽""蛮拼的""小鲜肉"等），这些"电视语言""报纸语言""口头语言"和"网络语言"中的新词语在多媒体环境中进行交互、融合式的传播，使得人们逐渐淡忘和忽略了它们的源头出处，并借助新媒体和传统媒体相互互联共融的趋势，不断扩大这些语言现象的影响力和辐射力。

（三）语言使用风格的互通融合

为了满足消费者的需求，继续扩大影响力，传统传媒产业正以日益丰富的娱乐元素和更加明显的娱乐精神、俏皮夸张的语言风格融入传播内容当中。这首先表现在传统传媒大量借用网络传媒中流行的网络语言，"给力""吐槽""神马都是浮云""刷存在感"等网络流行语不断出现在报刊电视等传统媒体当中，与此同时，"咆哮体""淘宝体""甄嬛体"等反映网络流行文化和语言使用风格的热门句式也经常被传统媒体拿来使用，在媒介融合的大背景下，不同媒体形式间语言使用风格的互通融合趋势显著。

此外，语言使用风格的互融也使网络语言的风格特点更多地辐射到日常交际的过程之中，并在一定程度上改变人们交流的语言风格。近十年来，几乎每年春晚的语言类节目都会有大量当年热门的网络流行语。这些流行语风格各异，或调侃挖苦或聪颖睿智，这也表现了主流社会对于网络语言风格的接纳和共融；各类报刊大量使用网络词汇，如《新京报》2015年12月4日以"又双叒叕！京津冀明起雾霾再现"为题，尽显调侃讽刺之风格，令人忍俊不禁；与此同时，网络语言风格也对电视、广播节目主持人的语言风格产生了影响。媒介融合背景下的语言使用风格的互通融合使网络语言变异现象进一步扩大其影响力，也使网络流行文化及网络语言风格深入人心，人们通过不同媒体或多或少受到网络语言及网络文化的影响，网络语言各种新变新用逐渐做到了"飞入寻常百姓家"——走进人民的日常交往之中。

二、网络语言变异的议程设置

议程设置（agenda setting）理论是现代传播学的经典理论。议程设置作为一种理论假说，最早由美国传播学家麦库姆斯和肖于1972年提出。该理论指出大众传媒具有一种为公众设置"议事日程"的功能，通过赋予各种议题不同程度的显著性，以客观报道的表象，影响人们对社会事件的关注程度，换言之，传播媒介给予的强调越多，公众对该问题的重视程度越高。同时，对语言的使用及其风格特点的形成，也是一种"议题"，因此网络语言及其变异特点的流行可以看作新媒体时代下议程设置的结果。在网络媒体兴盛的新媒体时代，网络具有强大的议程设置功能，而在近年来网络的议程设置功能的特点也正悄然发生着变化，主要表现在以下三个方面。

(一) 信息传播主体的转变

在网络媒体尚未普及的时候,传统媒体作为我们获取信息的一个主要来源,对于信息内容、形式及使用语言的规划性具有很高的规范性和约束性,电视台、报社记者编辑等大众传播媒介内部的工作人员作为此时信息传播的"把关人"①,传播内容被其加以筛选和过滤,方能同公众见面。在这种传播形势下,语言的使用往往具有导向性和规范化的特征,然而同时又带有缺乏语言的创新、缺少公众的参与等先天劣势;进入网络时代,每个网络个体逐渐成为一个个独立的"自媒体",网民通过博客、微博、微信、贴吧等手段发表和传播消息、表现个性,"主流媒体"的地位逐渐变弱,网民不再通过某一个媒体来源单独对信息进行获取和判断,而是充分参与到网络媒体多传播主体下的信息沟通中去。

信息传播主体的转变使网民这一群体的声音获得了传播,语言创造力也得到了激发,从一对一的传播到一对多的传播,网民信息传播主体的确立为网络语言发展提供了可能性和动力,也使网络语言的变异发展现象在一个相对自由而充满活力的环境下产生和传播,而传播主体的转变也直接带来了权威性议程设置的衰落和大众性议程设置的兴盛。

(二) 权威性议程设置的衰落

在网络媒体尚未兴起发展的时候,传统大众媒介的一个重要功能就是议程设置,传统主流媒体通过主导新闻报道内容议题设置的筛选,从而对大众舆论进行引导。而这种权威性的议程设置在网络媒体迅猛发展的大背景下逐渐衰落,其原因在于传统媒体逐渐不再是大众获取信息的唯一渠道甚至主要渠道,加之网络文化影响下网民追求言论自由、思想自由,对传统媒介议程设置的权威性造成了极大的挑战。从传统新闻媒体中产生的网络热词就是权威性议程设置衰落的一个表现。

从传统新闻媒体中产生的网络热词是指,网民在网络上截取电视报刊等传统媒体的新闻报道中的某些元素要点,对传统媒体议程设置功能下传播的新闻事件及其背后的主流价值加以调侃和讽刺,这些新闻事件里的语言元素原本只是辅助性的非关键词,却在网络上被不断放大,被挖掘出新趣味性和话题性。例如,2012年中秋、国庆双节前期,中央电视台推出了《走基层百姓心声》特别调查节目"幸福是什么",节目通过呈现人们的生活状态和幸福感,旨在引发当代中国人对幸福的深入思考。节目中记者在街头采访一名民工,当被询问"你幸福吗"这个问题时他回答道"我不姓福,我姓曾"。随即这个回答在网上被流行开来,被网民奉为"神回答",同样地,来自传统主流媒体等权威主体实施议程设置功能的语言元素,在网络世界中被截取放大并进行各类语言变异修辞的例子还有很多,如出自《新闻联播》报道中一名普通中学生之口的"很黄很暴力",以及出自主流媒体的"和谐"(在网络使用中产生语义上的变异)、"肥

---

① "把关人"(gatekeeper),最早是由美国社会心理学家、传播学四大奠基人之一库尔特·卢因于1947年提出的。卢因认为,在研究群体传播时,信息的流动是在一些含有"门区"的渠道里进行的,在这些渠道中,存在着一些把关人,只有符合群体规范或把关人价值标准的信息才能进入传播渠道。

胖式瘦身""污染式环保"(由"休假式治疗""维修性拆除"等模仿构造)、"打酱油""俯卧撑"等。

从以上的例子可以看出,在网络媒体环境下,权威性议程设置(既包括传统的媒体,又包括拥有社会公权力的机构)的功能正在不断地被冲击和削弱,传统媒体的语言权威也受到冲击,与此同时,伴随着权威性议程设置的衰落,大众性议程设置逐渐兴盛起来。

(三)大众性议程设置的兴盛

在网络媒体中,网民主导并参与信息的发布与传播,这一特点使传统媒体议程设置的垄断性被不断削弱和瓦解。传统的新闻媒体将传播者与接受者作为分开的主体,它们之间是"自上而下""点对面"的传播方式。而新媒体时代的传播方式打破了这种不对等的局面,网络交际中不再有传播者和接受者的界限,每个人既可以是传播者也可以是信息的传播源。大众传播和自媒体的时代下,"权威性议程设置"逐渐向"大众性议程设置"转变,大众性议程设置兴盛起来,并对网络语言的变异发展起到了积极的推动作用,主要表现在两个方面。

一方面是大众性议程设置的来源更加广泛。网络媒体的传播主体是参与网络信息传播的每一位网络用户,其中能够起到议程设置功能,为大众提供和引导舆论话题的主体来源就非常广泛,而这些主体又具有数量庞大的受众和巨大的传播力、影响力。例如,新浪微博 2015 年 12 月公布的《2015 微博用户发展报告》中指出,截止到 2015 年 9 月 30 日,微博月活跃用户数已经达到 2.12 亿人,其中具有一定影响力的认证用户和达人用户就分别占到 1%和 3%,粉丝数前十位的用户粉丝数均超过六千万,网络红人、知名博主、文体界名人等自媒体数量庞大,且每个网络信息来源都具有极为强大的辐射力,一些网络语言变异现象借助这种强大的传播力实现了极为快速的传播和普及。

另一方面是大众性议程设置的方式更加多样,语言使用更加自由。在网络传媒中,能够实现议程设置功能,吸引受众关注和讨论的方式多种多样。在网络论坛中,网民往往对热门置顶的帖子、根据点赞数被标注或置顶的优秀回复等产生更多的关注和讨论;在微博中,根据参与度选出的热门主题、热门微博往往成为用户浏览、评论和转发的焦点;同时,由于网络空间对于语言使用的自由度很高,色彩丰富、形式多样的语言变异使用现象就在各种大众性议程设置方式中得以迅速扩散和普及起来。

三、网络媒介用户的群聚效应

随着网络技术的进步和网络用户数量的快速增长,在网络交际环境中逐渐出现了不同的网络群体,这些网络用户根据其年龄性别、兴趣爱好、职业身份等区别特征自觉或不自觉地聚集在某个特定的网络交际"社区"里,并逐渐形成具有鲜明群体特色的语言使用习惯,组成各种网络"言语社区"(speech community),进而产生特有的网络语言变异发展使用现象,这种网络媒介对于网络群体的群聚效应,加速产生并逐渐分化了网络语言的变异现象,其具体影响有以下三方面的表现。

(一)群聚效应带来各种言语社区的形成

在我国互联网迅猛发展的背景下,传媒的大众的全民时代正过渡为小众的个性时代,各类具有鲜明特色和不同定位的网络交际社区不断产生,迅速集聚了大量目标网络人群,这些网络社区以网民的兴趣爱好、人群特点(年龄、性别、职业等)、地理区域等为划分依据(表 7-1),形成种类多样的网络社区、论坛等交流平台。在这种群聚效应下各种言语社区也逐渐形成。

表 7-1　中文网络社区的划分类型

划分类型	网络社区实例
兴趣爱好型	威锋网(苹果迷社区)、SOSG 动漫网(动漫迷社区)、游民星空(游戏迷社区)、虎扑网(体育迷社区)等
人群特点型	人人网(大学生人群)、老年人之家网(老年人群)、8181 论坛(军人群体)、站酷(设计师群体)等
地理区域型	彭城社区、大杭州、新金华、沈阳论坛、津巴布韦华人网等
专业主题型	站长论坛(IT 技术)、太傻网(留学交流)、闪客帝国(flash 制作)等

言语社区理论属于社会语言学的范畴,它是指"构成一个社团的一群人,他们具有相同的语言或具有同一语言中某一特定的变体"。杨晓黎(2006)[①]提出确定言语社区的三元素为"大体圈定的区域、相对稳定的人群、由区域群体成员共同认可并使用的语言变体"。在网络言语社区中往往拥有相对固定的参与人群,他们在特定的站点和网站板块内围绕共同的话题进行交流,由于这些网络空间的言语社区具有鲜明的特色,网络谈论的话题也具有很强的针对性。长此以往,这些网络社区中网民交流使用的语言就形成固定的习惯和风格,并且会围绕社区交流的主题衍生出众多语言变异现象,有相当一部分热门的网络语言就是先在某个言语社区中产生兴起进而推广到更大的网络交际环境之中的。

(二)群聚效应带来网络语言的加速产生和变异

一个网络社区论坛的生命力源自网络用户的参与度和活跃度,网民集中活跃的网络空间和网民广泛参与讨论的网络话题往往更容易出现新的网络语言变异现象。而网络用户群体集聚和网络言语社区发展对于网络语言变异发展现象的具体影响体现在两个方面,即交际话题的参与和交际类型的特点。

一方面,交际话题的广泛参与对于网络语言的不断产生和更新具有重要意义,在各个网络言语社区下,由社区主题决定的网络交际话题被集中参与讨论,各个话题内容的特点被深入发掘,一些新的词汇被发掘和创造出来(如"囧""脑洞""颜值"等),一些词语发生语音、语法乃至语义上的变异使用(如"驴友""杯具""土豪"等)。与此同时,网络集群行为对于不同网络话题的讨论也加快了网络语言变异现象的发生。交际话题来自网络的原发话题或由传统媒体报道,经网络放大后成为话题,当争议性话

---

① 杨晓黎. 关于"言语社区"构成基本要素的思考[J]. 学术界, 2006, (05): 82.

题在网络上出现后，网络群体迅速集聚，使话题通过发帖、跟帖、回帖和点击等方式迅速传播扩散，在话题讨论的过程中产生相应的包括网络流行语在内的网络语言现象。网络语言"俯卧撑""范跑跑""你们城里人真会玩""为国护盘"等，都是在对于社会、网络热点事件和话题的集中交流讨论中产生的。

另一方面，群聚效应下不同网络交际类型特点也深刻影响着网络语言变异现象的产生。例如，微博语言、论坛语言和即时通信语言就代表三种不同的网络交际模式，具有各自鲜明的传媒特点，微博是互动性极高的网络平台，网络发布文字图片等内容，并通过评论、引用、转发等方式参与交互，同时微博语言也受到字数要求的限制（140字），因而其网络语言往往具有交互性强、短小简洁等特点；论坛交互则是通过发帖、回帖、顶帖等方式参与的，因此论坛语言注重话题和语言使用的吸引力和形象性（如使用"××体"或"颜文字"等参与交流），同时论坛界面"楼层式"的特点也为网络语言的创新使用提供了灵感来源；即时通信语言则注重信息传播交流的效率，因而其具有口语化、字符化等特点。群聚效应加速了新网络语言的产生，网络语言在不同网络交际类型的群聚效应下也呈现出不尽相同的语言使用风格特点和变异发展方式的多样性。

（三）群聚效应带来网络语言特点的差异和交流的障碍

在网络媒体群聚效应的影响下，伴随着网络言语社区的形成，作为网络环境中使用的语言，网络语言在群聚效应的影响下出现分化现象，这种分化现象带来不同群聚体之间网络语言特点的差异，因而出现了在网络社区中迥然不同的语言使用风格，如"淘宝体""咆哮体""甄嬛体"等网络语言形式都在不同的网络语言使用环境下兴起和传播起来，并在某些网络群体中频繁出现和变异使用，形成了一股网络流行语和网络流行体的热潮；又如古典淡雅的复古网络语言，极度追求效率的数字、字符网络语言，离经叛道推崇时尚的"火星文"，等等，不同风格的网络语言在相应的网民集聚的网络社区出现，代表着不同年龄段、不同知识文化背景和不同趣味取向的网络用户人群。

网络语言变异风格特点差异化的影响在群聚效应下不断扩大，在形成类型多样、风格迥异的网络语言现象的同时，在一定程度上也造成了不同网络言语社区之间交流的障碍，在网络群体进一步群聚的趋势下，网络空间形成某种程度的"信息孤岛"，形成语言环境的隔阂，从而使不同网络言语社区相互之间无法实现完全通畅高效的交流，如一些网络新词新义在传播伊始使人们无法准确理解其内涵和作用。比如，"喜大普奔""人干事"等词语，如果不了解该词语的产生背景和渊源，单从字面上理解则无法准确获取该词所表达的信息，出现一些让网民一头雾水、不知所云的景象。此外，一些旧词的新用也会造成理解和交流上的障碍，如从虎扑篮球社区中产生的对相关篮球术语的变异代称，"打铁"用来表示投篮不中，"挖坟"或"掘墓"用来表示回复旧帖。此外该言语社区中还常借用现有词汇改变篮球运动员姓名的代称，如运用"李纹"表示球员利文斯顿、"泡椒"表示球员保罗乔治等，随着这些用法的频繁使用和推广，就使非该论坛用户一开始找不到要领，无法获取这些词汇和用法的新内涵，由此也带来了网络交际的不便，造成了网络交流障碍。

第二节 网络语境

语境在语言学中有重要地位,是语言学所有学科的共同术语、共同的研究内容。马林诺夫斯基说过:"话语和环境相互紧密地联系在一起,语言环境对于理解语言以及它的产生变化来说是必不可少的。"(Malinowski, 1923)语境,是语言赖以生存、运用和发展的环境,其中非语言因素语境(即言外语境)包括交际双方境况、社会文化环境及时空环境等多个方面[①]。

现实交际的种类是复杂的,交际时要考虑语句上下的通顺,考虑自己和其他交际者的身份、角色、相互关系、性格、爱好等多方面的因素。不同民族、不同信仰的人相互交流时还要考虑文化背景、心理差异。所有这些产生制约作用的因素的集合,我们称为语境。现实交际对语境有较强的依赖,或者说语境对现实交际有较强的制约作用。由于语境因素的影响,网络语言表现出与现实语言不同的特点。

一、网络交际语境的特殊性

网络特殊的环境决定了现实生活中日常交际所具备的情景语境因素在网上不是一定具有的,或者不是交际双方共通的。这有以下几方面的原因。

(一)网上交际的时间、地点不必统一

网上交流可近可远、可断可连,世界不同地区的人可以在同一个聊天室里交谈,也可以就一个问题在不同的时间在网络论坛上"灌水"(发表意见)或查看别人的见解。网络甚至可以提供私密空间,让你和好友进行"潜水",仿佛促膝交谈。网络上的信息交流不需要统一的时间,也不需要统一的地点。只要上网,人人都可以随时随地接收来自全世界的信息,也可以向全球范围内的各个角落发出个人信息。

(二)网上交际随意性较大

网民一开始上网一般是四处浏览,做超时空旅游,慢慢地会找到几处自己喜欢的地方,聚到一起便形成了风格不同的网上社区。但这种网上社区的人员构成不是固定的,而是随着网民个人喜好的改变而经常发生变动的。另外,网上交际编码的随意性导致网络语言的不稳定性,致使省略与隐含在网络语言中经常出现。

(三)网上交际参与者之间的关系是平等的

网络是一种极具开放性、平等性和民主性的媒介形态,网上身份的隐匿和形象的模糊使每个网民都能保持一种平等的心态对话,不再受现实中很多因素的约束,都能自由

---

① 王均松. 略论语境的特征[J]. 四川师范大学学报. 1993,(03): 67.

大胆地倾诉心中的想法，语言从现实生活中的重重顾虑和情感枷锁中解放出来，流露出更加符合人性本能的潜意识。

（四）网上交际参与者之间的相互知识是模糊的，甚至是缺乏的

现在网民可以很容易地交流思想感情，但大多数情况下看不到对方的形象、听不到对方的声音，开始交际时对于对方的性别、年龄、身份、交际目的等一无所知，所知道的只是对方的网名和在网上所扮演的身份，这使很多网民在网络中改变自己的身份、年龄，甚至是性别，在这里网民的语言成了展示自己的唯一标志，其他任何非语言交际手段在网上都无法使用。

（五）网上交际允许参与者以虚拟身份参与言语行为

身份认同是任何言语行为得以实施的基础，而网上交际则要求参与者可以选择与真实情况无关的任意身份。对网民来说，网上身份就是不断地以起网名的方式重新塑造一个新形象。为了达到在网络中重新塑造自我的目的，网民必须充分发挥想象力，把新的自我形象塑造得更加真实可信。而网络中也约定俗成地认可这种与网民真实身份保持一定距离的虚拟身份。这种情况客观上造成了网民行为与责任的分离。

二、网络语境的特点

网络语言与日常用语是有很大区别的，这是由其特殊的语境所决定的。相对于现实交际而言，网络交际中交谈者身份的隐匿是一个最意味深长的现象，这一现象赋予网络语言的语境如下几个特点。

（一）虚拟性

语言是人类最重要的交际工具，但语言的交际功能只有在适合的语境中才能实现。学界一般认为语境可以分为上下文语境、情景语境与民族文化语境。网络语境的虚拟性主要表现在情景语境方面。现实生活中，情景语境基本是具体的、真实的，而网络交际则不同，它所涉及的情景语境是不确定的和虚拟的。现实中的言语交际转瞬即逝，有了文字后语意能够长期保存，有了磁盘、光盘后语意、声音、画面都可以长期保存。电话、广播、电视使声音和画面跨越了千山万水。但所有这些都还不能做到随意交流，而网络使信息交换变得更加如意。信息在网上的流通已经不再受到时间和空间的限制，世界上任何地方发生的任何事情，任何国家的任何网民的观点，只要上了网，就可以在瞬间传遍全球；网民也可以在任意时间、空间（必须联网）查阅信息、参与论坛讨论。在网络空间里，不仅交际活动的时间、地点是虚拟的、不确定的，情景语境的其他方面也都是虚拟的、不确定的，如交际者的身份、职业、思想、教养和心态等。

（二）潜在性

潜在语境在现实交际中就是一些比较模糊的东西，它是交谈者个人潜在的一些因素，即它是隐形的，如交际双方的认识水平、个人经历、语言习惯、文化水平、社会背景、心理背景、合作程度等都是潜在语境的重要因素。现实交际中的潜在语境虽然很模糊，但通常情况下，交际双方是面对面的，很多隐形的因素总会通过双方的气质、神态、举止等反映出来，即使是电话交流，也可以通过声音、交际目的等有所把握。因此，现实交际的语境虽具有潜在性，但还是比较容易把握和利用的。而在网络交际中由于交谈者的隐匿，人无法由直观判断对方的经历、社会背景、心理背景等情况。所以，网络交际要求交际者对通过谈话传递出来的信息不断进行筛选、分析、综合、判断，并加以利用。

（三）创造性

网络交际交际者的隐匿性，可能给交谈双方带来很大的自由度，交际者的身份、年龄、职业等一切有碍交际的因素都不存在了，没有了这些束缚，于是很容易形成一种轻松愉快的气氛。但也正由此可能造成双方交际新的障碍，或者话不投机，或者擦肩而过……因此，交流双方会调动各种手段来创造交际语境。也许有人会认为虚拟语境也带有创造的性质，但虚拟语境主要侧重于交际双方所处的时间、地点和场合上，它是相对现实交际中这些因素的真实性、具体性而言，而创造性主要是指交际过程中利用一些手段营造一种气氛使交际得以愉快顺利地进行，如可以为自己起个幽默的网名、多创造一些独特的表情符号、多使用诙谐幽默的语言等。

（四）扮演性

网络空间事实上是一个符号编码空间，人在其中的生存和一切活动都是以符号（即网络语言）形式进行的。在这一空间里，不同语言符号的意义由差异来决定。这就使人在网上的生存本身就具有一种扮演的性质。要在网络中证实自己的存在，就必须以语言符号建立起自己独特的区别于其他一切存在的形象。符号是有限的，因而也是相互重复的，同时其排列是线性有序的。在网上的扮演活动也就是用这些具有自身特性的语言符号进行自我塑造，并对自我形象不断加以丰富的过程。网络中，对任何人的认识和了解，只有通过其在网上的活动，归根到底就是通过语言符号。网络语境的扮演性质使人在这一符号空间中的选择和行动可以比在现实中走得更远、更复杂，也更为自由。在现实生活中无法选择的性别、年龄、种族、社会地位等，在网络中都可以任意地回避或是改变；相应地，在现实中囿于距离、经济、道德、习俗的种种约束而无法获取的生存体验，也可以在网上得以实现。实际上，网民在为自己选择一个网名的时候，就已经为自己选择了一种网上的生活态度。

三、网络语境的种类

王希杰在《修辞学通论》中指出:"从交际活动中的'四个世界'的理论出发,可以区分四种语境:语言语境、物理语境、文化语境、心理语境。""语言语境由物理语言环境、文化语言环境、心理语言环境所组成。"[①]我们知道,语言现象都发生在一定的语境之中,网络语言现象也不例外。

(一)变异的物理语境

1994年4月中国正式加入国际互联网,从此中国的互联网用户开始面对电脑屏幕,通过键盘敲击文字进行交流。近十年以来,随着移动通信科技的飞速发展,人们开始利用手机上网进行交流;网络开始进入中国时,人们一般通过拨号上网,信号传输率较低,网民进行交流的平台和方式极为有限,早期只有电子邮件、BBS网站等有限的交流方式和社交平台,而在2005年以来,QQ、微信、天涯社区、百度贴吧、新浪微博等社交媒体层出不穷且集聚力惊人,网民可以选择各种方式参与网络社交,2005年自动生成社区的论坛系统Discuz!对个人完全免费,创建个人论坛也成了一件不太复杂的事情。计算机汉字的高效率输入法在早期并不普遍,其中以输入速度见长的五笔输入法也需要依靠大量的字根记忆,而自2005年以来,基于用户操作习惯和快捷联想功能的拼音输入法(搜狗输入法、QQ输入法等)日渐成熟和强大,汉字的输入效率有了极大的提升。

从以上事实中可以看到,互联网的日益发展带来了网络语言物理语境的巨大变化,也提高了网民在网络空间的"话语权"和"自主性",网络为网络语言的形成提供了物质载体,而网络语言变异发展现象也正是在这样的物理语境中不断发生的。

1. 网络语言使用环境的影响因素

网络语言使用环境具有特殊的时空特点。与人们日常的言语交际不同,网络语言的使用一般情况下对话双方相互远离,仅通过电脑或手机屏幕进行信息的交流,交流双方由于不可视,无法在沟通中接收到对方的心情、语气、语调、表情等主观语境因素,在很多情况下对双方语言运用过程中所处的地点场合甚至对方本人的信息等客观语境因素也不知晓,这就是网络语言使用环境所具有的特殊的时空特点,在这种时空特点下,网络语言的变异中出现了"恐龙""霉女""见光死""你素谁""马甲"等由于交流双方的不可见性而形成的网络词汇。

网络语言使用环境具有交流的即时性和延时性特点。由于网络平台的不同,网络语言在使用过程中同时具备即时性和延时性特点。在即时通信应用平台(如QQ、微信、阿里旺旺等)中网民之间你来我往,对话几乎是即时发生的(信息传输带来的时差几乎可以忽略不计),而在一些留言性质的网络社交媒介(如百度贴吧、微博、QQ空间等)中,网络交流又具有延时性,留言者所表达的语言往往具有广播性和评价性,对于回复

---

① 王希杰. 修辞学通论[M]. 南京:南京大学出版社,1996.

也没有时间上的特殊要求，由即时性特点产生的网络语变异现象有即时交流时使用的"1"（在游戏聊天、直播互动等即时交流中用以快速表达"是""可以""赞同""准备好了"等意思）、"V+ing""886""=="等词，由延时性特点产生的网络语变异现象有"挖坟"（回复很久以前的旧帖，将其顶上来）、"潜水""抢沙发""僵尸号"等。

网络语言使用环境具有语言文字的可视化特点。在网络语言使用的物理语境中，网络语言通过屏幕以可见的形式表现给接收者，这种可视化的特点促使产生了很多网络语言变异修辞现象，其中就包括基于字形的网络词汇变异现象（在本书第二章第三节集中论述），如"氕""壕""弓虽"等。此外，语言文字的可视化特点同样使文字、数字乃至符号的表情化成为可能，"囧""0_0""orz"（膜拜状）等就是其中典型的例子。

2. 网络交际交互方式的影响因素

近十年来，我国网络媒体的快速发展使互联网用户在网络上的交互方式更加多样，人们可以根据传递信息、表达自我、宣泄情绪、引发话题讨论等不同目标选择不同的网络交流方式，不同的交际交互方式对网络语言变异的产生也具有不同的影响，根据网民参与语言传播和语言交互的特点，网络交流方式可以分为三种，即一对一的"对话式"交互方式、一对多的"广播式"交互方式及多对多的"互动式"交互方式。

对话式的交互方式往往具有私密性，一般是在亲友同学等熟人之间进行，而其中的交际内容也多以现有的网络语言变异现象为主，其目的还是以达到信息的有效传达为主，即使在一对一的交流过程中出现一定的语言变异修辞现象，也无法直接传播到其他网络用户的面前，而进一步扩大变异现象使用的范围。这种对话式的网络交互方式具有代表性的有QQ、微信、飞信、MSN Messenger等。

广播式的交互方式指网络语言通过社交平台发布以文字、视频、图片等为主的内容，信息接收者众多，一般网络用户都可以通过分享、转发等方式看到该内容。广播式的网络语言传播具有很强大的传播力，以新浪微博为例，娱乐明星、网络红人或热门博主的收听粉丝数动辄上百万，可以说"每个网络红人都是一个拥有百万听众的巨型广播"这句调侃一点都不夸张。在广播式的网络语言交互方式下，语言变异现象被快速传播和普及，可以说广播式的交互方式给网络语言变异现象的不断更新和传播提供了强大的推动力。这种广播式的网络交互方式具有代表性的有博客、微博、人人网等。

互动式的交互方式为多方参与网络语言的变异创新提供了条件，互联网具有互通开放的环境，人们在社交网络进行交流的过程也是开放或半开放的，互动式的网络交互方式就属于开放式的交互方式，如论坛发帖跟帖、公开发表热门话题等，参与者往往数量众多，大多数语言变异现象就是在这种交互过程中产生的。这种对话式的网络交互方式具有代表性的有百度贴吧、天涯社区、知乎等。

3. 汉语文字输入的影响因素

随着信息技术的不断发展，人们的交际环境和语言交互方式发生了巨大变化。从交际的媒介来看，人们经历了口耳相传、纸笔书写、铅字印刷和键盘传输等不同阶段，在新媒体时代，人们通过输入法快速输入汉字、数字乃至字符进行交流。近十余年来，随着基于用户操作习惯和快捷联想功能的拼音输入法日渐成熟和强大，汉字的输入效率有了极大的提升，同时云端服务科技的产生和发展，为输入法根据网络用户的输入习惯提供智能选项和键入预测提供了可能。

在汉字输入近乎变革式的发展下，网络语言的变异发展现象也受到了一定程度的影响，除了文字表情、非常用汉字和表情字符等可以快速键入外，由于拼音输入法智能提供音近词汇的预测，人们甚至只需要输入该词汉语拼音的首字母组合就可以在输入法中快速调出该词语（如要使用输入法输入"网络语言"，则只需输入"wlyy"四个首字母即可），这就造成了一类同音词或音近词的网络语言变异现象，例如，"火钳刘明"（"火前留名"的谐音，指在所发的帖子出名之前，先留个名），因为在输入法中，输入"火前"时常出现"火钳"，"留名"亦会成为"刘明"，所以用输入法给出的智能推荐结果作为该词的代称从而进一步推广使用，类似的还有"李菊福"（"理据服"的谐音，"有理有据，使人信服"的缩略形式）。

与此同时，网民也利用输入法的同音词结果，用同音的其他词语代替原词语，以达到一种幽默俏皮的表达效果，如"鸭梨"（压力）、"卤煮"（楼主）、"神马"（什么）、"猿粪"（缘分）。这些网络词语就是运用输入法输入产生同音词的谐音效果，分别用"鸭梨""卤煮""杯具"和"猿粪"来代替同音或近音的"压力""楼主""悲剧""缘分"等。

（二）变异的文化语境

随着我国经济社会的快速发展，社会文化形态和文化心理也在不断发生着变化。网络语言的变异现象就是在这种大的社会文化背景中产生的，而在网络社交环境中，各种网络亚文化现象层出不穷，加之外来文化不断进入并与汉语在网络环境中相互交织影响，共同形成了近年来网络语言变异现象的文化语境。

1. 社会主流文化的包容

网络语言作为一种新的社会方言，具有稳定和鲜明的语言特点，广大网民作为网络语言环境中稳定的言语社团，不断发挥其想象力和创造力，新的语言现象层出不穷并不断得到广泛使用和变异创新，而这些都离不开社会主流文化的包容。网络流行语具有深厚的社会文化意蕴，很多网络中的语言现象就是由社会文化现象引发而来的。与此同时，网络语言不断进入人们的日常语言，如"粉丝""你out了""纠结""坑爹"等词语和用法在人们的日常交际中时常出现，"给力""正能量""蛮拼的"等网络上流行起来的词语更是被《人民日报》和国家领导人使用，社会主流文化对网络文化和网络语言变异体现出很大程度的包容和吸纳，一些网络用语最初实际出现于语言的不规范使用甚至白字别字，在网络特定的交际环境下不断被固化使用，最终形成独具特色的网络语言变异使用现象。

此外，改革开放尤其是进入网络新媒体时代以来，主流文化中对创新和自由的推崇、对表达和表现自我的肯定也加速了网络语言的创新，这里具有代表性的就是后现代主义。后现代主义强调人性是独特的也是多元的，认为人都是独特存在的个体，强调人与人之间的差异性和多元性，鼓励人们突破传统的思维方式，充分体现个性。随着后现代主义的思想和价值进入我国文学艺术、工业设计、建筑、影视传媒等各个领域，这种多元价值取向和个性的倡导在一定程度上加强了汉语在网络中的变异使用现象，在这个过程中主流媒体、公共人物、文学影视作品对于网络语言的肯定和使用，也起到了推波助澜的作用。

2. 网络亚文化的多样

网络语言变异带动了网络文化的形成，各种网络亚文化现象共同组成了网络亚文化的多样性，反过来又为网络语言的变异提供了良好的文化环境和条件。网络亚文化现象体现了独特的审美观和价值观，有极强的渗透力和影响力，很多网络语言的变异发展现象就是在特定的网络亚文化氛围下形成和流行开来的。

当今网络拥有数量繁多的网络亚文化现象，各种文化现象形成的时间各异，所反映的价值取向和心理特征也不尽相同，充分体现了网络亚文化的多样性，如2005年年末某自由职业者创作的一部网络短片《一个馒头引发的血案》一时间红遍大江南北，短片截取电影《无极》的片段，将对白重新改编，经过穿插剪辑，颠覆电影剧情，形成一部风格迥异、搞笑另类的网络短片，一时间恶搞文化受到网民的极大推崇，模仿和致敬作品层出不穷，网络的大众恶搞时代自此开启。"×××引发的血案"成了网络流行语，一批以恶搞为主题的网站和论坛相继成立并发展起来，恶搞文化也成了网络文化的重要组成部分。

同样地，网络"冷文化"也是近些年逐渐兴起和发展起来的。对于"冷"，一直很难有一个准确的界定和系统的分析研究，因为"冷笑话"和"冷段子"的幽默效果只可意会不可言传，往往听者听了冷笑话之后会不由自主地发笑，但是要想说清楚为什么可笑却说不出来。但是，在当今网络中，"冷文化"却大行其道，受到广大网民，尤其是年轻网民的追捧、创作和传播，并且在网络中产生了很多以"冷"为主题的网络社区、主页和微博，如"我们爱讲冷笑话""冷兔""糗事百科""冷笑话精选"，主要形式涵盖豆瓣小组、热门微博、百度贴吧、人人网、开心网、QQ空间等公共主页，粉丝数或关注人数动辄达到百万乃至千万，成为一个极为庞大的网络群体。可见，"冷文化"在网络中具有极高的关注度，其影响力也还在不断地加强和扩大，本书第二章第三节论述的网络语言的语义构词现象在很大程度上正是在这种网络冷文化的影响下产生和发展起来的。

除了"恶搞文化"和"冷文化"之外，"草根文化""卖萌文化"等网络流行文化也具有很大的影响力，这些网络亚文化现象极大丰富了网络世界，也为网络语言的变异发展提供了平台和条件。

3. 外来文化的植入

互联网是一个多语社会，世界上不同国家不同语种的网民通过网络相互联结，而不同语言之间的高频互译也加速了网络语言中不同语言元素进而文化元素的相互借鉴与彼此结合，因此网络语言中有明显的语言混合现象。外语种国家的外来文化通过互联网与中国网民接触，其中很多具有明显外来文化色彩的词语进入网络语言当中，这也使外来文化的植入性生动地体现在了网络语言变异现象之中，如"马克"（谐音英语词 mark，标记一下）、"趴"（谐音英语词 party，聚会）、"卡哇伊"（谐音日语词"かわいい"，可爱）。有的外来词语被直接嵌入汉语语句中，如"你 out 了""hold 住""主页君"等。

不仅如此，网络语言在受到外来文化影响，不断出现结合外来语与外来文化而出现变异现象的过程中，也反映出外来文化的思想观念和价值观对于汉语网络语的影响，如"吐槽"（源于日本漫才文化，有挖苦、抱怨之意）、"腹黑"（源于日本动漫文化，形容表面温和无害、内心危险、邪恶的人）、"素人"（源于日本艺妓文化，形容外行、没有相关经验的非专业人士）、"黑五"（即黑色星期五，指美国消费文化中的促销采购日）等。

外来文化对网络语言的影响不言而喻，面对文化差异，互联网和网民以包容的心态接纳和吸收，然而与此同时，我们也应当注重甄别，吸取外来文化元素中有利于文明进步、社会发展的内容，不可全盘接受。

（三）变异的心理语境

任何一种文化的兴起都有其特定的社会文化和个体心理特征，而网络文化的兴起和网络语言变异修辞现象的不断发生也不例外，各类网络语言现象在一定程度上体现了其创造者和传播者的心理，网络语言变异的心理语境也是形成汉语网络语变异修辞的重要影响因素，可以从对于交流效率迫切需求的心理、调侃戏谑的娱乐心理、标新立异的求变心理和复制效仿的从众心理四个角度展开论述。

1. 对于交流效率迫切需求的心理

生活节奏不断加快的信息时代，对于信息交流效率的追求往往是第一位的。由于网络采用的是书面文字的方式，即信息的传递通过输入设备（键盘、手写笔等）输入和从输出设备（屏幕、打印机等）上获取实现，为了在最短的时间内传递出最大的信息量，网民不得不创造或改造出能适应网络交际这种特点的词语来，这就需要比日常所用汉语更缩略的语言形式，因此在网络交流过程中，网民不仅运用可读的汉语语言符号，还运用数字、英文字母、字符标点等更加广泛的语言符号来传递信息，甚至改变了字词句的形态，创制了新的形音义结合体，从而实现对于网络言语交际的简化，提高网络交际的效率。

在网络聊天过程中，为了使交流顺畅，网络用户注重交流的同步性和回复的及时性，因此，符号型和数字型谐音常用语"88"（拜拜）、"7878"（去吧去吧）、"=="（等等）等被频繁使用以提高网络聊天的交际效率；在网络论坛，网民争先对热点事件发表看法，跟帖回帖更是分秒必争，以"占楼""抢沙发"等方式显示自己回应的快速及时，从而使一些网络流行语得到进一步的缩形简化，如网民回帖时将"我和我的小伙伴都惊呆了"缩写成"我伙呆"，将"土豪我们做朋友吧"缩写成"壕做友"等；同样地，网民在进行网络游戏的过程中,由于游戏与交流在同时进行中,对注意力和操作时间要求很高,因此他们格外看重语言交流的效率,也由此产生了很多精短简洁的网络常用语变异现象,如"1"在网络游戏交流过程中表示收到对方发出的指令等信息,并表示赞同和肯定;"666"谐音"溜溜溜",表示对对方游戏操作的赞赏;"3"则谐音"散",表示认输或撤退的意思。网民对于交流效率的迫切心理使相当多的网络流行语在形式上不断向有利于快速直接的使用和交流的方向发展。

2. 调侃戏谑的娱乐心理

网络时代是大众娱乐的时代,每天各种新鲜的娱乐话题高居微博、贴吧热门的前列,占据着各大门户网站的重要位置,许多新闻事件和社会热点在第一时间被网民拿来调侃,网络世界的隐匿性也给网民的言论带来了一定的自由空间,网民充分发挥想象力,在网络热议的热点和网络流行语上大做文章,调侃戏谑的娱乐心理也成为网络语言变异修辞现象产生的一个重要心理语境背景。

对于网络话题和社会热点的调侃可以在网络语言的变异上反映出来。

例1 村上春树这次"又双叒叕"没得诺奖。

例2 语死早(语文老师死得早,用来讽刺那些在网上舞文弄墨实则不学无术到处现眼的人,也用于对听话人语言表述方面的小失误进行善意地调侃,还指嘴笨不会说话说两句就冷场的人。)。

例3 高富帅——矮矬穷。

网民用例1中的句子调侃日本作家村上春树又一次得到诺贝尔文学奖提名却最后与诺奖擦肩而过的新闻报道,借用汉字构形上的特征,将四个汉字拆开就是10个"又"字,类似的用法还有"雾霾又双叒叕来了"等;例2"语死早"是"语文老师死的早"的缩形变化,使用情景往往是网民在发表言论时语法不通或遣词造句、标点使用不规范等,网民就用"语死早"讽刺其语文水平低下,与此类似的用法还有"数死早""英死早"等;例3中"矮矬穷"就是网民根据网络热词"高富帅"创造的一个对应的反义词,用来嘲讽和挖苦"又矮又矬又穷"的人。

不仅对于网络话题和社会热点是这样,同样地,网民对于人名或称谓的调侃式变异也比比皆是,如"砖家"(专家)、"叫兽"(教授)、"老湿"(老师)。网民往往根据谐音或人物特征将原来的名称进行改写,变形改写后的称谓往往充满了调侃戏谑的色彩,网民也用这种方式表达喜爱或者讽刺的感情色彩,如"范跑跑""郭跳跳""姚抄抄"。除此之外,这种对于人名的变形改造更多地出现在对娱乐明星和体育明星的身上,明星粉丝对于自己喜爱的明星,根据其姓名的读音特征或明星本人的特点,对其称谓加以变异,如美国流行歌手泰勒·斯威夫特(Taylor Swift)因其外形美丽,又因其每次在Billboard提名的时候总有一个很强劲的对手,而得到"倒霉女"称号,故被网民戏称为"霉霉",类似的还有"火星哥""水果姐"等;美国NBA篮球运动员保罗·乔治(Paul George)由于其姓名发音特点,被网民和球迷称为"泡椒",类似的还有约什(Josh)被称为"乐师",格里芬(Griffin)被称作"给力芬"等,这些称谓上创造性地使用充分表现了网民丰富的联想能力及调侃戏谑的娱乐心理。

3. 标新立异的求变心理

年轻网民的受教育程度普遍较高而且具有活跃敏捷的思维和较强的创造力，中国互联网络信息中心发布的报告显示，中国互联网用户年龄在18~24周岁的人群逐年增多，并占总人数的四成左右，由于我国"80后""90后"多为独生子女，其心理特征具有性格活泼张扬、期待被关注、追求个性化、容易接受新鲜事物、对话语权要求高等特点，这也造成年轻网络用户在网络交际时体现出标新立异的求变心理特征。

从"囧""槑""夯"等字字义的重新挖掘到"躺枪""挽尊""我伙呆""路转粉"等词充满想象力的缩形使用，从为了追求特殊表达效果的语义逻辑变异修辞再到对"吐槽""腹黑""宅""萌"等外来网络词语的大胆借用，可以说几乎每一次网络语言变异现象都是对现有语言用法和规范的二次创造，充满了创新精神，"不走寻常路"的网络年轻一代"语不惊人死不休"，大胆地使用网络语言进行变异修辞活动，不断吸引广大网民的眼球。

4. 复制效仿的从众心理

网络交流中的各类语言变异使用现象恰好满足了年轻人追逐时尚、突显个性的心理需求，网民也在使用网络语言的过程中获得了文化认同感和归属感，一种网络语言变异现象的出现往往会带动相似类型语言现象的快速产生，语言变异形式的复制反映出网民网络交际表达的从众心态，如"×癌""微×""被××""××style"。"癌"字属于医学病名的用法，而在网络中出现了"×癌"形式的新词语，用以表示"自身具有的某种不良特质、缺点，如同患上癌症一样严重"，一时间，"丑癌""懒癌""妈癌""直男癌"等"×癌"形式的词被迅速复制出来，与此相似地，由"微博""江南style"等词衍生出"微×"和"××style"结构的网络语言。同样地，在2013年，网络中出现"不明觉厉"一词，用来表示"虽然不明白你在说什么，但好像很厉害的样子"的意思（也有说法表示该词是由"虽不明，但觉厉"演变而来），该词通过结构上的缩形，隐藏逻辑关系词，只保留主要语言成分，从而实现类似于成语的四字结构，而这种组成四字短语的语言变异使用方式也引起了网民的推崇和竞相模仿，网民迅速对其他网络流行语进行效仿复制，"喜大普奔""男默女泪""细思恐极""十动然拒""说闹觉余"等一系列缩形四字格网络新成语先后被创造出来，并得到网民群体的广泛使用。

第三节　网络言语社区

源自西方的社会语言学术语Speech Community在引进中国后有不同的翻译，常见的如"言语社团""言语社区""言语共同体""语言集团""语言社团"等。祝畹瑾认为："'社区'含有地区的意思，'社团'可以理解为社会集团。而Speech Community既包含地域的一面，也包含社团的一面，而且它不一定就是一个实体，所以笔者把它译成'言语共同体'。"言语社区理论的提倡者徐大明先生为了避免就术语而术语的争议，主张："在有关理论体系和概念还不完全清楚的情况下，重要的是澄清有关的理论问题。

'言语社区'的译法是一种直译，可以作为目前讨论有关问题时使用的一个方便的标签。"

言语社区理论是当代社会语言学的重要理论，但是目前还没有得到充分的发展。言语社区是一个言语活动场所，社区成员不一定都讲同一种语言，但是每一个言语社区都有一套自己的交际规范。由于不同的个人认为自己属于不同的言语社区，而且存在双语或多语现象，所以要找到一个界定言语社区的客观的、绝对的标准是困难的。言语社区理论的发展将有利于语言学和社会语言学各类研究的有机整合。

对于"言语社区"最简单的定义可以是：一个讲话人的群体，其内部的某种同一性构成了与其他群体之间的差异，从而区别于其他类似群体。这一定义可能过于抽象，但是这一定义在同一性和差异性方面道出了言语社区的实质：相同是存在于不同之中的，某一方面的相同不能抹杀其他方面的不同。言语社区理论的特殊作用是，它针对语言的同一性和变异性（差异性）来研究，使语言的同一性脱离武断的、随意的判断，使它建立在对客观事实的科学分析之上。

一、网络言语社区构想

依据言语社区理论，我们可以从以下三个要素来确定言语社区：可以大体圈定的区域，相对稳定而适量的人群，由区域群体成员共同认可并使用的与其他群体或与整个社会语言有所区别的符号体系或语言变体。基于以上理由，提出了网络言语社区构想，认为网络正在形成一个虚拟言语社区。

（一）网络语言的使用有所限制

网络语言中许多词汇的使用范围有很强的限制性，除少数网络流行语逐渐进入全民语言，大多网络语词只能用在微博、微信、QQ、论坛等网络交际平台，而不能用在其他场合，甚至在互联网本身的其他地方，如一些缩略词语和数字符号用语的使用场所就受到很大的限制。这些情况都表明网络语言有其专业特点，其使用范围有所限制。

另外，由于目前网民多为青少年，受年龄结构的影响，网络语言的使用者和接受者具有很大的限制性。这些都表明网络语言的使用有其独特的使用范围和使用人群，并不要求全民都去理解、接受并掌握和使用它。

以上这些现象都说明网络空间作为一个虚拟的言语社区，还是有其区域界限的，网络语言的使用受其限制。

（二）拥有稳定的言语人口

原先分布在各地互不相识的人们超越了时间和空间的限制，共同构建了网络上的一个个虚拟社区。这些社区并非一种物理空间的组织形态，而是由具有共同兴趣及需要的网民组成，以旨趣认同的形式做在线聚合的网络共同体。网民之间通过电子邮件、论坛发帖、微博及QQ等方式进行形式多样的交往互动，有时是同步的沟通，有时不同步，成员之间可能沟通交流了很长时间，却从来没有见过面，或者根本不想见面。显然，这样形成的网络社区属于非区域社区，相互之间的非制度化信任是构造这种虚拟社区的基础，而关系强度则是这种社区组织与构造的一种重要方式。

中国内地的网络虚拟社区的发展速度与繁荣程度一直非常显著。一些主流虚拟社区，如人人网、新浪、网易、搜狐、天涯等都拥有数以千万计的成员，高峰期日访问量可达数十万甚至百万次，其社会影响面相当广泛。各大高校也拥有自己的校园论坛，形成一个个规模不等的虚拟社区，如南京大学小百合BBS。

按照杜骏飞（2004）的观点，网络虚拟社区可以分为认同式虚拟社区与采集式虚拟社区。认同式虚拟社区有地域性，拥有一个看不到的、动态的社区界限，可以区分内外团体。成员享有空间的自由度，彼此间具有某种程度的共同性，可以进一步建立可能的双边或多边关系。成员对其行为准则具备一定的共识，共享一些与其他社区不同的规范，如北大中文论坛。采集式虚拟社区是以语言与资源为基准的社区，它的范围非常广泛，成员分散，没有明显的社区界限。成员之间人际关系松散，对社区的认同度较低，缺乏比较实质的交流。社区吸引成员的因素就是所提供的资源。以网络新闻的受传者来说，他们来到新闻网站的目的主要是找寻信息，而不是为了建立人际关系，因此他们并不清楚也不关心这个网站上还有其他哪些人。不过这些网民之间还是有可能发展出一定关系的，只是关系强度较弱，广义上也可以称为社区。

（三）具有比较一致的语言态度、语言行为

海德格尔（2012）说"语言是存在的家园"。在网络这个虚拟空间中，由于人们的各种社会属性已经被网络剥离，网民存在的最主要的自然属性就是语言及其表述，语言不仅成为网民存在的家园，而且构成了存在本身。相对现实世界，网络空间是一种崭新的语境，网民的生存和交流都必须通过语言来实现。语言承载了文化，同时也是文化表述的形态之一。网络具有不同于现实世界的文化形态，使网络语言也随之发生各种变异。网络空间已经不同于上网之前在现实中以地域为界所归属的言语社区，具备形成一个新言语社区的潜质。Le Page与Tabouret-Keller认为，个体创造了自身的语言行为，这种言语行为与言语社区的群体的语言行为相一致，在这种相似的言语行为中他希望能体现自己的身份[1]。在网络言语社区中，网民群体具有的趋新、尚简与嘲讽等语言特征存在于个体意识中，言语社区与个体之间的行为是紧密相连的。网民认可网络语言并在网络交际中频繁使用和现实语言大不相同的网络语言。事实上，网络语言是由活动在网络虚拟空间的具有自主、开放、包容、多样和创新特点的网民群落逐渐创造和形成的；网络语言语体是在网络这种特殊环境中传递和交流信息的载体，是社会语言的变体。

网络言语社区中并没有绝对的权威，谁都可以畅所欲言，可以创造新的词汇、新的用法。一旦一种新的提法获得了大家的认可，就会很快在网上推广开来。这种个体的言语行为实际上是一种投射行为。Le Page与Tabouret-Keller认为，个体投射他自己的内心世界，并下意识地要求群体分享他的内心世界；群体也从个体的语言中意识到个体的象征世界，并分享个体的象征世界[2]。

---

[1][2] Le Page R, Tabouret-Keller A. Acts of Identity: Creole-based Approaches to Language and Ethnicity. Cambridge: Cambridge University. 1985.

可以看出，网络言语社区完全具备了构成言语社区的五个要素：人口、地域、互动、认同与设施①。设施要素在网络言语社区中表现为网民之间解决言语问题的途径和方法。网民们对所使用的网络语言具有比较一致的认同态度和评价标准，因此我们可以初步认定，网络语言拥有稳定的言语社团，网络语言所反映的趋新、尚简与嘲讽等语用特征不仅标志着网络亚文化的兴趣，也标志着比较稳定的网络言语社区已经形成。

二、网络言语社区认证

为了进行网络言语社区的认证，林纲（2014）于 2013 年 3 月在人人网上对以某大学师生为主的用户进行了问卷调查，调查网络社区中用户群体的语言使用情况和语言态度，共发放问卷 300 份，回收问卷 283 份，回收率为 94.3%，其中有效问卷是 280 份，有效率占到 93.3%。样本构成的基本情况如表 7-2 所示。

表 7-2 网络语言态度与使用调查背景信息表

	背景信息	样本数/人	比例/%
性别	男	162	57.9
	女	118	42.1
年龄	19 岁以下	22	7.9
	19～22 岁	116	41.4
	22～25 岁	99	35.3
	25 岁以上	43	15.4
教育程度	初中以下	8	2.7
	高中（中专）	22	7.8
	大学专科	80	28.5
	大学本科	153	54.8
	硕士及以上	17	6.2
职业	在校学生	191	68.2
	工作	58	20.7
	其他	31	11.1

从上表可以看出：网民在性别上体现出男女比例相当，男性人数略高于女性人数；在年龄上体现出人人网用户主要集中在 19～25 岁，主要是青年群体，年龄结构具有年轻化特点；教育程度和职业这两个方面，从表中数据不难看出，网民的教育程度主要是大学本科，说明大学生是网民的主体。

（一）语言使用

此次对人人网中语言使用情况的调查，主要针对的是用户群体对网络语言的接触程度及在交流过程中的使用情况。在问卷调查中主要设计两个题目。

---

① 徐大明. 言语社区理论. 语言文字学 2004，（8）//中国社会语言学. 2004，（1）：18.

1. 您在上网时使用过网络语言吗?
   A．有　　　B．极少　　C．没有
2. 您和朋友在人人网进行网络交流时会使用特有的网络语言吗?
   A．经常　　B．偶尔　　C．没有

由收回的 280 份有效问卷统计得出：用户在使用人人网的过程中使用网络语言的占 83.4%，极少使用的占 12.5%，没有使用过的用户只占 4.1%；人人网用户在交流时经常使用网络语言的人数占 53.6%，偶尔使用的人数占 33.5%，没有使用的人数占 12.9%。

从上述简单的数据中可以看出，人人网用户中有 95.9% 都使用过网络语言，用户之间进行交流时，经常使用网络语言的人群占到 53.6%。由此可以发现，人人网用户对网络语言的接触程度很高，使用过网络语言的人数也占大部分，不难推断网络语言在人人网中的广泛使用已经发展成必然趋势。

（二）语言态度

此次调查设计了一些和语言态度相关的语句，调查用户群体对网络语言的使用分别持何种态度，以及其他相关问题，针对网络语言态度的表现展开调查。问卷调查中的题目如下所示。

3. 您对人人网用户之间交流时使用网络语言持怎样的态度?
   A．支持，有利于学生间的交流，为汉语词汇注入新元素
   B．反对，它破坏了汉语的纯洁性和规范性
   C．无所谓
4. 您认为人人网中这种语言使用特色的发展趋势是怎样的?
   A．应限制　　B．应推广　　C．无所谓
5. 您认为使用网络语言会给大学生带来什么样的影响?
   A．可以培养默契，增进感情
   B．随大家喜欢，没什么影响
   C．无聊的文字游戏

本次调查的语句主要呈现被调查者对网络语言的态度，可以总体归纳为"支持""反对""无所谓"三种态度，表现在对网络语言的地位评价、功能评价和情感认同上。对调查问卷的分析归纳得出：支持人数占 86.7%，反对人数占 4.2%，持无所谓态度的人数占 9.1%；对网络语言的发展趋势认为"应限制"的人数占 9.3%，"应推广"的人数占 59.6%，"无所谓"的人数占 31.1%；对网络语言带来的影响，选择 A 的人数占 24.6%，选择 B 的人数占 54.3%，选择 C 的人数占 21.1%。可以看出，网络语言的出现符合网民群体的需求，深受网民的赞同。在网络虚拟环境中，网络语言的使用已经趋于普遍化。

调查从早期网络语言和近期网络语言中各抽取了五个词语与用法，请受试者做出选择：A．听过、用过；B．听过、没用过；C．没听过、没用过。以此来检验受试者对网络语言的接受程度。结果如表 7-3 所示。

表 7-3 网络语言接受程度调查表

词例	听过、用过		听过、没用过		没听过、没用过	
	人次	比例/%	人次	比例/%	人次	比例/%
大虾	127	45.4	149	53.2	4	1.4
MM	137	48.9	117	41.8	26	9.3
8147	115	41.1	136	48.6	29	10.3
B4	92	32.9	145	51.8	43	15.3
Xing（如：快乐ing）	76	37.1	125	44.7	79	28.2
囧	155	55.4	102	36.4	23	8.2
坑爹	138	49.3	113	40.4	29	10.3
妹纸	126	45.0	127	45.4	27	9.6
内牛满面	109	38.9	136	48.6	35	12.5
××控（如：收藏控）	61	21.8	157	56.1	62	22.1

如表 7-3 所示，网络语言在受试者中普及度较高。相比较而言，受试者对近期网络语言的认可度与使用度更高。少数受外来语影响的词语与用法的认可度与使用度相对偏低。

（三）交际密度和沟通度指标

网络言语社区的其他指标调查，主要体现在交际密度和沟通度指标上。人际交往的次数越高，交往的密度也就越高。同时，人际交往的密度又和沟通度息息相关，因为用户之间的交往密度越大，就越容易相互了解，越容易产生共同的体验和感受。调查通过人人网用户在发表状态时的语言使用情况，探讨用户在交流过程中的互动。

调查对一位人人网用户在 2013 年 3 月 19 日一天中发表的状态进行了分析，分析情况如下：发表状态 6 条，每条回复次数分别是 18、4、0、65、77、2。值得注意的是其中一条状态在 12 小时内的回复次数达到 77 次，而回复发状态的人数是 10 人，其余互动是发状态的人与这 10 人之间进行的互动，以及 10 人彼此之间的互动交流。

从这一情况可以发现，人人网状态下的回复是一人对多人之间的相互交流。人人网是大学生聚集的一个社会性网络，他们因为相同的爱好、相同的话题等而聚集在这个虚拟社区中，因此，他们之间的交流比较频繁，交流的次数很高，交往密度指标的上升提高了人人网用户相互了解的概率。

综合上述对人人网的分析可以看出，人人网主要是青年网民群体的聚集地，用户因为比较类似的身份、比较接近的爱好、比较雷同的话题等因素凝聚在一起，在这个虚拟的社区内进行相互的交流和分享，运用符合他们自身特点的网络语言表达内心情感和生活状态。

本次研究通过对人人网用户展开问卷调查，初步探索了人人网言语社区存在的可能性，从语言的使用情况、语言态度、人际交往的密度和沟通度指标的分析可以推断出，人人网是一个言语社区，而且是虚拟的言语社区。本书以人人网为研究起点，初步探索了网络言语社区存在的可能性，调查结果支持研究的构想：网络空间已经形成一个虚拟的言语社区。

网络的产生与发展造就了网络语言的出现与演变，从早期单纯用于网络交际的特殊词汇逐渐发展为反映社会民众心理诉求与文化观念和社会热点事件的语词组合形式，反映网络语言越来越贴近网民的现实生活。本书梳理了近二十年来网络语言的发展历程，从其日趋多样化的表达形式、与社会价值观念及热点事件紧密联系的语义内容上，可以看出网民的语言态度具有趋同性，语言使用规范具有一致性，而网络语言与现实语言仍具有较大的区别，其使用也受到一定限制，这种现象说明网络言语社区具备了一定基础。对人人网部分用户的问卷调查说明中国内地的网络虚拟空间已经形成了一个比较稳定的言语社区。当前，微博、微信、QQ空间等社区言语交际频繁，拥有稳定的用户，使用者之间具有比较一致的语言态度和语言行为，同样形成虚拟的言语社区。

拓展阅读

1. 韩志刚. 网络语境与网络语言的特点[J]. 济南大学学报（社会科学版），2009, (01)：31-33.
2. 林纲. 网络言语社区中的语词接触分析[J]. 中国社会语言学, 2005, (01)：142-156.
3. 林纲. 网络语言的演变与网络言语社区分析[J]. 华语文教学研究（台湾），2004, (02)：59-85.
4. 武晓平. 网络语境特点和网络语言的形式意味化手段[J]. 长春理工大学学报（社会科学版），2004, (02)：17-19.

思考与练习

1. 媒介融合背景下的语言融合类型有哪些？
2. 网络媒介用户的群聚效应有哪些影响？
3. 网络语境的特点有哪些？
4. 网络语境包括哪几个方面？
5. 为什么说网络言语社区已经形成？

第八章 网络语言的规范化

学习要求：了解网络语言存在的问题与规范意义，说明网络语言的利与弊，理解并掌握网络语言的规范策略。

网络语言是当今时代信息化的产物，其创新性、简约性、模糊性和多元性等特点深受网络民众的喜爱，也逐渐从网络渗入到日常生活中，成为影响人们日常生活的语言。从网络语言萌芽时期到如今快速发展时期，网络语言的发展变化可谓一日一新。伴随着计算机技术的持续进步和网络环境的不断改变，网络语言的发展是一个动态的过程，近年来我国互联网快速发展和普及，网络用户数量激增，更为网络语言的进一步发展、更新创造了条件。

任何事物的发展都有其两面性。网络语言丰富了传统语言的表现形式，以其独特的魅力表现出极强的生命力。然而，网络语言为了追求新奇有趣而忽略了传统语言中重要的规范问题，少数网络语言脏话粗话连篇，错别字泛滥成灾，使语言表达失去了原有的纯净，也造成一些沉迷网络的青少年养成了不规范使用语言文字的习惯。这种负面现象应当引起我们高度重视。

第一节 网络语言的变异发展

人文社会科学理论同其他科学理论一样，具有两个基本功能——解释功能和预见功能。因此，对于网络语言的研究不应该只限于对于具体网络语言现象的解释和分析，而更应当在历时和共时语言现象研究的基础上，总结网络语言变异现象的发展规律。尤其近年来随着网络语言发展到了一定的阶段，各种网络语言现象大量出现，对现代汉语开始产生一定的影响，从这个意义上来说，对于网络语言变异发展特点、趋势和规律的探索是十分必要的。

本书第二章与第四章分别梳理了网络语言的构词、构语（短语）、构句、构篇的基本方式，本节在此基础上对网络语言变异发展的特征规律加以分析和总结，并尝试探索网络语言整体的发展特点和趋势。

一、网络语言变异发展的特征

网络语言变异修辞现象在词汇、语法和语义三个层面都表现出显著的特征，本节将结合近十年来网络语言变异发展的方式，从词汇、语法和语义三个角度对其特征展开论述。

（一）网络语言词汇的变异发展

网络由 20 世纪 90 年代中期进入我国逐渐普及以来，网络语言应运而生，并在网络环境中不断发展和创新。如果我们沿着时间的脉络，可以清晰地看到，语音、词义及字形三种方式的变异发展现象分别出现并兴起在网络交际中，此外汉字表意的特性又为词汇变异发展的多样性提供了可能，网络语言变异发展中词汇变异的特征就体现在变异方式出现的"时序性"和变异类型"多样性"两个方面。

一方面，网络对于词汇的变异创新是由浅入深的，由表及里的，复杂程度也逐渐提高。从由读音相同相似或者音节压缩替代原词表现效果的基于语音机制的"88""表""酱"，到由本义稍做引申而产生新义的基于字义机制的"顶""晒"，再到由利用汉字构造上的特点"旧字生新义"的"囧""槑""壕"，越发需要结合具体汉语构型特征和风韵才能体会到该词的含义和作用，从这个角度来说，网络语言词汇变异修辞是从"语音"向"词义""构形"扩展开来的，如语音作为汉语的物质外壳最早出现和成熟，而三者出现时间的不同，是和互联网的不断发展、网络交际方式的转变、网民群体文化素质认知程度的整体提高及读图时代的到来息息相关的。

另一方面，不同于表音体系的语言，汉字表意体系文字的特征决定了网络语言词汇变异修辞方式的多样性，也使得汉语词汇在网络上的创新机制更加复杂。我们知道，最早发端的象形字，以描摹事物形状为己任，尽管汉字不断变迁，这一表意特性从未消失，而这一点在某种意义上来说正契合了网络多媒体时代对于图形图像的依赖。此外，词汇变异修辞的多样性还在于网络用户可以很快适应网络交际环境和文化氛围的变化，结合网络中新近出现的新热点新话题新语料，不断创新变异出新的语言现象。

汉语词汇在网络语境中表现出了强大的创造性，广大网民用自己的幽默感和创意再一次焕发了汉语词汇的青春。一些网络热词的创新被肯定和保留下来，并逐渐进入社会大众的视野，也有一些网络语言现象稍纵即逝，只活跃于某一段时间内。这正体现了网络环境对于新语言现象"大浪淘沙"的作用，有悖于主流价值的网络语言"糟粕"会被很快淘汰和遗忘，而富有创新精神充满趣味又有助于提高交际效率的词汇则会被广泛长期使用，并参与到网络环境之外的汉语使用环境中来。

（二）语法变异的特征

近十年来，网络语言在语法上的变异修辞现象屡见不鲜。究其原因，主要在于汉语本身语法特点中蕴含着强大的能产性，网络空间对于不同语言乃至文化的包容和吸纳，以及网络语言逐渐走向成熟，并挖掘汉语词法、句法的更大可能性。因此，语法方面变异的特征可以概括为借助现汉语法变异、广受外语语法影响及借鉴古汉语法风韵三个方面。

第一，网络交际中为了运用现有的词语表达新奇丰富的意思，往往将现有词类进行活用，并由于汉语构词的特殊性，这种活用表现出了强大的能产力，不仅可以依托已有的语法规则不断创造出新词新句，旧词也可以新用。词性的活用拓宽了汉语词汇的表现内涵，提高了汉语的表现力。一些网络中常用的语法变异现象已经被逐渐运用到人们的日常生活之中。

第二，网络空间由于其自由和开放的特点，不同语言有不同的语法规律，网络语言积极吸收借鉴外语语法结构及使用习惯。这一点正体现了网络对于不同语言乃至文化的包容性。与此同时应当注意的是，随着外来语种的强力介入，应当选择性地吸收外语中值得借鉴并有助于提高网络语言表现力和交流效率的内容，而杜绝一味地照搬外语网络空间的语言现象，在网络语言使用个性化追求的同时，保持汉语的纯洁和规范，并保证其不影响双方表达理解的一致性和沟通的顺畅性。

第三，汉语作为一门古老的语言，不仅存在着深厚的文化内涵，在其语法特征上依然存在有待挖掘的潜力，网络语言的"复古风"实际也是一种挖掘和创新，中国网民文化认同感和社会责任感不断提升，而汉语在语法方面蕴含的文化内涵和哲学思维还有很大的挖掘潜力，网络语言经过最初十年的摸索和近十年的快速发展，正在一步步走向成熟。

当下，网络语言中提高汉语表现力的积极尝试值得肯定。一方面，在提高沟通效率和表达效果的前提下，对于汉语运用可能性的不断探索，是应当给予鼓励和支持的。另一方面，我们又应该注意在这些变化中出现的问题。语法规则作为一种语言构成和运行的基本准则，维系着语言系统的稳定性，因此应当对网络语言语法变异现象加以适当的引导和规范，谨防恶意破坏汉语语法规则的语言现象进入青少年语言教学环境，影响中小学生对于汉语语法的学习和语言习惯的养成。

（三）语义变异的特征

同网络语言在词汇和语法上的变异相比，网络语言变异创新中的语义变异更多地反映出网民的心理特征和网络亚文化，同时以特定的修辞效果为导向进行变异。显著的例子是网络语境下体现语义变异修辞的"冷笑话""冷段子"的创作，它通过给人以心理落差，充分表现出幽默、自嘲、调侃等感情色彩，使人先是疑惑不解，然后恍然大悟、哑然失笑，达到轻松风趣的表达效果。倘若考虑到这些表达效果的追求，包括网络语言语义变异现象在内的很多网络语言运用变异现象便可以解释了。

近十年以来的网络语言，在语义上的变异具有"意此言彼""娱乐心态""批量复制"三个特点。"意此言彼"是指网络语言语义变异在表达上往往不局限于字面义，或者通过字面义上违背常识常理常情来实现一定的修辞效果，达到特殊的交际目的。所谓"娱乐心态"是指在进行网络语变异表达的过程中，网民往往抱有的是一种娱乐大众的心态，制造如"冷场""卖萌"等效果，其交际目的往往是营造诙谐轻松的交际氛围或表现自己阳光、自嘲、讥讽等心理特征。当网民了解和掌握网络热词或流行语的变异机制，就可以很快根据这种机制自主地进行模仿和创新，并将其继续传播和推广，如网络流行语中隐藏语义逻辑关系，将流行语缩略为三字或四字表达的变异方式被大量和快速地应用到新近出现的网络流行语中，这种类似于批量复制的方式创造出一大批具有相同或相似变异方式和特点的网络语言变异现象。

网络语言的语义变异可以上升到语段乃至图文结合体的层面，这也决定了其可以承载和体现更多的汉语网络文化和价值，陈望道先生在我国修辞学开山之作《修辞学发凡》中曾提出："我们讲究修辞，需要通晓汉语言文字的一切可能性，尤其需要通晓这种汉语言文字变迁发展的大势，正确地灵活地加以阐发和利用。"[①]自网络兴起以来，网络语言中出现了很多新尝试和新变化，这些变化在传统的语境中从未出现或者被视为语法、语义上的错误。但是如陈望道先生所言，为了追求特定的修辞效果，语言是可以也应当被灵活运用的。同时，也应当充分重视变异特征背后体现的网络大众的心理和价值动向，从而把握网络语言语义变异的新的趋势。

二、网络语言变异现象的发展趋势

伴随着计算机技术的持续进步和网络环境的不断改变，网络语言的发展是一个动态的过程，尤其 2008 年以来我国互联网快速发展和普及，网络用户数量激增，更为网络语言的产生、更新和变异创造了条件，在这种背景下，网络语变异现象的发展呈现出鲜明的趋势，并显示出"常态化""快餐化"和"模型化"三个发展趋势。

（一）变异"常态化"

在网络语言现象快速产生更迭、广泛传播并产生巨大影响的同时，网络语言的变异也呈现出一种常态化的趋势，而近十年来这一时期我国网络语言出现变异创新现象的逐年增加直至达到相对稳定的比例，诸如"谐音变异""汉字新解""语义变异"等一些网络语言变异方式逐渐成为常态，几乎每天都会出现新的网络语言变异现象。

自 2006 年起，国家语言资源监测与研究中心和商务印书馆发起举办[②]"汉语盘点"活动，宗旨是让网民根据自身的感受考量，用一个字、一个词描述过去一年的中国和世界，借以彰显汉语的魅力、记录社会的变迁，体会汉语丰富的文化内涵。活动会在每年结合当年热门话题和事件，评选出年度十大词语和年度汉字，至今已举办了十年。2012年，由于网络语言的影响力及其鲜明的语言特点和语言变异化使用的迅猛趋势，"汉语盘点"活动首次将网络用语单独列出，评选出当年十个最具代表性的网络用语，作为一个独立的评选项目。年度流行语和网络语的选择都是利用语言信息处理技术，从传统和网络媒体的大量语料中提取分析而评出的，因此能够相对客观地反映出每年语言热点和网络文化下语言的发展，从 2006 年开始至 2011 年，几乎每年的十大词汇当中都有在网络环境中产生并发生变异的词语（表 8-1），网络语的传播及其变异现象的影响力不断增强。

[①] 陈望道. 修辞学发凡[M]. 上海：复旦大学出版社，2008：30.
[②] 活动主网页最初设在新浪网文化教育频道，新浪网作为三家主办方之一。从 2012 年开始主网页设在央视网科教频道，国家网络电视台作为三家主办方之一。

表8-1　2006～2011年"汉语盘点"年度十大词语中的网络词语

年份	十大词语中的网络词语
2006	恶搞、博客
2007	播客、史上最××、钉子户
2008	雷、囧、山寨
2009	被××、杯具、××哥
2010	给力、浮云、纠结
2011	控、伤不起、坑爹、萌

随着网络空间环境的进一步发展，从2012年开始评选的十大热门网络词语开始，每年评选出的网络语词中都出现一定数量的变异现象，以该词为基础出现变异现象的词汇更是占了更大的比例，从表8-2可以看出，自2012年以来网络语言的变异创新现象已经逐渐成为一种常态，也可以由此推断，在将来的网络语言发展变化中，网络语言的变异发展也将成为一种常态的现象。

表8-2　2012～2015年"汉语盘点"年度十大网络词中的变异修辞现象

年份	十大网络词中的变异修辞现象及变异类型
2012	高富帅、白富美（基于词义变异中的借用义项组合） 江南style（延用为中外混用、借用词根的××style结构） 躺着也中枪（缩形变异为网络语"躺枪"） 逆袭（基于词义变异中的借用日语外来词）
2013	高端大气上档次（缩形变异为网络语"高大上"） 小伙伴们都惊呆了（缩形变异为网络语"我伙呆"） 待我长发及腰（语法变异中的古汉今用） 喜大普奔（语义变异中的隐藏逻辑关系型） 女汉子（语义变异中的不合常识情理型） 土豪（金）（基于词义变异中的非派生式的旧词新义） 涨姿势（基于语音变异中的谐音方式）
2014	萌萌哒（"萌"属基于词义变异中的借用日语外来词，"哒"属基于语音变异中的合音方式，合音"的啊"） 我读书少你别骗我（缩形变异为网络语"书少不骗"，属语义变异中的隐藏逻辑关系型） 画面太美我不敢看（缩形变异为网络语"画美不看"，属语义变异中的隐藏逻辑关系型） 且行且珍惜（语法变异中的古汉今用）
2015	重要的事情说三遍（缩形变异为网络语"要事说三"） 你们城里人真会玩（缩形变异为网络语"城会玩"） 我妈是我妈（语义变异中的元素组合无意义）

由以上事实可见，在网络还将快速发展的前景下，网络语言变异现象不仅不会消逝，而是会作为一种常态化的语言现象长期存在于网络空间，作为网络语言发展中最重要的发展趋势，对网络语言变异"常态化"的判断建立在数据的支持之上，而这种常态化的语言变异使用现象也是网络语言推陈出新、不断发展进步的必然表现。变异常态化趋势对网络语言的发展提供了持续不断的动力，在使得汉语重新焕发新鲜活力的同时，也体现出汉语更加丰富的文化内涵，对网络语言乃至汉语的发展，都具有重要的意义。

（二）变异"快餐化"

自改革开放以来，我国人民群众的生活节奏不断加快，大众追求效率的热情空前高涨，由此产生的消费主义不断扩张，而网络空间更是消费主义盛行的热土。我国互联网的语言交互和数字阅读彻底呈现出数字化、碎片化、功利化、娱乐化的趋势，人们往往更倾向于选择"快餐式"的交流方式和阅读方式，在这一背景下，网络语言的变异也随之呈现快餐化的趋势，主要表现在以下四个方面。

第一，产生快。不同于一般日常语言现象和语言习惯的形成都有一个缓慢的过程，网络语言的产生往往是突发式和爆炸式的，在网络上反响热烈的社会和网络事件可以快速催生出网络流行语，如2010年河北保定交通肇事案的"我爸是李刚"，2011年7月23日甬温线重特大铁路交通事故新闻发布会上新闻发言人的"至于你信不信，我反正信了"乃至其他诸如"俯卧撑""躲猫猫""范跑跑""周老虎""十动然拒"等具有话题性的新闻事件，一经报道，随即在网上成为红极一时的网络流行语，并迅速得到了大量的引用、模仿、恶搞和改编。在网络媒体日益强大、网络互动更加便捷和频繁的趋势下，网络语言及其变异现象的产生无疑将更加迅速。

第二，传播快。互联网作为继报纸、广播、电视三大传统媒体之后的第四媒体，具有三大传统媒体信息传播的"共性"特点之外，还具有即时性、全球性、海量性、互动性等独特优势。与传统媒体相比，互联网信息传播的速度和传播范围大大增强，网民在即时的互动中将获取的信息传递出去，这也为网络语言及其变异现象的快速传播提供了条件。网络流行词"duang"就是极具代表性的例子，2015年2月20日，一部恶搞成龙代言的洗发水广告和网络神曲《我的滑板鞋》的网络自制短片，在某弹幕视频网站一经发布，随即被无数网友转发热议，"duang"几乎一夜之间成为最热门最流行的词语，其一夜爆红的现象甚至引发英国媒体BBC等国外媒体的关注（图8-1）。我国互联网惊人的传播力体现了网民强大的互动性，新的语言现象在第一时间被数量庞大的群体使用和传递，使得各种网络语言变异现象快速传播，这也是网络语言发展趋势的一大显著特征。

第三，变异快。在网络流行语的基础之上，出于经济性、趣味性等的考虑，网民将原语料加以改造和变异使用，运用各种变异修辞的方式将网络语短小、风趣、富有画面感等特点淋漓尽致地表现出来。比如，网络热词"duang"一经出现，在第一时间网络中就出现了该词的"汉字形态"——巭；网络流行语"我和我的小伙伴都惊呆了"被迅速缩形简化变异为"我伙呆"；流行语"你妈妈知道吗"被"古汉今用"变异为"汝母知否"；更有一些具有鲜明风格的语言形式被改造模仿，称为"xx体"，如"淘宝体""咆哮体""甄嬛体""凡客体""元芳体""TVB体""良辰体"等。这些对于网络流行语的快速变异使用脱胎于网络热点，形成于互动频繁的网络交际环境，在网络用户充满创造力的运用中广泛传播。可以预见的是，这种网络语言快速变异的趋势还将继续持续下去。

图 8-1　BBC 报道网络热词"duang"

第四，消失快。互联网时代信息的传播和网络流行语的产生、更迭是一个大浪淘沙的过程，一些红极一时的网络语言现象也会在短时间内消失在大众的视野并逐渐被大众遗忘。这种快速的消失一是由于巨大的信息流量下，不断有新的语言现象加入到网络语言传播的环境里来，热门话题的更新率已经精确到了小时甚至分钟的级别，旧的内容不断被新的内容刷新和替换，新的内容也会在转瞬间变为旧内容；二是在消费主义浪潮下，新的语言现象被格外推崇，人们不再满足于已有的网络流行语，不断寻找新的娱乐性话题和新的语言表达方式，以满足网民自身猎奇、求异、追求自由、时尚等心理需求；三是一些网络语言变异现象自身由于伴随相应的新闻事件，和新闻自身一样都具有一定的时效性，因此缺乏生命力，快速消逝。

（三）变异"模型化"

在近十年来网络语言的变异现象当中，"模型化"的变异特点引人关注，网络语言的模型化，就是指网络语言按照一定的规律或构成模型产生变异，这些变异方式具有很强的移植性，反映了网络语言变异的明显倾向，根据这一时期网络语言变异现象的大量实例，我们可以得出"网络语言缩形三字四字倾向""低俗用语隐晦婉转表达倾向""网络语言多样化变异倾向"三种模型化特征及倾向。

1. 网络语词缩形为三字格、四字格倾向

来自传统媒体和网络媒体传播的新闻事件、影视作品、人物言论、论坛发帖和回帖等内容来源，经过网络环境下网民的热议、推荐和传播抽取这些内容里的核心语句，进而形成网络流行语。网络流行语在产生之后，网友出自经济性、娱乐性等的考虑，仅保

留这些网络流行语的基本语素（如主、谓成分），形成凝练、简洁的三字结构和四字结构，如图 8-2 所示。

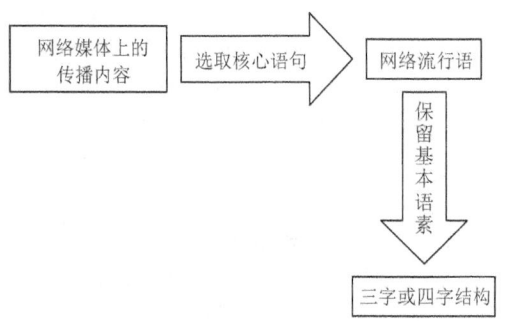

图 8-2 网络语缩形三字四字倾向模型

缩形变异之后的三字格网络新成语（表 8-3）来源广泛，数量繁多，通过三个汉字将原网络流行语的内涵进行浓缩，其中具有代表性的三字格有"公知体"（如我陷思、定体问）等。

表 8-3 常见的三字格网络新成语

三字结构网络新成语	释义
我陷思	我陷入了深深的沉思。
定体问	一定是体制问题。
我伙呆	我和我的小伙伴都惊呆了！
人干事	这是人干的事吗？
请允悲	请允许我做一个悲伤的表情。
醒工砖	醒醒，工头喊你起来搬砖！
数死早	数学老师死得早。
壕做友	土豪，我们做朋友吧！
注孤生	注定孤独一生。
何弃疗	为何放弃治疗？

而缩略简化之后的四字格网络新成语更是网络词语变异使用的常见形式。相比于三字格网络新成语的使用，四字格的网络新成语（表 8-4）往往可以浓缩内容更加丰富的网络流行元素，四字结构网络新成语的来源更加广泛，既有出自新闻事件的"十动然拒"，又有来自流行歌曲的"人艰不拆""画美不看"，还有缩略自网络流行语的"男默女泪"。

汉字作为表意体系的文字，其三字、四字的拼接组合，在形式和内容上凝练简洁、望文知义，其中四字结构接近我国的传统成语这一语言形式，风格典雅，有着特别的形式美感和韵律感，看起来整齐规范，读起来朗朗上口。

网络流行语缩形变异为三四字结构的倾向，浓缩着内容丰富的网络流行文化内涵，风趣而又含蓄地表达了原语言形式的旨意。它顺应了网络时代对于效率的追求，充分体现了网络语言交流的经济性，同时也体现了网络语言变异的一大发展趋势。

表 8-4　常见的四字格网络语

四字结构网络语	释义
累觉不爱	很累,感觉自己不会再爱了。
人艰不拆	人生已经如此的艰难,有些事情就不要拆穿了。
细思恐极	仔细想想,觉得极其恐怖。
男默女泪	男生看了会沉默,女生看了会流泪。
十动然拒	十分感动,然后拒绝了他。
喜大普奔	喜闻乐见、大快人心、普天同庆、奔走相告
不明觉厉	虽然不明白你在说什么,但感觉很厉害的样子。
说闹觉余	其他人有说有笑有打有闹感觉自己很多余。
画美不看	画面太美我不敢看。
社病我药	社会生病了,为什么让我吃药?
体亏屁思	体制问题,吃亏的是屁民,我不由陷入深深的沉思当中。

2. 低俗用语隐晦婉转表达倾向

提到当今的网络语言,网络低俗语是一个不能不说的现象和问题, 2015 年人民网舆情监测室发布《网络低俗语言调查报告》,报告中指出"近年来,随着互联网技术不断进步,互联网语言的不断更新,反映出网民趣味的交流、智慧的调侃、创意的批评,与此同时,现实生活中的市侩、低俗、恶俗甚至反文化现象也在互联网上出现。一些生活中的污言秽语经由网络变形而广泛传播,另外,网民自我矮化、自我丑化的一些词汇也在网络间疯狂生长。"

随着网民文化、审美水平和整体素养的不断提升,网络低俗语开始出现弱化表达的迹象和趋势。网络低俗语通过谐音型弱化、字母型弱化和词义型弱化三种方式,如图 8-3 所示,网络低俗语在三种方式的弱化之下转换成隐晦婉转的表达形式,在表达语气、用字用词方面都相对含蓄。

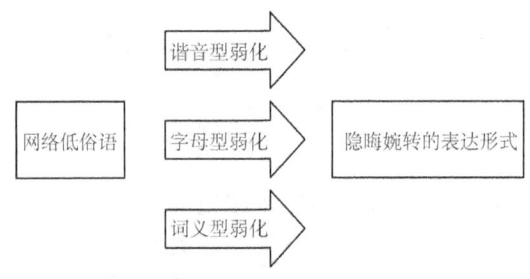

图 8-3　低俗语隐晦婉转表达倾向模型

谐音型弱化是指对网络语言中的低俗词汇,用音同或音似的词加以代替从而实现隐晦和婉转表达的低俗语弱化方式,由于汉语拼音输入法联想功能的参与,这些音同或音似的词往往可以独立成词表达其他含义,如低俗语"碉堡了",表示某事件或事物"太厉害了"的意思。此类弱化的例子还有卧槽、泥煤、草泥马、兰州烧饼(LZSB)、药店碧莲、郭嘉药丸等。

字母型弱化是指对网络语言中的低俗词汇，用该词汉语拼音首字母组合加以代替从而实现隐晦和婉转表达的低俗语弱化方式，如网络低俗语"装×、SB、TMD、NND、WQNMLGB"等，这种弱化方式同时也顺应了网络交际的经济性原则，也在用词的形式上避免了低俗字的使用。

词义型弱化是指对网络语言中的低俗词汇，用词义和语气上弱化的词加以代替从而实现隐晦和婉转表达的低俗语弱化方式，如低俗语"我×"，从词汇的感情色彩和形象色彩上弱化为"我擦""我靠"进而弱化为"我倒"再至"我去"，从词汇的语义上不断弱化，以达到隐晦婉转表达的效果。

需要指出的是，低俗语隐晦婉转表达倾向只是网络低俗语在形式上的改良，属于换汤不换药，真正要做到网络语言环境的净化，还是需要网络用户提高自身素养、注意个人的言辞，需要网络环境不断自净，同时注重加强监管力度，努力改善网络文化氛围，让网络低俗语不断弱化乃至淡出网络语言的环境。

3. 网络语言多样化变异倾向

网络流行语和网络热词的产生有着丰富的来源，这些来源不仅仅局限于网络空间（如网络热门话题、网络红人、网络论坛等），也有来自传统媒体（报纸新闻报道、电视节目、影视作品等）的内容，这些语料来源经过多种变异修辞方式的作用之后，又形成了风格多样的网络语言，这就构成了网络语言多样化变异倾向。网络语言多样化变异倾向主要表现在变异来源、变异方式和变异风格三个方面。

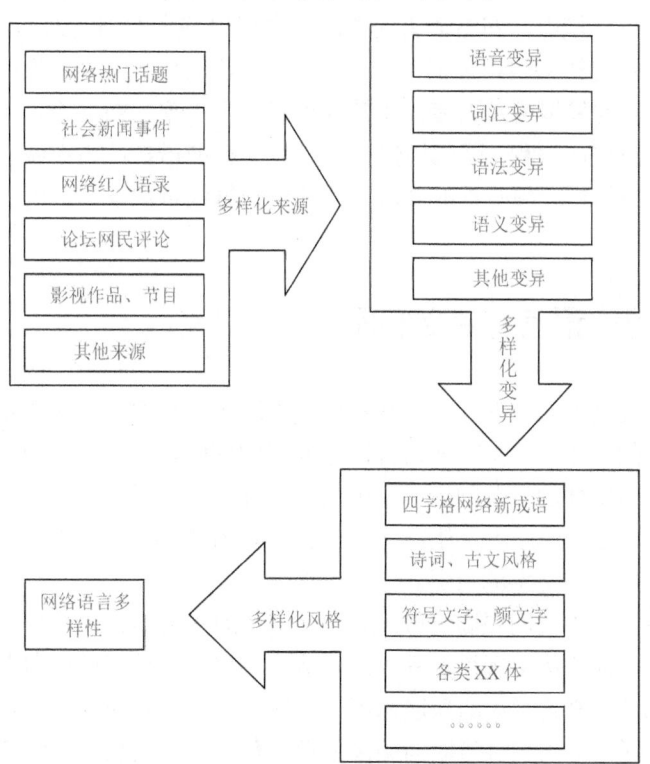

图 8-4　网络用语多样化变异倾向模型

变异来源的多样化为网络语言提供了大量变异使用的语言材料。这些材料涵盖新闻时政、社会现象、文化娱乐等各个角度，这些语言材料进入网络语言使用空间后经过多种变异创新方式的影响，在语音、词汇、语法乃至语义层面发生各种变异使用的现象。原有的变异方式依然具有很强的活力，新的变异方式又不断出现，如2015年"汉语盘点"年度十大网络词中的"我想静静""吓死宝宝了"其中的"静静"和"宝宝"在原句中均指代姓名，这种歧义式的网络语变异使用方式有逐渐兴起的趋势，这也说明网络语言变异创新的方式朝着更加多样的方向不断发展。网络语言在各种变异方式的作用下，进而形成风格多样的语言变异形态，这些形态或注重效率，在经济性原则的影响下尽可能地运用最简省的语言元素实现表达效果，或模仿古风古韵营造典雅意境，或对汉语大量变化改造，形成另类语言风格，引领时尚潮流。网络语言无论在种类和风格上都出现了百花齐放的现象，令人目不暇接。

随着互联网科技的发展和媒体之间的互通融合，传统媒体上的信息几乎会在第一时间在网络上同步传播，加之互联网交互方式、社交媒体种类更加多样，因此网络语言变异多样化的趋势也逐渐成为今后网络语言发展的重要特征。

第二节　网络语言的问题与规范化

作为网络语言生长变化的土壤，网络环境具有集开放性、自由性、娱乐性于一身的特点。在这种语言环境中，网络语言的发展既表现出强大的创造力、传播力和影响力，而同时又缺乏一定的约束性和规范性，在这种流量极其庞大、更新换代速度惊人的信息交流中，网络语言的发展瞬息万变，在某种程度上可以说，网络语言环境加快了网络语言这一语言形态发展的进程，因此如何在网络这一新型语言环境中做好汉语的规范化工作，在保持汉语纯洁性、规范性的同时，保证汉语继续健康发展，应当成为网络语言学应当重视的课题。

一、　网络语言存在的问题

任何事物的发展都有其两面性。网络语言丰富了传统语言的表现形式，以其独特的魅力表现出极强的生命力。在网络语言快速发展的同时，网络语言为了追求新奇有趣而忽略了传统语言中重要的规范问题，呈现出语言怪异化、粗俗化乃至错讹化的现象，脏话粗话连篇，错别字泛滥成灾，使语言失去了原有的纯净，也造成一些沉迷网络的青少年养成不规范使用语言文字的习惯。

汉语在网络交际中被网民随意改造，如火星文的网络语言变异现象一味追求夸张另类，对汉语基本规则和使用规律熟视无睹，造成网络语言使用的失范乃至失控。网络语言使用的失范现象，究其背后的深层原因，不仅与网络传媒和网络语言交际的特殊环境有关，还反映出网络文化和价值取向偏离主流文化和主流价值。网络监管缺乏导致网络用户言论过度自由和对语言漫无目的的随意改造，这些现象共同导致了网络语言变异发展使用过程中的问题,这些问题主要表现在以下三点。

(一)语言使用失范乃至失控

所谓网络语言变异使用的失范,就是指在没有追求特定的、显著的表达效果的情况下,随意更改汉语词汇的音、形、义,一味追求新奇,破坏汉语的语法规范和语言美感,造成词义和语义上沟通和理解的障碍的网络语言变异现象,如中英文掺杂使用的情况,不仅没有起到特定的表达效果,而且还破坏了汉语的纯洁性,让人听起来不伦不类,其中具有代表性的例子就是火星文。

例1　焱暒妏(火星文)
ぺ莪ぷ禧鹳乜伱(我喜欢你)
例2　1切斗4幻j,↓b倒挖d!(一切都是幻觉,吓不倒我的!)
例3　牛竓开yI溡,丗喬艳yI溡,朂后剩丅嘚祇肆靶yI抹紅顏淚←
＿糀開(一)時,丗喬艷(一)時,最後乘リ疠哟芷媞靶(一)抹茳顏閼リ~
」蘤開壹時,嬌艷壹時,最后剩下的隻是把壹抹红顏淚「
(花开一时,娇艳一时,最后剩下的只是把一抹红颜泪)

火星文,意指地球人看不懂的文字,没有固定的形态,只是随意地截取目标词汇字形上有限的部分(多为形声字的形旁),或借用与目标词汇有共同部件的汉字作为替代字,或随意夹杂数字、外文、标点等符号,从而形成新的文字或词语。出于其另类、搞怪和凸显个性等特点,火星文的出现和使用受到了网络年轻群体的追捧。然而火星文却严重破坏了汉字的纯洁性和整体美感,首先火星文表达形式不稳定,同一"改造"目标的火星文形式纷繁凌乱、不伦不类(例3),令人眼花缭乱;其次火星文构造过程过于随意,浮于字音和字形的局部,完全忽略了汉字使用的产生背景、整体意蕴和文化内涵,有些"火星汉字"是只能在《康熙字典》或《辞海》才能查到的繁体字、异体字、非规范字,甚至是生造的文字,给汉语语言文字的标准化和规范化带了消极的影响。

众所周知,现代汉语是指以北京语音为标准语音、北方方言为基础方言、典范的现代白话文著为语法规范的汉民族共同语。而网络语言作为从属现代汉语系统的一种社会方言,不仅涵盖了汉字、字母、符号、图形等元素,更是融汇了各种方言甚至外语元素,加之青少年网络用户缺乏一定的语言知识基础及汉字拼音输入法带来的影响,导致网络语言在网络传播过程中难免出现语言应用失范的现象,如不及时加以管控、规范,在基数庞大的网络用户及其信息的快速传递、更新下,这种失范甚至会导致语言不规范使用的失控,火星文和网络低俗语等失范语言现象的大行其道就是其中的表现。

(二)价值取向偏离

除了语言文字的失范运用对网络语言使用环境和汉语本身带来的不良影响外,网络语言现象中也存在着某些价值取向上的不良趋向。

网络世界是现实社会的一面镜子,它反映出社会文化中形形色色的文化品位和价值取向,而有一些网络语言现象的内容实质反映了有悖于我国社会主义精神文明建设所追求的主流价值取向，对弘扬社会主义核心价值观产生了极为消极的影响。与嘲弄一切、解构一切相对应的，是网络空间中弥漫着的虚无氛围。网络流行语被一再滥用，必然带来价值观的虚无。2009年，"哥×的不是×，是寂寞"成为热门语句，竟被仿拟8390万次；在一波接一波的造词活动中，连"校长，开房找我"也可以变成酒店广告。这些语言现象虽然在语法上符合规范，但是却反映了网络空间中极端追求物质享受、仇富、自轻、谄媚等不良社会风气。近些年来"我爸是李刚""土豪我们做朋友吧""宁愿坐在宝马里哭，也不愿坐在自行车上笑""东莞挺住"等网络流行语在网络中产生热议的同时，其背后折射的不良价值取向对健康的网络文化环境也产生了十分负面的影响，对网络受众尤其是年轻一代没有起到正确的价值导向作用。"另类国风"盛行，民间话语的无心狂欢和价值虚无主义的无底线调侃，往往也是社会性"肌无力症"和"道德失忆症"的病态表征。

（三）语言暴力和低俗语横行

在生活节奏不断加快的当今社会，人们的生活压力陡增，而网络空间由于具有自由性、私密性和隐匿性等特点，许多网民便借此在网络交际平台上表现出极端心理，不负责任的评价指责、无底线的人身攻击、肆意谩骂发泄使整个网络空间语言暴力充斥、戾气十足，友善、儒雅、谦逊、包容等传统美德被抛之脑后。

此外，网络低俗语词也在很多网络交际空间大行其道，许多肮脏粗俗的话语被众多网民信手拈来，网民自我矮化、讽刺挖苦的创造性词语也逐渐增多，代指身体器官的攻讦谩骂随处可见。除此之外，表现性别歧视、职业歧视乃至地域歧视的对一类人群称谓的网络语言变异现象不断被创造出来，强烈反映出当下网络言论空间语言暴力的盛行，恶意攻击的语言暴力和低俗语的横行对建设文明健康的网络文化环境产生了极为不利的影响。低俗网络语词对社会的负面影响是巨大的。它们形成了另类聚合，合力冲击了"詈词禁忌"。"詈词禁忌"属于社会语言的公序良俗，即在公共社交场合忌讳侮辱、谩骂等用语，尤其是对生殖器官类、性行为类及污秽类词语要规避。这类现象绝非单纯的社交文明礼貌用语的问题，其掩藏的深刻危机是危险的伦理（包括语言的和文化的）逻辑。

当下，一些媒体甚至主流媒体滥用网络流行语，对社会起到了不好的示范作用，可能会带来不良后果。难登大雅之堂的网络语词已经频繁出现在新闻标题中。更令人震惊的是，一些媒体甚至直接用网络词为报纸版面命名，有些主流媒体的网站大量充斥着网言网语。这样的语词会污染我们的语言。现在很多年轻人甚至感觉不到低俗网语里的"语言禁忌"。如果我们的舆论对公序良俗的冲击熟视无睹，对这样的"语言违规"习以为常，甚至认同暴虐粗鄙的流氓无赖的文化糟粕，那将是非常可怕的。

二、规范网络语言的意义

网络语言作为新时代的产物，其使用群体多为年轻人群且基数庞大，年轻人群具有强大的创造力，网民年轻化也是网络语言不规范、粗俗化、随意化的重要原因，加之网络环境这一信息交流快速更替的空间的影响，网络语言具有极为显著的特点。近年来，随着互联网技术的不断进步，网络舆论的广度和深度都有前所未有的强化，网络语言的一些变异现象不仅在网络空间内炙手可热，而且其中相当一部分已进入大众日常语言交际中，因此，非常有必要讨论网络语言这一语言形式的使用规范。

在网络语言出现语言使用失范乃至失控、价值取向偏离主流价值、语言暴力和低俗语横行等现象的情况下，网络语言规范化具有重要意义，对于网络语言变异修辞的限制和规范势在必行，网络语言规范使用的重要意义表现在以下三个方面。

（一）事关汉语纯洁性和规范性

由于网络语境的自由性、隐匿性和包容性，以年轻网民为代表的网友群体对语言纯洁度的容忍程度远远高于其他群体，加之网络用户喜爱标新立异，对于各种新奇语言现象盲目地追崇、模仿使用，因而中英混杂、火星文等没有特定表达效果的语言失范现象频频发生；又由于汉字输入法的改进，一些诸如"鸭梨""神马""菌男霉女"等谐音错别字和"我走先""很苹果"等语法不规范使用现象逐渐影响到广大中小学生对于汉语的使用习惯，这些青少年正处于对汉语学习产生认知的关键阶段，不规范的网络语言现象无疑会对青少年的文化教育产生极大的负面影响。从这个角度来讲，汉语网络语言的规范化具有相当的紧迫性。

与此同时，语言暴力、低俗用语等一些网络语言负面现象破坏了汉语的美感，网络戾气随处可见，给文明的网络文化环境带来了乌烟瘴气，这些因素都是阻碍网络语言甚至汉语本身健康发展的不利因素，应当引起我们的高度重视。

（二）事关信息时代的正常交流

在网络交际过程中，为提高输入效率、追求书写与表达同步，字母谐音、汉语词汇缩略形式等很常见，如 PP 是字母缩略谐音词，但其含义却很模糊，有"怕怕、漂漂"等多种意义，常使人不知所云，对信息的正常交流设置了阻碍；又如前文"网络媒介用户的群聚效应"这一小节中列举的，在很多独立的网络社区和论坛中，对一些名词加以随意的更改变换，进入更大的网络空间的交流时往往让人摸不着头脑，而这些网络语言不仅没有因为造成交流障碍而被否定、弃用，反而大行其道，被固定人群反复大量使用，更有成为网络集团黑话的不良倾向。

信息时代依赖的核心就是信息的顺畅交流和传播，部分网络语言脱离汉语本身对于大多数语言使用者来说表情达意的基本功能，这势必严重影响网络环境当中信息的传播和交流，造成网络交流障碍甚至形成语言上的"信息孤岛"。

（三）事关社会文明和价值导向

网络流行语的产生有特定的社会基础，代表一定的社会情绪，是一种社会舆论的表达。由于互联网的特性，网络环境对社会舆论具有放大的功能，同时随着越来越多的人接触互联网，参与互联网交流，反映在网络上的社会不良风气、与主流价值不相符的价值取向反过来对社会氛围产生一定的回馈效应，一些网络语言现象反映了不良的价值取向和社会风气。

这种不利影响在青少年这一网络用户基本群体中表现得极为明显，对财富、暴力、颜值赤裸裸地崇拜，追求刺激、另类、高大上（高端大气上档次）的思想充斥着新一代年轻人的大脑。与此同时，近年来网络语言中夹杂的"负能量"、自卑等不利于青少年心理健康的消极情绪现象呈现上升趋势，有数据表明有相当一部分社会暴力事件的发生与当事人受到网络舆论环境的影响有关，而这种现象在青少年犯罪中的比例有逐年升高的趋势，从这个角度而言，网络文化环境的整治和网络空间价值观念的引导势在必行。

对于网络语言变异规范化的研究几乎是伴随着网络语言现象的产生开始的。立鑫（1998）在网络语言兴起之初就指出应当注重网络语言的健康发展和规范化的问题，并提出应当对不规范的语言现象、语言污染和语言暴力给予足够的重视。张普（1999）在《关于网络时代语言规划的思考》一文中也指出对网络语言的规划将涉及理论语言学、社会语言学、心理语言学、认知语言学乃至计算机技术、数字通信技术、多媒体技术等多个学科，是一个复杂的系统工程，包含了计算机技术、社会文化价值、网络心理特征等多个层面。目前对于汉语网络语言规范化的问题有两种意见，一种认为应当完全顺应网络语言发展的自身规律，遵循语言在网络空间内"语竞网择，适者生存"的"自然法则"，赞同和鼓励网络语言现象进入日常生活的交际当中；另一种意见则认为网络语言变异现象属于网络娱乐化自由化的产物，对汉语的纯洁性和健康发展产生了干扰和破坏，主张加强对网络语言变异使用的监管和约束，杜绝网络语言对现实生活的日常语言使用环境尤其是传统媒体、出版物和中小学语文教育产生不良影响。很多网络语言现象体现了网络文化中轻松幽默、机智创新等特色，同时提高了语言在网络交际中的使用效率，这些现象反而提高了汉语的生命力和表现力，因此不能偏激地将网络语言视为文化垃圾或寄生在汉语言文化上的污点。同时，更不应放任网络语言的随意使用和没有必要的改造，不可为所有网络语言现象"亮绿灯"，杜绝不加选择地全盘接受，因此，对于网络语言的规范使用，是十分有必要的。

三、网络语言的规范建议

网络环境的开放性、自主性和创新性使网络语言发展越来越快。随着网络的日益普及，上网人数剧增，网民成分也日趋多样化，这就对网络语言的发展提出了新要求——网络语言需要规范。自由和秩序是辩证的，自由是相对的。在网络所营造的虚拟环境中，网民享有充分的自由，是推动网络语言发展的一员。但这种自由不是无限的，要受到道德和法律的约束。在强调规范的同时也要允许创新，如何处理好网络语言规范和创新的关系日益引起人们的重视。

(一)加强舆情监测,坚持法治管理

语言现象的出现、稳定到消亡是一个动态发展的过程。在这个动态的过程之中既有旧的语言现象逐渐失去活力,淡出人们的视野,也有新的语言现象"横空出世",其中有一些紧跟时代潮流、符合汉语发展规律的现象逐渐稳定并被大众所接受和使用,同时也有一些违反语言发展规律和语言规范、违背社会主流价值的语言现象滋生。不能任由这些语言现象自生自灭,应该将网络语言的失范现象及网络语言暴力、语言污染等现象纳入网络舆情检测的范畴当中,同时通过制定相应的法律法规,进而规范网络语言,尤其是规范和制约不利于构建文明健康网络语言环境的网络语言现象,不给这些网络语言中的糟粕提供滋生的温床。值得欣喜的是,我们看到很多地方已经制定了相关的地方性法规,并逐步实行网络实名制,如上海已出台法规为日渐泛滥的滥用网络语言之势建起法律屏障,规定国家机关公文、教科书和新闻报道中将不得使用不符合现代汉语词汇和语法规范的网络语言。

与此同时,还应当注意网络语言的特殊使用环境,不同环境下网络语言的应用应遵循不同的规范标准,在支持网络语言在网络空间充分发展的同时,要注意避免网络语言对日常语言生活尤其是中小学教育产生负面影响。2014年11月27日,国家新闻出版广电总局就发出通知,要求"各类广播电视节目和广告应严格按照规范写法和标准含义使用国家通用语言文字的字、词、短语、成语等,不得随意更换文字、变动结构或曲解内涵,不得在成语中随意插入网络语言或外国语言文字,不得使用或介绍根据网络语言、仿照成语形式生造的词语"。由此可见,只有全社会齐心协力将网络语言的快速发展装进用法律和道德编制的"笼子",才能让汉语在网络世界里健康地成长,网络语言才能发挥其最大的正面效应,服务于社会和广大网民。

(二)挖掘本土文化,体现汉语之美

汉语具有上千年的历史,是我们宝贵的历史遗产和文化瑰宝。它增强了我们国家和民族的凝聚力,蕴藏着博大精深的中华文化,同时又为我们每天所使用,成为我们日常生活必不可少的一部分。互联网的兴起和网络语言的出现为汉语这一古老语言带来了勃勃生机,这也正说明汉语自身还具有极大的发展潜力,还有很多内涵和潜力亟待我们去挖掘,然而网络也给汉语的发展带来了前所未有的挑战。我国当前正处于经济转型和文化重构的重要历史时期,传统文化正面临着巨大冲击与挑战,许多传统文化的精髓在不断地流失,这在网络文化空间中的表现尤为显著。

我们应当适时停下不断追求新奇和另类的步伐,充分发掘汉语中丰富的文化宝藏,汲取汉语中蕴藏的传统文化的精华,与日新月异的网络媒体相结合,这样既可以规范网络语言的使用,又能给网络文化带来一丝既厚重又清新的全新风尚,普遍提高网民使用语言的品位格调和语言鉴赏能力,例如被称为汉字造字法的"六书"就在当今网络的造字机制和创新使用中重新焕发了生机,无论是利用象形引申词义的"囧",还是利用同体会意、异体会意法造字用字的"槑""嚞""烎""怼",以及可以被称作亦声字(会

意兼形声）的"壕"，无一不是沿袭了先人创造汉字的伟大智慧和传统。此外，古风古韵的网络语体现了传统文化和汉语的精髓之所在，也具有丰富的文化内涵。这些挖掘汉语内涵、体现汉语魅力的网络语言现象不仅没有落后于网络时代的潮流，反而为网络语言的发展带来一丝文化气息和淡雅之风。

（三）明确主体意识，牢记角色担当

从网民的角度来说，应当肩负起双重身份的主体担当。所谓双重身份是指，广大网民群体在网络交际的过程中，扮演网络语言的创造创新主体，他们在各种网络语料来源下敏锐地发现具有可塑性和话题性的部分，并且将其在网络交际时加以实现；与此同时，网民又不自觉地变成了网络语言的传播者，通过鼠标、键盘将这些网络语言大量快速地交互传递，影响着更多的网民。我国现在已经拥有七亿多网民，如此庞大的基数下，任何微小的语言变异现象都可以产生极大的影响，因此尤其需要广大网民少一分戾气，多一分担当，做好汉语文化的继承者和网络语言的创造者、传播者。

从政府的角度来说，应当加强舆情监督和网络语规范的法治化建设。网络生活越来越成为人们日常生活的重要组成部分，虚拟形象、隐匿外表下的网络身份都是实实在在的公民个体，因此网络空间不应当成为法治监管的空白地带，网络舆情通过网民各种网络语言现象的表达反映了社会动态和民情民意，作为主管部门应当适时跟进网络舆情的发展变化，设立舆情监测室等专项主管部门，加快对互联网络舆情预警机制的研究，同时有关部门应当及时出台法律法规，对于网络空间中违背汉语发展规律、破坏健康文明的网络文化环境，并且不利于网络语言进一步发展的语言现象及时加以管控，为汉语提供一片和谐清净、富有活力的网络环境。

从社会的角度来说，应当弘扬社会正气，加强价值引导。针对网络语言中价值取向偏离主流价值的倾向，一方面应当积极引领"友善""谦逊""诚信""感恩""包容"等积极正面的传统文化，弘扬社会正能量，营造一个健康和谐的网络文化环境，另一方面还要提倡广大群众，尤其是中小学生重视加强语文的学习，提高自己的汉语素养和文化品味，并避免网络语言中的错别字、低俗语等不文明不规范的语言表达对青少年的汉语学习和认知产生不良影响。

从媒体的角度来说，应当坚持职业操守，担负起语言传播者的责任。近年来，一些网络媒体为了吸引眼球，增加点击率，运用偷换概念、以偏概全、断章取义等手段，在新闻标题上大做文章。媒体这种缺乏职业操守的现象俗称"标题党"，新闻标题严重夸张，帖子内容通常与标题完全无关或联系不大。还有一些媒体在电视节目等传统媒体形式中滥用网络语言甚至使用一些粗鄙低俗的语言，让人大跌眼镜。作为媒体，首先应以客观事实为根据，不应单纯追逐关注度或任意迎合少数网民的趣味取向而放弃作为媒体的基本职业准则，而应当积极引导，提高大众文化品位。近年来，媒体呈现的"中国汉字听写大会""中国成语大会"等节目就是其中十分有益的尝试。媒体工作者不仅要做

汉语的传播者，还要成为语言文字的捍卫者。只有这样，网络语言的产生和传播才能充分顺应时代的发展脉搏，在中国特色社会主义文化建设和网络文化的发展建设中扮演更为积极的角色。

拓 展 阅 读

1. 柴磊. 网络交际中的语言变异及其理据分析[J]. 山东外语教学, 2005, (02): 43-46.
2. 陈红美, 葛红. 网络语言中的变异现象探析[J]. 长春理工大学学报（社会科学版）, 2012, (08): 123-126.
3. 江南, 庄园. 网络语言规范与建设构想[J]. 扬州大学学报（人文社会科学版）, 2004, (02): 51-56.
4. 李珂. 汉语网络用语（2005—2015）变异修辞研究[D]. 江苏师范大学硕士学位论文, 2015.
5. 曲彦斌, 王焯. 网络语言的模式、特征及发展趋势——兼就《中国语言生活状况报告》有关部分谈网络语言生活的和谐问题[J]. 辽东学院学报, 2009, (03): 68-73.
6. 郑保卫, 李文竹. 网络语言暴力现象的法律治理与道德规范[J]. 新闻研究导刊, 2013, (05): 3-8.

思考与练习

1. 网络语言变异发展呈现出哪些特征？
2. 网络语言变异现象的发展趋势是怎样的？
3. 讨论网络语言的利弊。
4. 网络语言在发展过程中存在哪些问题？
5. 网络语言规范的意义是什么？
6. 针对网络语言的缺憾与规范，谈谈你的想法。
7. 网络语言中存在大量字母语词，你怎么看这个问题？

参 考 文 献

安志伟．2012．网络语言的多角度研究[M]．太原：山西人民出版社．
蔡长虹．2010．论改革开放以来的语音造词法——以网络语言中的新词新语为例[J]．辞书研究, (02)：46-52.
曹进．2012．网络语言传播导论[M]．北京：清华大学出版社．
曹京渊．2008．言语交际中的语境研究[M]．济南：山东文艺出版社．
曹石珠．2001．汉字修辞与字形、字义的联系[J]．郴州师范高等专科学校学报, (04)：80-83.
曹石珠．2001．论借形[J]．云梦学刊, (06)：108-110.
柴磊．2005．网络交际中的语言变异及其理据分析[J]．山东外语教学, (02)：43-46.
车飞．2015．汉语网络类成语研究——"网络成语""网络新成语"或"后现代成语"及其相关问题的多维新探索[D]．黑龙江大学硕士学位论文．
陈沉．2013．网络语言的传播学探析[D]．中国海洋大学硕士学位论文．
陈红美，葛红．2012．网络语言中的变异现象探析[J]．长春理工大学学报（社会科学版）, (08)：123-126.
陈敏哲，白解红．2012．汉语网络语言研究的回顾、问题与展望[J]．湖南师范大学社会科学学报, (03)：130-134.
陈姗姗．2014．社会语言学视角下的日语网络语言变异分析[J]．长春教育学院学报, (02)：58-60.
陈望道．2008．修辞学发凡[M]．上海：复旦大学出版社．
陈文鹏．2011．近十年网络词语发展变化研究[D]．暨南大学硕士学位论文．
陈晓桦．2008．网络语言的变异修辞及其文化观照[J]．浙江工商大学学报, (04)：37-41.
陈正统．2007．闽南话漳腔辞典[M]．北京：中华书局．
成蕾．2004．网络流行语[M]．北京：机械工业出版社．
褚群武．2012．网络新造字的构成与社会认知[J]．广播电视大学学报（哲学社会科学版）, (01)：96-99.
戴洪波．2012．模因视域下的网络语言研究[D]．齐齐哈尔大学硕士学位论文．
戴军明．2006．网络词语的造词分析[J]．语言文字应用, （S2）：222-224.
窦小忱．2014．文化发展视域下的汉语网络语言研究[J]．语文建设, （03）：49.
樊慧．2011．虚拟与现实——论网络语言变异[J]．北京邮电大学学报（社会科学版）, (02)：9-14.
方毅华，罗鹏．2011．"年度十大网络流行语"编码规律解析[J]．现代传播, (12)：77-80.
冯广艺．2004．变异修辞学[M]．武汉：湖北教育出版社．
付开平，彭吉军．2009．"被××"考察[J]．郧阳师范高等专科学校学报, （05）：53-56.
宫淑瑰．2011．传播学视野下的网络语言研究[D]．山东大学硕士学位论文．
郭芳．2007．网络语境下的网络语言[J]．双语学习, (11)：228-229.
郭婷婷．2012．从社会语言学的角度论时下网络语言变异[J]．剑南文学 (经典教苑), (07)：145-147.
海德格尔．2012．存在与时间[M]．陈嘉映等译．北京：生活·读书·新知三联书店．
韩志刚．2009．网络语境与网络语言的特点[J]．济南大学学报 (社会科学版), (01)：31-33.
何洪峰．2003．从符号系统的角度看"网络语言"[J]．江汉大学学报 (人文科学版), (01)：74-78.

何伟琴．2014．从网络亚文化视角看网络语言[J]．安徽文学, (11)：107-109．

何自然,何雪林．2003．模因论与社会语用[J]．现代外语, (2)：200-209．

何自然,冉永平．2010．新编语用学概论[M]．北京：北京大学出版社．

何自然．2005．语言中的模因[J]．语言科学, (6)：54-64．

胡凌,刘云,杨传丽．2014．网络语言二十年发展综述[J]．湖南大学学报, (05)：136-141．

黄伯荣,廖序东．2011．现代汉语（增订五版）[M]．北京：高等教育出版社．

黄丽群．2012．网络语言变异现象研究[D]．温州大学硕士学位论文．

黄自然．2011．网络流行语体的传播机制与传播动因探析[J]．新闻界, (06)：93-96．

惠天罡．2006．网络词语构词探析[J]．修辞学习, (02)：71-74．

吉益民．2012．网络变异语言现象的认知研究[M]．南京：南京师范大学出版社．

季安锋．2009．网络语言与社会文化心理[J]．济南大学学报 (社会科学版), (01)：33-35．

贾娟娟．2008．浅析变异修辞视野中的网络语言[J]．湖北经济学院学报（人文社会科学版），(07)：126-127．

江南,庄园．2004．网络语言规范与建设构想[J]．扬州大学学报 (人文社会科学版), (02)：51-56．

姜雨青．2012．模因理论视角下的汉语网络流行语研究[D]．曲阜师范大学硕士学位论文．

颈松,麒珂．2000．网络语言是什么语言[J]．语文建设, (11)：13-14．

迥的．1997．网络文化中的新语言[J]．中国青年科技, (3)：37．

康庆业．2014．传播学视角下的网络语言研究[J]．语文建设, (24)：39-40．

康忠德．2010．网络语言词汇变异研究[J]．淮北煤炭师范学院学报, (04)．

雷冬平,李要珍．2013．元话语和网络语言中"体"的篇章构式研究[J]．湘潭大学学报, (03)：106-111．

李翠羽．2011．模因论视角下的网络语言变异研究[D]．河北大学硕士学位论文．

李菊莉．2012．网络语言句法变异及其认知分析[J]．青春岁月, (12)：107．

李军华．2007．符号的颠覆与重构：网络缩略语研究[J]．甘肃社会科学, (03)：250-252．

李珂．2014．浅谈网络语言"冷"文化——以逻辑变异现象为例[J]．四川职业技术学院学报, (06)：61-63．

李珂．2015．汉语网络用语（2005—2015）变异修辞研究[D]．江苏师范大学硕士学位论文．

李敏．2014．网络语言的语法变异研究[J]．鲁东大学学报 (哲学社会科学版), (06)：43-47．

李雪,邵平和．2009．从"被自杀"看网络"被××"格式[J]．语文学刊, (10)：111．

李雅倩．2008．网络语言的现状及其发展趋势分析[D]．贵州大学硕士学位论文．

李亚妹．2013．冷笑话的语言学解读[D]．安徽大学硕士学位论文．

李志伟．2011-01-01．法国网络安全战略正兴起[N]．人民日报, 3 版．

立鑫．1998．谈谈网络语言的健康问题[J]．语文建设, (01)：46-47．

梁萍萍．2012．网络语言及其演变探讨[D]．暨南大学硕士学位论文．

梁琦秋．2012．网络语言模糊性的社会语言学研究[D]．上海外国语大学硕士学位论文．

林纲．2002．网络用语的类型及其特征[J]．修辞学习, (01)：26-27．

林纲．2005．网络言语社区中的语言接触分析[J]．中国社会语言学, (01)：142-156．

林纲．2010．新兴结构"被××"：分析和探究[J]．语文建设通讯（香港）, (05)：13-19．

林纲．2014．网络语言的演变与网络言语社区分析[J]．华语文教学研究（台湾）, (02)：59-85．

刘海燕. 2002. 网络语言[M]. 北京：中国广播电视出版社.

刘静. 2004. 网络语言变异现象初探[D]. 广西大学硕士学位论文.

刘少聪. 2014. 从语音角度研究网络语言的构成[J]. 青年作家, (28): 58.

刘晓明. 2014. 网络新成语建构中的模因机制探析[J]. 山西师范大学学报, (S5): 144-146.

刘毓容. 2011. 模因论与网络语言变异[J]. 湖北经济学院学报（人文社会科学版), (08): 121-122.

卢惠惠. 2003. 小议网络语言的语音变异现象[J]. 修辞学习, (01): 38-39.

吕明臣, 李伟达. 2008. 网络语言研究[M]. 长春：吉林大学出版社.

吕叔湘. 2003. 现代汉语八百词（增订本）[M]. 北京：商务印书馆.

吕叔湘, 丁声树. 2005. 现代汉语词典[M]. 北京：商务印书馆.

马清华. 2006. 语义的多维研究[M]. 北京：语文出版社.

毛延生. 2010. 变异与认同:网名的社会语用研究[J]. 语言文字应用, (04): 32-40.

彭咏梅, 甘于恩. 2010. "被V双"：一种新兴的被动格式[J]. 中国语文, (01): 57-58.

乔米加. 2005. 法国网络语言一瞥[J]. 法语学习, (05): 83-90.

曲彦斌, 王焯. 2009. 网络语言的模式、特征及发展趋势——兼就《中国语言生活状况报告》有关部分谈网络语言生活的和谐问题[J]. 辽东学院学报, (03): 68-73.

曲彦斌. 2000. 计算机网络言语交流中的身势情态语符号探析[J]. 语言教学与研究, (04): 25-31.

饶开. 2000. 汉字文化一大奇观——拆字[J]. 阅读与写作, (01): 24-25.

人民网舆情监测室. 2016. 2015 中国网络语象报告[EB/OL]. http://yuqing.people.com.cn/n1/2016/0325/c210107-28226600[2016-06-09].

申慧. 2012. 近年来网络媒体流行的"新"成语探析[J]. 山西师范大学学报（社会科学版), (S2): 78-80.

盛阳. 2013. 网络语言修辞研究——以 2008—2012 年网络语言为例[D]. 江苏师范大学硕士学位论文.

施春宏. 2010. 网络语言的语言价值和语言学价值[J]. 语言文字应用, (03): 70-80.

史景轩. 2013. 日本应对学生网络欺辱的八大策略[J]. 中小学管理, (07): 42-44.

谭玉兰. 2010. 网络语言变异及其规范[D]. 吉林大学硕士学位论文.

汤玫英. 2010. 网络语言新探[M]. 郑州：河南人民出版社.

田蓓. 2014. 模因论视角下的微博语言变异研究[D]. 扬州大学硕士学位论文.

汪奎. 2012. 网络会话中"呵呵"的功能研究[D]. 华东师范大学硕士学位论文.

汪磊. 2011. "菜奴"——一个网络词语的诞生[J]. 语文建设, (10): 42-44.

汪磊. 2016. 网络语言研究十年[J]. 语言战略研究, (03): 43-51.

王华梅. 2006. Santiago Posteguillo 的《网络语言学》介绍[J]. 哈尔滨职业技术学院学报, (01): 114-117.

王靖. 2007. 网络用户名研究[D]. 山东大学硕士学位论文.

王可. 2012. 浅析"甄嬛体"的流行[J]. 语文学刊, (10): 30-32.

王乐. 2008. 汉语语境下网络新词语研究[D]. 山东大学硕士学位论文.

王力. 1943. 中国现代语法[M]. 北京：商务印书馆.

王未. 2000. 网络语言的新修辞现象[J]. 修辞学习, (01): 44-45.

王妍. 2010. 从符号学角度探究网络语言的特征[J]. 湖北工业大学学报, (06): 114-117.

王寅. 2013. "新被字构式"的词汇压制解析——对"被自愿"一类新表达的认知构式语法研究[J]. 上

海外国语大学学报, (03): 13-20.

王宇波. 2011. 基于网络媒体监测语料库（汉语）的性别语言差异实证研究[D]. 华中师范大学博士学位论文.

韦周平. 2014. 社会心理学视角下的网络语言变异原因探究[D]. 广西大学硕士学位论文.

吴慧颖. 2009. 浅析网络语言的修辞手法[J]. 大众文艺 (理论), (12): 88-89.

吴礼权. 2006. 现代汉语修辞学[M]. 上海：复旦大学出版社.

吴燕琼. 2009. 网络语言变异的模因解读[J]. 广东外语外贸大学学报, (03): 75-78.

武小军. 2006. 网名成因的社会语言学阐释[J]. 求索, (11): 191-193.

武晓平. 2004. 网络语境特点和网络语言的形式意味化手段[J]. 长春理工大学学报 (社会科学版), (02): 17-19.

夏历, 张鸿艳. 2014. 网络语境下的"×哥"形式研究[J]. 语言文字应用, (03): 44-50.

徐燕飞. 2001. 论网络聊天室缩略语及其原词语的特点[D]. 大连海事大学硕士学位论文.

许慎. 2006. 说文解字（附检字）：影印本[M]. 徐铉校定. 北京：中华书局.

薛婷. 2014. 后现代主义思潮下的网络语言现象研究——以网络"××体"为例[D]. 华中师范大学硕士学位论文.

杨金凤. 2010. 从模因论角度看网络语言变异[J]. 湘南学院学报, (04): 65-67.

杨则正. 1996. 《Keep Smiley》或新的网络语言[J]. 管理科学文摘, (11): 51.

姚智清. 2005. 略论网络语言中的词汇变异现象[J]. 洛阳师范学院学报, (06): 99-103.

佚名. 2012. 随着网络语言研究的深入网络语言学应运而生[EB/OL]. http://www.qstheory.cn/wh/wywy/201206/t20120615_164282[2015-03-16].

易文安. 2000. 网络时尚词典[M]. 海口：海南出版社.

于根元. 2001a. 网络语言概说[M]. 北京：中国经济出版社.

于根元. 2001b. 中国网络语言词典[M]. 北京：中国经济出版社.

于全有, 裴景瑞. 2008. 一种新型的网络语言——"火星文"论析[J]. 沈阳师范大学学报, (06): 148-152.

喻国明. 2009. 传媒经济学[M]. 北京：中国人民大学出版社.

詹娇. 2010. 网络语言形成发展动因分析及其影响[D]. 辽宁师范大学硕士学位论文.

张晶晶. 2011. 网络新字现象述评[J]. 汉字文化, (02): 70-73.

张莉. 2004. 网名的语言调查及文化分析[J]. 河南大学学报, (03): 130-132.

张炼强. 2000. 修辞论稿[M]. 北京：人民教育出版社.

张普. 1999. 关于网络时代语言规划的思考[J]. 语文研究, (03): 1-10.

张薇. 2014-12-30. 网络语言盛行："新意迭出"还是"汉语危机"？[N]. 光明日报, 9版.

张跣. 2009. "网络雷词"议程设置和游牧式主体[J]. 文艺研究, (10): 107-115.

张译方, 金晓艳. 2014. 国外维护语言安全的经验与启示[J]. 东北师范大学学报（哲学社会科学版）. (06): 141-145.

张颖炜. 2015. 网络语言研究[M]. 广州：暨南大学出版社.

张玉玲. 2014. 网络语言的语体学分析[M]. 北京：中国社会科学文献出版社.

张玉书. 1997. 康熙字典[M]. 北京：北京师范大学出版社.

张云辉．2007．网络语言的词汇语法特征[J]．中国语文, (06)：531-535．
张云辉．2010．网络语言语法与语用研究[M]．上海：学林出版社．
赵华伦．2005．论网络语言的修辞现象[J]．语言文字应用, (01)：124-126．
赵丽萍．2006．谈网络语言中的词汇变异现象[J]．现代语文, (07)：76．
赵雅文．2005．网络媒体语言交际的特征及规范性应用[J]．新闻知识, (05)：54-55．
郑保卫, 李文竹．2013．网络语言暴力现象的法律治理与道德规范[J]．新闻研究导刊, (05)：3-8．
郑远汉．2004．修辞风格研究[M]．北京：商务印书馆．
朱德熙．2003．语法讲义[M]．北京：商务印书馆．
朱晓彧, 冯美．2014．网络流行语生成传播机制探究——以"××体"为例[J]．河南大学学报, (04)：112-118．

附录一　常见四字格网络新成语释义

[1] 啊痛悟辣
释义：源于辛晓琪的歌曲《领悟》，是"啊，多么痛的领悟（蜡烛）"的缩写，蜡烛是微博常用的表情符号。

[2] 爱名如子
释义：爱惜名利就像爱护自己的子女一样。

[3] 拜登吃面
释义：以远低于货值的价格采购到商品。①形容一切企图以极小代价换取最大利益的不切实际的想法；②指过分夸张，有目的的作秀，但讽刺意味更重，有愚弄鄙视受众智商的含义，即人前一套，背后一套。

[4] 杯水车薪
释义：网络新释义，比喻付出得少，回报得多，做着轻松的工作，领着高额的工资。

[5] 不明觉厉
释义：源自周星驰电影《食神》中的对白，是"虽然不明白（楼主）在说什么，但感觉好像很厉害的样子"的缩略形式。用于表达菜鸟对高手的崇拜，但也用于调侃楼主语言行为夸张和不知所谓。

[6] 不学无术
释义：网络新释义，不学没有实用价值的知识。

[7] 不约而同
释义：网络新释义，是"因太久没有被异性约而变成同性恋"的缩略形式。

[8] 长发及腰
释义：源于何晓道《十里红妆女儿梦》中的"待我长发及腰，少年娶我可好？待你青丝绾正，铺十里红妆可愿？ 却怕长发及腰，少年倾心他人。待你青丝绾正，笑看君怀她笑颜"，形容缠绵的爱情。

[9] 地命海心
释义：是"吃地沟油的命，操中南海的心"的缩略形式。"地命海心"可以说是在现代条件下新旧观念的一种碰撞，即扫一屋和扫天下之间能有多大联系。

[10] 钓鱼执法
释义：英美地区叫执法圈套（entrapment），这是英美法系的专门概念，它和正当防卫等一样，都是当事人无罪免责的理由。从法理上分析，当事人原本没有违法意图，在执法人员的引诱之下，才从事了违法活动，国家当然不应该惩罚这种行为。这种行为如果运用不当将致人犯罪，诱发严重社会问题。钓鱼执法是政德摧毁道德的必然表现。行政执法中的"钓鱼执法"，与刑事侦查中的"诱惑侦查"，或者叫"诱惑取证"类似。

[11] 东跑西颠

释义：源于周立波《暴风骤雨》第一部："他和他的那个组，打地，评等级，品好赖，劈青苗，东跑西颠，整整地忙了五天。"比喻到处奔走。

[12] 毒德大学

释义：摄影论坛流行语，是"毒！德味！大师！学习了！"的缩略形式，意指讽刺现在的摄影论坛尽是些毫无营养的回帖，看到什么作品都机械式的回复这句话。

[13] 度日如年

释义：网络新释义，每天都像过年，形容生活水平提高了。

[14] 繁荣娼盛

释义：由"繁荣昌盛"谐音而来，用来形容色情行业等不良社会风气的热闹景象。

[15] 非法献花

释义：源于2010年1月13日Google宣称考虑关闭中国网站。当日上午，不少民众自发来到Google中国办事处，并献上鲜花，表达对Google的惋惜。然而，清华科技园(Google中国办事处所在地)的保安宣称他们的行为是"非法献花"。"非法献花"作为网络名词，由此产生。

[16] 飞蝗芜湖

释义：飞蝗芜湖即非黄勿护，为D8(李毅吧)专有网络名词。非黄(本贴非黄色类贴子)，勿护(不要删除)，整体解释为:本贴子非黄色，请吧务不要删除。

[17] 敢动中国

释义：就是敢在中国头上动土的个人或团体。

[18] 故宫强撼

释义：故宫强行撼动了人们对汉语的信心。引申意思是写错字、假装有文化、故弄玄虚和死不认错。

[19] 官走生坐

释义：意思是在某些人的眼中，只有领导才是最重要的，全然不顾老百姓的死活。

[20] 光盘行动

释义：倡导厉行节约，反对铺张浪费，带动大家珍惜粮食、吃光盘子中的食物。

[21] 国进民退

释义：有广义和狭义之分。狭义上是指表现为国有经济在某一或某些产业领域中市场份额的扩大，以及民营企业在该领域市场份额的缩小，甚至于退出。广义上除了上述内容外，还表现为政府的经济干预或者说宏观调控力度的加强。

[22] 海派清口

释义：实质上是一种带有表演性质的脱口秀，是一种"智慧性的表演形式"。"海派清口"是上海滑稽演员周立波所创立的，是从上海本地的单口滑稽、北京单口相声和香港"栋笃笑"等曲艺表演形式中汲取精华发展而成的。清口就是一个人在台上表演，说的全是社会热点、焦点，加上演员自己的演绎，传达一种快乐的生活方式。海派清口主要以幽默的形式盘点时事为主，讲究的是知识结构和语言修养。

[23] 核传盐尽

释义：源于2011年日本地震核辐射事件，我国百姓道听途说，争相买盐。以此说明谣言的厉害，以及人们对事物的盲目应对。意指对某事物过分担忧、敏感。

[24] 化危为机

释义：把危机和困难转化为成功的机遇。

[25] 火钳刘明

释义："火前留名"的谐音。常用于帖子或者论坛的回帖词汇，在帖子火之前留下名字。该词语经常出现在百度贴吧或者论坛跟帖中。网友发现一篇神帖，常会说火前留名，希望能跟着沾点人气，自己的ID也可以跟着热帖混个脸熟。该成语还有一些引申用法，如"万火留"是"万一火了呢，先留名"的缩写。由于输入法的缘故，人们在输入火前的时候出现的是火钳，所以网友们为了方便，"火前留名"也就变成了"火钳刘明"。

[26] 焦锐奶化

释义：源于国内摄影圈，是"焦内如刀割般锐利！焦外如奶油般化开！"的缩略形式。用以讽刺摄影论坛中充满毫无营养的、机械式回帖的现状。

[27] 聚打酱油

释义：源于广州电视台在街头采访一个过路市民对"艳照门"有什么看法时。那个有趣的市民回答道："关我××事，我是出来打酱油的。"之后，这句话成为网友集体的表达方式。言外之意，只是过路而已，所以没有什么意见。这跟"路过""飘过"的意思是一样的。也指一些人对新事物漠不关心，甚至无知。

[28] 开胸验肺

释义：原意指将通过人工手术的方式把胸腔打开查验肺器官，后特指因为阶层关系无法保全自己受损利益而无奈作出的自我牺牲行为。泛指当事人或物被毁灭对自身有利证据或拒不履行相关责任的相关企事业单位或者法人、行为人为之采取的一种下下策，也可以是一种最直接验证某些事物状态的方法，同时也体现了一种极无奈的抗议与呻吟。

[29] 跨省追捕

释义：指一些地方政府利用手中的职权对身处另一省份的利用网络发帖行使自身权利的公民进行抓捕的行动。现在网民跟发帖经常加句"谢绝跨省追捕"，用于调侃，或者对别人对自己的深入询问表示拒绝。

[30] 累觉不爱

释义：源于豆瓣上一名95后男孩的帖子，是"很累，感觉自己不会再爱了"的缩略形式。

[31] 林貌杨音

释义：类似传统成语"李代桃僵"（比喻互相顶替或代人受过）或"张冠李戴"。指为了某种原因和目的有意犯下冒名顶替的错误，没有代人受过的意思。"林貌杨音"这个新成语还揭示了两个新的含义：一个是为了追求完美无缺而以假乱真，另一个是以所谓的"国家利益"的名义就可以干任何违背常理常情的缺德事。

[32] 路边高墙

释义：表示一件东西虽然漂亮，却没有实际用处，只能遮住丑陋的东西。

[33] 男默女泪

释义：是"男生看了会沉默，女生看了会流泪"的缩略形式，多用来形容某篇文章的主题，多与情感爱情有关，后来沿用到各个方面。

[34] 欧阳挖坑

释义：又叫月球挖坑。源于网络评论"欧阳院士一不小心，坑挖到了月球上去了"，指拥有一定身份的人说话不严谨，下结论极不负责任。

[35] 旁岐曲径

释义：源于朝鲜朝李珥的《东湖问答》，指责当时国王舍君子而近小人是舍大路而选择小道行走的意思，暗指政治界和政府对意见分歧的政治问题，不顾民意和正当的方法，独断处理的行为。

[36] 巧言利口

释义：源于汉·东方朔《非有先生论》："三人皆诈伪，巧言利口以进其身。"指巧伪的言辞，锋利的口辩。

[37] 人艰不拆

释义：源于林宥嘉歌词《说谎》，是"人生已经如此的艰难，有些事情就不要拆穿"的缩略形式。后常被网友在回帖中引用，表达楼主直接说出了一个事情的真相，只是让人一时无法直接面对的意思。

[38] 人肉搜索

释义：即"人肉搜索引擎"，简称人搜，是一种类比的称呼，主要是用来区别传统搜索引擎。它是指通过集中许多网民的力量去搜索信息和资源的一种方式，主要包括利用互联网的机器搜索引擎（如百度等）及利用各网民在日常生活中所能掌握的信息来进行收集信息等方式。"人肉搜索"与知识搜索的概念差不多，只是更强调搜索过程的互动而已。近年来"人肉搜索"有时成为一种网络暴力方式。

[39] 三鹿毒奶

释义：源于三鹿奶粉事件。①意指为利益驱动做假，明知有危害而故意妄为，对众人造成伤害，被揭穿后，千方借口，寻找替罪羊，逃脱罪责，戴有色眼镜、故意回避主要矛盾、袒护责任人、为其开脱的行为。②指那些为人买通，用各种方式为错误和罪责出面开脱说好话的人。

[40] 三毛抄四

释义：①不知真相而随便下结论；②故意混淆视听；③本末倒置，颠倒黑白；④特指盲信某种理论、某个人物而完全不调查事实的狂热精神状态；⑤口语，意为"胡扯"。

[41] 三网合一

释义：即"三网融合"，指电信网、广播电视网、互联网在向宽带通信网、数字电视网、下一代互联网演进过程中，通过技术改造，其技术功能趋于一致，业务范围趋于相同，网络互联互通、资源共享，能为用户提供语音、数据和广播电视等多种服务。三合并不意味着三大网络的物理合一，而主要是指高层业务应用的融合。三网融合应用广泛，遍及智能交通、环境保护、政府工作、公共安全、平安家居等多个领域。以后的手机可以看电视、上网，电视可以打电话、上网，电脑也可以打电话、看电视。三者之间相互交叉，形成你中有我、我中有你的格局。

[42] 山前刘明

释义："删前留名"的谐音，指在贴吧等网络平台上删帖前留下名字。

[43] 社病我药

释义：是"社会生病了，为什么让我吃药"的缩略形式。

[44] 十动然拒

释义：源于2012年11月11日华中科技大学文华学院某男生向他心仪的女生送出用212天时间写的16万字情书被拒绝事件，是"十分感动，然后拒绝了他"的缩略形式。用来形容屌丝被女神或男神拒绝后的自嘲心情。

[45] 十面霾伏

释义：指阴霾重重，四面看不清，属于重度空气污染。

[46] 世坚跳海

释义：源于台湾媒体监督政治人物言出必践。引申为人们须言行一致、完善人格。

[47] 刷漆绿化

释义：以刷漆来充当环境优良的"青山绿水"，是自欺欺人、掩耳盗铃、画饼充饥的愚蠢行为。表示做毫无用途的表面文章。

[48] 谁死鹿手

释义：源于三鹿奶粉事件。传统成语"鹿死谁手"被网民改成"谁死鹿手"以表达对食品安全的无奈及焦虑，还隐约表达了个体在无良商家面前的脆弱感。

[49] 说闹觉余

释义：是"其他人有说有笑，有打有闹，感觉自己很多余"的缩略形式。

[50] 网络暴力

释义：是一种暴力形式，它是一类在网上发表具有伤害性、侮辱性和煽动性的言论、图片、视频的行为现象，人们习惯称之为"网络暴力"。网络暴力能对当事人造成名誉损害，而且它已经打破了道德底线，往往也伴随着侵权行为和违法犯罪行为，亟待运用教育、道德约束、法律等手段进行规范。网络暴力是网民在网络上的暴力行为，是社会暴力在网络上的延伸。网民们若想获得自由表达的权利，也要担当起维护网络文明与道德的使命。

[51] 无图说锤

释义：是"没图你说个××"和"没图你说个锤子"的缩略形式。意思是没有图片还有什么好说的。

[52] 捂盘惜售

释义：捂盘惜售，英文为 property hoarding，2007年8月教育部公布的171个汉语新词之一。从字面意思理解是"捂住楼盘，舍不得把房子拿出来销售"，其目的和"囤房捂盘"一样，都是为了哄抬房产价格。"捂盘惜售"影响之大，以致"国六条"实施细则将"捂盘惜售"与"囤积房源、恶意炒作、哄抬房价"等行为并列，并表示"要加大整治查处力度，情节恶劣、性质严重的，依法依规给予经济处罚"。

[53] 喜大普奔

释义：也作"普大喜奔"，是"喜闻乐见、大快人心、普天同庆、奔走相告"的缩略形式，表示一件让大家欢乐的事情，大家要分享出去，相互告知，共同庆祝。

[54] 细思恐极

释义：谐音为"西斯空寂"，指仔细想想，觉得恐怖到了极点。其用法主要是营造一种迟缓加混乱的效果。多用于形容人的恐惧心情。

[55] 笑而不语

释义：指自己心知肚明，不愿意说出来，只是通过微笑的表情表达出来。这是一个非常有内涵的词语。"笑而不语"在很多时候表达的是一种讽刺意义，以表达对发言人的不满或者对楼主的讽刺。更多的是旁观，是一种态度的表现，没有准确的表达，意指一些人搬弄是非、哗众取宠时，当事人不发表言论，只是笑笑，并不支持或者反对。

[56] 学历团购

释义：团购学历，是互动百科网友针对某人学位门事件创造出来的流行语，用来形容那些集体购买学历的行为。和流行的团购网站一样，团购学历，有人发起、有人跟随，在很多大企业和事业单位存在团购学历问题。

[57] 鸭梨山大

释义：鸭梨是"压力"的谐音，由此衍生出"鸭梨很大""毫无鸭梨"等词。其中，"鸭梨山大"因与"压力山大"谐音，而被广大网民使用，意为"压力像山一样大"。

[58] 压力山大

释义：谐音人名"亚历山大"，是用一种诙谐方法表达压力像山一样大。这种现象在大都市的白领中普遍存在，特别是一些北漂、南漂族，他们在当地没有根基，面临的压力比当地人大很多。

[59] 亦正亦邪

释义：正，通常是指好的、光明磊落的一面；邪通常是指不好的、阴暗堕落的一面；亦正亦邪就是既有正的一面也有邪的一面。通常，任何一个人都既有优点，又有缺点；这就是人们常说的"金无赤足、人无完人"。

[60] 正龙拍虎

释义：源于陕西镇坪县某人拍摄华南虎假照片，用欺世盗名的手段获取个人利益，而相关监管部门沆瀣一气指鹿为马的现象。①某人或某集团为利益所驱动而做假，被揭穿后还抵死不认；②社会公信力缺失；③比喻无中生有。

[61] 证齐毒全

释义：表示拥有的东西靠不住，名不副实。

[62] 知书达礼

释义：网络新释义，不仅有文化明事理，还懂得为人处世，迎合讨好上司。

[63] 猪涂口红

释义：原为英语俚语 Putting lipstick on a pig,指某项政策、措施或行动并不能改变事物的本质，甚至会更为糟糕。意指为了欺骗或者诱惑他人而把某件事物粉饰得更有吸引力，但实际上是换汤不换药，类似"别以为穿了马甲，我就不认得你"。

附录二 常见网络文体

[1] 安妮宝贝体

安妮宝贝体是指网友对网络作家安妮宝贝写作句式进行的戏仿。主要特点是用故作淡定的小资情调，反复的主题与词句，频繁地利用句号、表现出使人感到浅薄多余的情感（矫情）为特征的文体。

小资情调、中产派头的言情小说品牌作家安妮宝贝，她的小资式造句风靡网络。小资句式其实不难，特征如下：拒绝长句，一句话能分十句说完的，绝不用两三句话；少用逗号，用句号传达出冷淡、简短的气息；一篇文字中最起码要出现一段散文诗；经典词语是亮点，在你的笔下，词语变得行云流水，充满悲伤的意味。

文体例句：

"如我这般，独立，凌烈的女子，难得跟一次风，不要毒药，才好。安。"

"炸酱面吧，身边的喧嚣，与你无关。""酱油拌饭，适合你这般素淡的女子。一碗，足矣。"

"红烧猪蹄，符合楼主，这般，蛋蛋地，忧桑。"

"我想，吃泡面，是会被遗忘的，吃煮面，却可以被纪念。"

"薯条。茄汁。包在白色棉布裙里。下锅。甜美绚丽。"

"西。北。风。饮之"

[2] 暴打分手体

2012年4月，一个北京航空航天大学的学生在微博上吐槽自己所学专业领域里的常识性知识不被他人了解，从而"发明"了一种新的网络文体"暴打分手体"。众多网友纷纷效仿，让该文体成为当红的微博热门话题。"北航男——事情是这样的：今天，她来我学校玩，我带她参观停在球场边上的客机。她问我：'为什么那个机翼是斜的不是直的呢？'我……就算是白痴也该知道后掠翼能有效地提高临界马赫数，延缓激波的产生，避免过早出现波阻，尽管最大升力系数下降，但是能够降低波阻。"在进行如此的吐槽后，发帖人以一句调侃"于是我把她暴打了一顿跟她分手了"收尾。

文体格式："某某来某地玩，问了某问题，我勒个去！就算是白痴也知道某某，于是我把她暴打了一顿跟她分手了。"这是一种吐槽他人对自己领域内的知识或常识缺乏了解的欢乐文体。

文体例句：

今天，他来我们学校玩，我带他去我的画室参观我们的画作。他问我："为什么画画的时候要用纸比较粗糙的那一面画啊？"我……就算是白痴也该知道这样子才能更好地上铅，才能更好地深入，画面效果才会好，黑白灰关系才能更好地体现出来啊。于是我把他暴打了一顿跟他分手了。

[3] 财神体

2012年4月26日,著名编剧宁财神发微博,畅谈人生不同阶段对于另一半的不同追求:@宁财神:少年时,想碰到一个聂小倩,拼了性命爱一场,天亮前带着她的魂魄远走他乡。青年时,想碰到一个白素贞,家大业大,要啥有啥,吃完软饭一抹嘴,还有人负责把她关进雷峰塔。中年时,想要一个田螺姑娘,温婉可人,红袖添香,半夜写累了,让她变回原形,加干辣椒、花椒、姜、蒜片爆炒,淋入香油,起锅装盘。

文体格式:少年时,想碰到一个___,___;青年时,想碰到一个___,___;中年时,想要一个___,___。

文体例句:

@Super 明月:少年时,想碰到许文强,生生死死不顾惜,天涯海角随君行,只为爱一场;青年时,想碰到孟皓,有财有貌有品位,更有万千深情,真没过下去也有大笔财产可供养余生;中年时,我只想这男人不用太帅,不用太有钱,只要越实用就越好——会修家里电器的小毛病,会做可口饭菜,会愿意和我说些没味道的话题。

@苗若木:我发现女人是相反的。少年时,想碰到司马相如,易得无价宝,难得有情郎,纵使你后来爱了别人,我仍和你厮守到老。青年时,想要找个焦仲卿,蒲草韧如丝,磐石无转移。老子走了也要把你带上。中年时,想要找个梁山伯,死要死在一起,化蝶了也不放过你,做标本了咱。

@aquarius 星辰:少年时最心仪老令狐,快意江湖,朝朝暮暮。青年时想遇见乔帮主,纵不能相约在和平地方,亦要畅游战场。中年时只盼望张无忌,左右逢源风生水起。老年时伴侣要像郭靖,腰腿硬朗还不啰嗦。

[4] 大抵如此体

"大抵如此体"是2012年4月初在微博上流传并走红的一种文体,即一句普通的话,加上"世间事大抵如此",形成"一句话变哲学家"的模式。由于"大抵如此体"听上去颇有些"曾经沧海难为水,除却巫山不是云"的感觉,受此启发,不少网民开始追忆过去的辛酸生活,细说了自己从大学毕业后,遭遇了考研失利、爱情受挫、事业不顺等变故,依旧不放弃生活的热情,现在已将生活逐步转向正轨的故事,最后以"世间事大抵如此"收尾,读来颇为感人,被网民们奉为"大抵如此体"的治愈系之作。

文体特点:

网民发现,一句很白很烂的话,加上"世间事大抵如此",就会变得非常清新非常有哲理。比如,"温柔地对待猫儿,猫儿就会亲近你。世间事大抵如此。"

文体例句:

无聊的人,总在别人背后议论,羡慕别人的生活比自己精彩,世间事大抵如此。

快乐的时光总是短暂的,痛苦的日子总是漫长的,世间事大抵如此。

你爱他,他不爱你。你恨他,他恨你。爱来恨去,太累!不爱不恨,才最好,世间事大抵如此。

那晚在外面和朋友聚会,免不了要喝酒,开车回家,路上偏偏遇见交警。本不想酒驾,却是酒驾,世间事大抵如此。

药药切克闹，世间事大抵如此。
苍茫的天涯是我的爱，绵绵的青山脚下花正开，世间事大抵如此。
酸奶和果冻不能吃，世间事大抵如此。
留了青山在，柴不让烧了；买卖没成交，仁义也跑了；屡经风雨，却从未见彩虹。千里送鹅毛，汽油费太高；天没降大任于敝人，照样苦我劳我饿我，什么世道！世间事大抵如此！

[5] 大概体

大概体，是人人网一个名叫"范雨晴y"的一条状态引发了数十万人人用户转发模仿和跟帖回复，"大概是因为他不吃大米，而我姓范"。

文体例句：

大概是她爱干净，而我姓陈。
大概是因为他是回民，而我姓朱。
大概是她喜欢真实，而我姓贾。
大概是因为她喜欢大海，而我姓姜。
大概是他喜欢吃热的东西，而我姓梁。
大概是她不喜欢动物，而我姓马。
大概是她比较现实，而我姓SHEN。
大概是他喜欢猫咪，而我姓汪。
大概是她牙齿不好，而我又姓唐。
大概是因为他不爱迟到，而我姓池。

[6] 丹丹体

2011年1月17日，宋丹丹发表微博，向潘石屹发问："长安街南边那么好的位置，你盖了那么一大片难看极了的廉价楼（建外SOHO），把北京的景色毁得够呛，你后悔吗今天？""潘总，我就是个演员没多少钱，我请你喝拉菲，别再盖楼了，真的，求你了！"引发了一系列的造句热，从而生成了2011年网络"第一体"——丹丹体。丹丹体有固定格式："××，我就是个××，没多少钱，我请你××，别再××了，真的，求你了！"看似有些无厘头的造句，却已经在微博上"红"透了半边天，而这一切还起源于宋丹丹的微博。

[7] 德纲体

源于郭德纲在新浪微博上一段怒斥的话，他于2012年2月2日在微博上发表了一段如下的话语："你编出花来，我也不在你那开微博。你骂出血来，我也不在你那开微博。你喊出人黄来，我也不在你那开微博。你学出龙叫唤来，我也不在你那开微博。随你叫骂，我不生气。把脾气拿出来叫本能，把脾气压回去叫本事。今天是2012年2月2日，在这个2的日子里，我养的狗结婚，要娶企鹅。你说还有王法吗？"

德纲体格式为："你编出花来，我也不____。你骂出血来，我也不____。你喊出人黄来，我也不____。你学出龙叫唤来，我也不____。××××叫____，××××叫____。××××××××××，你说还有王法吗？"

[8] 凡客体

凡客体，即某购物网站广告文案宣传的文体，该广告意在戏谑主流文化，彰显该品牌的个性形象。然其另类手法也招致不少网友围观，网络上出现了大批恶搞凡客体的帖子，代言人也被掉包成小沈阳、凤姐、郭德纲、陈冠希等名人。其广告词更是极尽调侃，令人捧腹，被网友恶搞为"凡客体"。

1. 韩寒

爱网络，爱自由，

爱晚起，爱夜间大排档，爱赛车；

也爱29块的T-SHIRT，我不是什么旗手，

不是谁的代言，我是韩寒，

我只代表我自己。

我和你一样，我是凡客。

2. 王珞丹

我爱表演，不爱扮演；

我爱奋斗，也爱享受生活；

我爱漂亮衣服，更爱打折标签；

不是米莱，不是钱小样，

不是大明星，我是王珞丹，

我没什么特别，我很特别；

我和别人不一样，

我和你一样，我是凡客。

[9] 方阵体

2011年12月，"方阵体"在网上迅速走红。因为朗朗上口和万人皆知的特点，"方阵体"受到网友的热捧。

"方阵体"的格式采用的是运动会时播音员解说词的写作格式："现在___方队向我们走来，他们_____，带着____，左手____，右手____，他们精神抖擞，喊着响亮的口号向我们走来。"

文体例句：

【程序员方阵】同学们，现在向我们走来的是程序员方阵！他们穿着拖鞋，披着毛巾，左手拿着键盘，右手举着鼠标，腋下夹着USB转换器。他们因睡眠不足而显得精神不振，喊着微弱的口号走过主席台。首长问候：程序员们辛苦了！程序员方队异口同声地答道：Hello World!

【银行方阵】同学们，现在向我们走来的是银行方阵！他们穿着西装，扎着领带，背着销售任务扛着考核指标，左手捧着理财基金，腋下夹着信用卡pos机，右手举着贷后检查清单，他们精神抖擞，喊着响亮的口号走过主席台。首长问候：银行的同志们辛苦了！ 银行方队整齐宏亮答道：首长开个账户吧！

【建筑方阵】同学们，现在向我们走来的是建筑方阵！他们穿着破烂工作服，戴着

安全帽,背着进度任务考核指标,左手捧着电钻,腋下夹着 18 磅的大锤,右手举着业主欠款清单,他们精神抖擞,喊着响亮的口号走过主席台。首长问候:建筑队的同志们辛苦了! 建筑方队整齐宏亮答道:首长来买套房吧!

[10] 纺纱体

文体由来:又称纱比体、陛下体……最早是从百度某地方贴吧传出,一个网名叫"女王夜叉"的女吧主经常用一种居高临下、盛气凌人的古怪文体对吧友进行"训示",从一开始被网友鄙视批判到后来开始模仿跟风,演变至最后甚至有人成立了"纺纱教"专门学习此类文体的使用——当然,其中暗含的对其创始人的讽刺是不言而喻的。

文体特点:顾名思义就是仿照莎士比亚语体,需要达到那种由英文翻译成中文的阅读效果,务必使说话如莎士比亚戏剧一样优美。

简单教程:倒装句决不改成主动句式,而且要尽量词不达意,决不能使用粗俗的字眼,坚决摒除网络流行语,如偶(我)、表(不要)等,称呼应该注意使用敬语,如您、阁下,最重要的是发言决不能使用标点符号。

文体例句:

因为人用大脑思考你是苹果你用果核所以你不懂。我亲爱的朋友们也许是时候听听一些忠告了,虽然难免会有些刺耳,但不可否认的是这将非常的诚恳。

[11] 葛优体

葛优体是根据葛优的一段电影台词戏仿出的一种文体。在影片《让子弹飞》里,葛优扮演的汤师爷梳着一头越狱兔(风靡网络的日本卡通短片)的发型,拿着喇叭高呼:"麻匪,任何时候都要剿!不剿不行,你们想想,你带着老婆出了城,吃着火锅还唱着歌,突然就被麻匪劫了……所以,没有麻匪的日子才是好日子!"葛优的演绎让这段台词活灵活现,考试、加班、春运、3Q 战争,困扰着网友们的问题全部都被"吃着火锅还唱着歌"的故事概括成了血泪史。

"葛优体"模板:××,任何时候都要取消!不取消不行,你们想想,你×××,×××,还×××,突然就告诉你×××……所以没有×××的日子才是好日子!

[12] 红楼体

文体由来:北京电视台为重拍《红楼梦》而举办了《红楼梦中人》选秀节目,选手闵春晓的博文风格令读者捧腹,在网上迅速兴起了一股模仿之风。文体特点:被网友们一致称作"对《红楼梦》文风的拙劣模仿",文中大量出现"这会子""那些人儿"此类今时今日读来不伦不类的语句。简单教程:把自己想象成一个清朝才女就对了。

文体例句:

直到有一天,当我回到寝室,发现录音机里,我最爱的《红楼梦》磁带被人洗去了几段……伤心惶惑间,一个要好些的女孩儿悄悄告诉我:"人家这会子都听李玟、张惠妹,独你这样不入流,总听这些悲悲切切的音乐……扰了大家的兴致……往后还是改了吧,到底还是合群些的好……"

姐妹们好兴致,我不过去了一会子,这楼就盖这么高了,还开坛做起诗来了!我也不懂什么,勉强胡诌了一首。到底是不好,只是我原也没什么诗才,在诗社里,给姐妹们磨个墨点个香倒还使得。因此胡乱对付了几句，不过大家一起乐乐，笑一会子罢了。

[13] 回音体

回音体的流行来自恶搞视频《包青天公审采花贼》。网友用电视剧《包青天》的画面，然后自己给包大人配音，在审判采花贼时，包说："看什么看，这是肥音你懂吗，……你懂吗，懂吗，吗？""肥音"就是"回音"。从此，将一句话逐字缩短模拟回音成了一种"回音体"。

[14] 见或不见体

见或不见体与凡客体、淘宝体、蓝精灵体、hold住体、有木有体等一样，属于一种新兴的网络体，是伴随着网络的发展而产生的一种网络特有的流行文体，主要创始人是"80后"、"90后"这一群人。同时，网络体代表了一个时代的特征。见与不见体来源于《非诚勿扰2》中的小诗。

文体例句：

"你怕，或者不怕我，拆迁就在那里，不怠不慢。你躲，或者不躲我，车轮就在那里，不缓不急。"

"你服，或者不服，社会就在这里，不搭不理！"

"你买，或者不买，××都在这里，不嗔不怨；你看，或者不看，××就在这里，不停不止；你爱，或者不爱，××就在这里，不怨不叹……我都这么可怜了，就赶紧来爱我吧！××365天，一天24小时无间断播出，坚守阵地，等候你选，你爱，你买！还可登陆××喔……"

[15] 蓝精灵体

《蓝精灵》这部电影引发了集体怀旧热潮，让更多网友找到了一个最大的潜力点：蓝精灵主题曲。通过改编歌词，出现了"蓝精灵体"，以至于被各行各业的网民们改编成了吐槽专用体。网民们在网络和微博上"创造性"地掀起了一股"蓝精灵体"创作热潮，都把自己的职业遭遇用《蓝精灵》主题曲《蓝精灵之歌》来表达，版本高达几十个，甚至还有网民把热点人物郭某某等也用"蓝精灵体"唱了一番——"她们穿金戴银生活在那干爹的大房里，她们没事就爱上网晒宝贝"……

文体例句：

在那山的这边海的那边，有一群小会计，他们可爱又聪明，他们每天输凭证，他们没日没夜迷失在那，无垠的账表里，他们沉着冷静相互都支撑。噢，可爱的小会计，噢，可爱的小会计，他们结账编表加班不加薪。（会计版）

在那理化楼里实验室里有一群白大褂，他们勤恳又聪明，他们都是神经质。他们只有上班没有下班奋斗在实验室，他们从来不知啥叫休息日。啊，出错了再一次，哦，失败了再一次，每天睁眼闭眼数据仪器少不了配试剂，但是绝对不敢奢望涨工资。（实验员版）

[16] 梨花体

梨花体谐音"丽华体"，因女诗人赵丽华名字谐音而来，因其有些作品形式相对另类，引发争议，又被有些网友戏称为"口水诗"。

梨花体写作方法如下：①随便找来一篇文章，随便抽取其中一句话，拆开来，分成几行，就成了梨花诗；②记录一个4岁小孩的一句话，按照他说话时的断句罗列，也是一首梨花诗；③当然，如果一个有口吃的人，他的话就是一首绝妙的梨花诗；④一个说汉语不流利的外国人，也是一个天生的梨花体大诗人。

[17] 亮叔体

2010年9月初，一位诸葛亮打扮、自称"亮叔"的人接连数天出现在北京地铁里，当即引爆网上网下一阵围观热潮。和其他地铁红人不同，这位"亮叔"不但扮相雷人，还语出惊人："叔本来是一个种地的，在这个人砍人的时代，叔不想砍人，只希望不被人砍。"此语一出，顿成经典，并被网友争相模仿。

和"哥吃的不是面，是寂寞"一样，"亮叔"的这句名言在众多网友的热捧之下，也演变成了"亮叔体"——"××本来是一个××的，在这个××的时代，×不想××，只希望不被人××。"有了既定的模式，网友的创作力就连同想象力一起，开始"井喷"。各种山寨版的"亮叔名言"不断新鲜出炉，而且不约而同地将矛头指向了近期的社会热点，富士康、三聚氰胺、"非诚勿扰"、天上人间……无一逃过网友的调侃。

[18] 陆川体

2011年11月11日，世纪光棍节之夜国足兵败多哈，世界杯之梦再次濒临破碎。赛后，著名导演陆川微博求骂，在微博写道"中国队输了，其实不怪队员怪我！有个秘密我一直没说，从我记事开始，只要我看直播，中国队准输。多少年了，我的好奇心一直是中国队成长的魔咒，不要骂他们，骂我吧，是我不好。以后我再也不看你们了，再也不耽误你们了。我发誓！我向你们陪罪！"一个崭新的找骂文体就此诞生！

文体例句：

劳资双方总谈不拢，其实不怪他们怪我！有个秘密我一直没说，从NBA停摆时候起，我就一直想告诉他们和气生财，可惜他们听不到我的呼声。我没有传达过去的古训一直是NBA停摆的主因，不要骂资方心黑了，骂我吧，是我不好。我现在就去楼下篮球场喊一百声，考虑到声速和时差，约摸着怎么明天中午你们也听见了。我发誓！我向你们陪罪！（NBA停摆版）

北京公交车人太多了，其实不怪中国人多怪我！有个秘密我一直没说，从我来北京开始，只要是我坐的公交车，人都贼多，恨不得金鸡独立。以后我再也不坐公交车了，我跑步上班，再也不影响其他人了，我发誓！我向你们赔罪！（公交版）

[19] 蜜糖体

嗲不死你齁死你走红过程：创始人是天涯网友"爱步小蜜糖"，2月15日刚刚在天涯注册ID的她，在天涯的第一次发言是回复一个关于LV的帖子："555……糖糖也好想要一个LV滴包包啊，糖糖滴mammy用滴就素LV。而且有好多好多个哦……糖糖滴daddy说，等糖糖考上大学了，一定会买个LV滴包包送给糖糖哦，好期待呀，嘻嘻……O(∩_∩)O~"众网友纷纷拜倒。仅凭几个回帖，3天内她就迅速走红，创下了天涯成名最快的纪录。

文体特点："小蜜糖"说话、Q聊、写博时总是一幅"语不腻人死不休"的架势。

其实，在日常生活中每个人身边都能找到这样的例子，只不过腻歪程度不同。

教学示范："蜜糖体"无论称呼别人还是自己一定要用叠字昵称，叫妈妈 mammy，叫爸爸 daddy，5555……（呜呜呜）挂嘴边，O(∩_∩)O~表情不能少。一些日常的词语，用"蜜糖体"说出来立刻感觉大变，如把"是"说成"素"，"可是"变成"可素"，"这样子"说成"酱紫"，"非常"说成"灰常"，"的"和"地"都用"滴"代替，句子的最后总要加上语气词……

[20] 谋杀体

"谋杀体"起源于蒋峰的小说《为他准备的谋杀》，兴盛于豆瓣。它以"我去年十一月特别想……，因为……迟迟没有……，后来……"为句式，被网友加入以不同的内容，但都显得无比悲催。

《为他准备的谋杀》中开篇第一句话"我去年十一月特别想杀人，因为懦弱迟迟没有动手。三个星期之后，一次意外让我摘掉警徽，下了枪，杀人计划不得不延迟。那个人活得比我还好。"因其句式之独特，又蕴含着悲催的意味，被读者拿来建了个豆瓣线上活动，一日之内吸引数千人参加，并上传"谋杀"句式几百条。

[21] 脑残体

"脑残体"一词的说法最早出现在猫扑论坛中，逐渐被人们传叫为它的"官方"名称了，这是一种带有贬义、讽刺意味的叫法。

这些流行于年轻人群中的"脑残体"也被称作"火星体"，它们大多由汉字中的生僻字、异体字、繁体字及符号组成，简单的理解就是原有网络语言的进一步升级，作为一种年轻人叛逆心理的体现，它在一些以低龄人组成的群体中大肆传播并且颇显个性，而这些所谓的文字对于不熟悉"脑残体"的人来说，阅读起来极其困难，可以说很容易使人抓狂。

[22] 咆哮体

咆哮体一般出现在回帖或者 QQ、MSN 等网络聊天对话中。使用者激动的时候会觉得 1 个感叹号不能表达自己的情感，而打出很多感叹号。有些人回复的时候也会用来凑字数。咆哮体没有固定的格式或内容，就是带许多感叹号的字、词或者句子。这种看上去带有很强烈感情色彩的咆哮体引来了粉丝的追捧。很多咆哮体的粉丝还很注意感叹号的排序，适当的排序可以使咆哮体显得美观，而又能表达自己的情感。总的来说，不排序的话从感叹号里找字还是挺累的。

咆哮体最早起源于豆瓣网。豆瓣网的景涛同好组最为出名。他们奉在影视作品中经常表情夸张，以咆哮姿态出现的电视演员马景涛为教主。后在人人网上有人发起一篇题为《学法语的人你伤不起!!!》的文章，自称为"校内咆哮体"。在豆瓣等社区引起部分争论。一时间各种专业版本的咆哮体文章陆续出现，有英文版、西语版、日语版等，在网络上被疯狂转载。从而引申出了各个专业的咆哮体版本，甚至各路粉丝也纷纷开始撰写关于他们的偶像的咆哮体文章。咆哮体一般用来自嘲，诉说自己的遭遇和感受，让人看了之后忍不住哈哈大笑。网友分析说：其实使用"咆哮体"自嘲是一种乐观的表现。咆哮体可用于任何主题的讨论，而现实生活中，这些常用咆哮体的人，其实离咆哮这种状态非常遥远。咆哮体能充分表达自己的惊讶、愤怒的心情。重庆明亮心理咨询所邱驷医生认为，如果"咆哮体"真的可以成为一部分人减压发泄的手段，也未尝不可。"网上排解心理压力有一定效果，但人们最终要落实于现实中。如果网络的发泄让人在现实生活中越发退缩，就不是一件好事了。"

[23] 青年体

一种硬生生将青年人划分为二逼青年、普通青年、文艺青年的文体，是年轻人对自我族群的再一次细分。"青年体"甚至超越了文本，更多的年轻网友使用的是用图表来直接表达自己与其他人的区别。

文体例句：

吟诗-普通青年：床前明月光，疑似地上霜。吟诗-文艺青年：你站在桥上看风景，看风景的人在楼上看你，明月装饰了你的窗子，你装饰了别人的梦。吟诗-二逼青年：大海啊！全是水！马儿啊！四条腿！美女啊！你说你多美。鼻子下面居然长着嘴~

[24] 琼瑶体

琼瑶体，又名奶奶体，起源于著名言情小说家琼瑶的文章及琼瑶剧的对白。琼瑶宣称，她剧本中最得意的便是"琼瑶式"对白。网友将琼瑶体的特点总结为：琼瑶体的语言绝对删简就繁，宁滥毋缺，能绕三道弯的决不只绕两道半，能用复句结构的决不用单一结构，能用反问句的决不用陈述句，能用排比句的决不用单句，能哭着说喊着说的决不好好说。

2007年电视剧《又见一帘幽梦》热播以来，其极具琼瑶风格的台词饱受非议，更有网站发起征集琼瑶剧中"最令人想撞墙台词"。最终一直保持沉默的琼瑶，终于在博客上作出回应，她宣称，她剧本中最得意的便是"琼瑶式"对白，并坚信"我晕"等台词将成为引领潮流的时尚词语。而网友则反驳说："我晕"早在几年前便在网上流行，还建议琼瑶奶奶要多关心新事物。

"我知道他爱你爱得好痛苦好痛苦，我也知道你爱他爱得好痛苦好痛苦""我真的好喜欢你，不管是那个刁蛮任性的你，活泼可爱的你，还是现在这个楚楚可怜的你"……

类似这样的台词在琼瑶剧中俯拾即是，观众表示，这些肉麻台词听了有"想撞墙冲动"。对此，琼瑶委屈地说，写剧本，最难写的是对白，我最用功写的也是对白。"很多人说，我的对白那么'琼瑶'，连'模仿'都很难。"她觉得，像"谈一场轰轰烈烈的恋爱"就是自己首创，现在已在很多电视剧中出现。

文体例句：

《情深深雨蒙蒙》

男："对，你无情你残酷你无理取闹！"

女："那你就不无情！？不残酷！？不无理取闹！？"

男："我哪里无情！？哪里残酷！？哪里无理取闹！？"

女："你哪里不无情！？哪里不残酷！？哪里不无理取闹！？"

男："我就算再怎么无情再怎么残酷再怎么无理取闹，也不会比你更无情更残酷更无理取闹！"

女:"我会比你无情!?比你残酷!?比你无理取闹!?你才是我见过最无情最残酷最无理取闹的人!"

男:"哼,我绝对没你无情没你残酷没你无理取闹!"

女:"好,既然你说我无情我残酷我无理取闹,我就无情给你看,残酷给你看,无理取闹给你看"

男:"看吧,还说你不无情不残酷不无理取闹,现在完全展现你无情残酷无理取闹的一面了吧。"

《还珠格格》

永琪:"小燕子,我真的好喜欢你。不管是那个刁蛮任性的你,活泼可爱的你,还是现在这个楚楚可怜的你,我都好喜欢好喜欢。"

紫薇含着泪委屈地说:"她说你们一起看雪看星星看月亮,从诗词歌赋谈到人生哲学……我都没有和你一起看雪看星星看月亮,从诗词歌赋谈到人生哲学。"

尔康:"都是我的错我的错,我不该和她一起看雪看星星看月亮,从诗词歌赋谈到人生哲学……我答应你今后只和你一起看雪看星星看月亮,从诗词歌赋谈到人生哲学……"

[25] 私奔体

2011年5月16日深夜,新浪微博用户、鼎晖创业投资合伙人王功权通过微博宣布私奔,为爱放弃一切。在网民中引起了极大的反响,网友们纷纷效仿,诞生了私奔体的流行。王功权这条微博被网友大量转发,成为"私奔体"的导引:各位亲友,各位同事,我放弃一切,和××私奔了。感谢大家多年的关怀和帮助,祝大家幸福!没法面对大家的期盼和信任,也没法和大家解释,也不好意思,故不告而别。叩请宽恕!××鞠躬。

对于亿万的网友来说,只在小说和影视剧中出现的"私奔"情节忽然在现实生活中的微博上上演,男女主角还是两位商界重要人物,实在是让人们浮想联翩,各路调侃和创作层出不穷。最容易模仿的就是王功权的那段私奔声明,甚至有网友给出了"句式模板":"各位××,各位××,我放弃一切,和××私奔了。感谢大家多年的关怀和帮助,祝大家幸福!没法面对大家的期盼和信任,也没法和大家解释,也不好意思,故不告而别。叩请宽恕!××鞠躬。"

文体例句:

各位亲友,各位同事,我放弃一切,和睡眠私奔了。感谢大家多年的关怀和帮助,祝大家幸福!没法面对大家的期盼和信任,也没法和大家解释,也不好意思,故不告而别。叩请宽恕!(和睡眠私奔版)

各位亲友,各位同事,各位博友,我放弃一切,和假日私奔了。感谢大家多年的关怀和帮助,祝大家幸福!没法面对大家的期盼和信任,也没法与大家解释,也不好意思,故不告而别。叩请宽恕!(和假日私奔版)

各位亲友,各位同学,我放弃一切,和作业私奔了。感谢大家多年的关怀和帮助,祝大家幸福!没法面对大家的期盼和信任,也没法和大家解释,也不好意思,故不告而别。叩请宽恕!(和作业私奔版)

[26] 淘宝体

淘宝体是说话的一种方式，最初见于淘宝网卖家对商品的描述。淘宝体后因其亲切、可爱的方式逐渐在网上走红，2011年7月南京理工大学向录取学生发送"淘宝体"录取短信。2011年8月1日上午，一则关于外交部微博"淘宝体"招人的消息在网上流传。

淘宝体常见字眼：亲……　哦……

文体例句：

亲！！！熬夜不好哦！！！　包邮哦！！！

亲，你有没有感觉，每一次完毕淘宝支付，我都想这么说话呢。

淘宝体很有爱的说呢，嘻嘻。

亲，那咱们都换做用淘宝体说话吧！

亲，祝贺你哦！你被我们学校录取了哦！亲，9月2号报到哦！录取通知书明天'发货'哦！亲，全5分哦！给好评哦！（南京理工大学录取短信版）

[27] 王家卫体

从《阿飞正传》《重庆森林》到《花样年华》《2046》，王家卫的影片中，总有很多台词让人回味再三，细细品味，更有不少句子成了流行语。"十六号，四月十六号。一九六零年四月十六号下午三点之前的一分钟你和我在一起，因为你我会记住这一分钟。从现在开始我们就是一分钟的朋友，这是事实，你改变不了，因为已经过去了。""我和她最接近的时候，我们之间的距离只有0.01公分，我对她一无所知，六个钟头之后，她喜欢了另一个男人。"

文体格式：一个事件+一个绕口的时间+一个无聊事件。

文体例句：

发生车祸之后的三天零五小时八分钟，我又去吃了甜筒，不过这次，我没要香芋味。

[28] 校内体

校内体，就是原来的校内网、现在的人人网常用的几种标题形式。总的说来，校内体总是有一种说不出的想撞墙感，不是疼痛就是伤感。常用的标题形式有："每个××上辈子都是折翼的天使""遇到××的人，就嫁了吧""女孩，还记××的那个男孩吗？"

文体格式：

1. 每个×××××上辈子都是折翼的天使。

2. 会××××的人你伤害不起。

3. 遇到×××××的人，就嫁了吧。

4. ×××××之前一定要做的25件事。

5. 珍惜你身边×××××的那个×××。

6. 女孩，还记得××××××的那个男孩吗？

7. 传说（据说），没有×××××的××××会这样。

8. 12星座××××××大全(太准了，哭了)。

9. 可不可以有一个人，看出我的逞强，原谅我××××××

10. 如果我会×××××，记得要买哈根达斯给我吃。

11. 那些××××××之后才懂得的事……
12. ××××××送给××××××的8句话。
13. 遇到这样的××××××，你就再相信一次爱情，不要放弃。
14. 三十天保你学会×××××，×××××价值10亿的内部绝密资料。
15. 校内精华日志，不看你肯定×××××###，看了不会不是×××××###。
16. 如果有××××这样会××××××的，就在一起吧。
17. 好东西速速分享！怕没了所以转了（男同胞们别害羞，以后会用上的！）
18. 学会××××××，让你少奋斗10年。
19. 一个××××的最高品味，就是他选择××××××。
20. 这样的××××××的，男人看了会沉默，女人看了会流泪。
21. 背完了这些句子，你想不会××××××都难。
22. 如果你已经过了20岁但还不到25岁的话，你必须找到××××××之外，还能让同学们记住的东西。
23. 每天做到这些，不会不××××××！男生一定要看，女生为了男朋友也要看！学生一定要看，老师为了学生也要看！
24. 终于找到了！怕以后××××××就赶紧分享了，××××××都要看看。
25. 我在等一个会×××××的××××××……(一篇50万人读过的校内日志，看得蛮心疼)
26. 一个××××××跟××××××的对话，很有道理！！
27. 有一种不会××××××的×××××，注定被剩下。
28. 我有的时候，真的想停下来，××××××。
29. 这么霸道而又温暖的话你敢对他说么？
30. 这么温暖而又霸道的话你对他说过么？
31. 这么霸道而又温暖的话你敢对她说么？
32. 这么温暖而又霸道的话你对她说过么？

[29] 校长撑腰体

北大副校长说，"你是北大人，看到老人摔倒了你就去扶。他要是讹你，北大法律系给你提供法律援助，要是败诉了，北大替你赔偿！"这段话于2011年9月21日出现在微博，时隔一个月后这则网帖突然火爆网络，并衍生出了多个高校的版本，被网友称为"校长撑腰体"。

定义：是微博中兴起的一种流传性质的言论性文体，具体指一个群体（组织）具有代表性和权威性的人物所发表的言论，代表了这个群体的整体利益和精神，具有鼓励、倡导、甚至形成信仰或煽动的作用。2011年10月中，最初流传于人人网、微博。

[30] 虚伪体

虚伪体，是一种首现于微博、微信上的网络文体，起始于2013年。虚伪体具有强烈的调侃意味。操作方法是在话语当中添加括号，括号里标注汉语拼音，一个字后面跟一个音节（拼音的声调能让人更快地辨识，可加可不加）。拼出来的内容与其所对应的文字长短一致，且意思要背道而驰，从而达到诙谐、幽默的效果。通过括号得到的信息，往往才是发言者的心之所想。由于该文体的特色即表里不一、口蜜腹剑，故被一部分网友私下里拟名为：虚伪体。

文体例句：

1. 一高校美女在获知前男友遭人殴打的消息后，难过多少还有，但毕竟缘分已尽，她可用虚伪体进行评价：感（jiù）同（yóu）身（zì）受（qǔ）。

2. 某男明星跟某女明星宣布分手，实际上自然而然，但是你又不愿直接说，不妨这样写：真是一件不（yi）可（liao）思（zhi）议（zhong）的事啊。

3. 大晴天，朋友邀请你一同出游，你却因有事而无法前往。倒是可以这样调侃：在这样一个春（wù）光（mái）明（yán）媚（zhòng）的天气里，不能游玩实在遗憾。

[31] 赵本山体

2011年11月，一句古典诗词配一句赵本山的小品名句的文体被网友疯狂转发，被网友称为"赵本山体"。经典例句是"问君能有几多愁，树上骑个猴，地下一个猴。众里寻他千百度，没病你就走两步。天苍苍，野茫茫，我十分想见赵忠祥。"一句古典诗词+一句赵本山的小品名句。

文体例句：

人生得意须尽欢，过了山海关都是赵本山。

问君能有几多愁，树上骑个猴，地下一个猴。

众里寻他千百度，没病你就走两步。

天苍苍，野茫茫，我十分想见赵忠祥。

红酥手，黄藤酒，大爷，这个真没有。

书中自有黄金屋，不是大款就伙夫。

安能摧眉折腰事权贵，反正十块钱儿的，都是你消费。

锄禾日当午，汗滴禾下土。我是她老公，她是我老母。

她叫白云，我叫黑土，谁知盘中餐，粒粒皆辛苦。

少年不识愁滋味，抽烟不会，喝水自备。

我自横刀向天笑，别看广告，看疗效！

[32] 知音体

文体由来：源于知名杂志《知音》。知音体对八卦的贡献不仅仅是提供了一种流行的文体和标题，而且也是冷艳教的开山文字。2007年8月，一网友在天涯发帖呼吁：大家用无敌优雅冷艳的"知音体标题"来给熟悉的童话、寓言、故事等重新命名！一帖激起无数网友的创作欲望。

文体特点：用煽情的标题来吸引读者。

简单教程：将简单的事情优雅化，用无敌冷艳的语言来表达，比如，《嫦娥奔月》可以改为《铸成大错的逃亡爱妻啊，射击冠军丈夫等你悔悟归来》《唐伯虎点秋香》可以是《我那爱人打工妹哟，博士后为你隐姓埋名化身农民工》……

文体例句：

1998年夏天的一个深夜，我穿着白色的裙子，戴着白色的帽子，旁若无人地开一辆让人注目的白色的车，在高速公路上疾驶。此时，北京一家公司年轻的老总郭扬开一辆黑色奥迪车同向行驶，车速不快，被我超过时，他不经意地扫了一眼我的侧影，不由一怔，竟对我一见钟情。后来他告诉我，因为这个侧影让他觉得我的气质特别高贵，但当时他并不知道我是谁。

[33] 装13体

文体由来：来自网络，具体源头已无从考证。

文体特点：作者多少有些无病呻吟，总想彰显自己的品位、格调及突出某种意境，但看多了却适得其反，令人反胃。

简单教程：能用英文绝不用汉语。说东西的时候一定要把一样东西的牌子和产地都一起说出来，无论有多么别扭，另外就是大量使用没有实际意义的书面语、形容词等。

文体例句：

下午的时候，觉得有些渴了，就去买了 Robust 的纯净水。轻轻地喝一口，味道的确比 Wahaha 的要好些。看来我最钟爱的牌子，果然是没错的。用 Pure 的 Handkerchief 擦了擦嘴角以后，我开始在两个同样钟爱的品牌中摇摆不定。是去买佳侬新出的 Wolfboy 限量版呢，还是选择 Keaoor 的呢？（原文：下午去买了瓶矿泉水和纸巾，然后喝了一口，擦擦嘴，开始考虑一会是去地下商场买那条 12 元的大裤衩还是 13 元的大裤衩呢？）

[34] 走近科学体

走近科学体源于模仿中央电视台科教频道《走近科学》节目解说词。故弄玄虚，先吊足读者胃口，然后呈现一个再平常不过的结果。"打呼噜"不叫"打呼噜"，叫"深夜里的恐怖怪音"等。全文需大量使用"然而，意想不到的事发生了""事情远非这样简单……"这样的语句。《走近科学》里经常出现让网友觉得"并非科学而是乌龙"的"探秘"，让网友大呼雷人。

文体例句：

某村一户人家老是发现自家瓷砖缝里会渗出像血一样的鲜红色液体，弄得到处都是，全村人都不知道是怎么回事。在请了许多专家过来勘测而无所获的情况下，意想不到的事情发生了，一位上了年纪的村民突然回忆说，这栋房子下面在很久以前曾经是处坟地！到底是怎么一回事呢？敬请关注《走近科学》……最后的结论是：液体是这家人为了出名自己洒上去的。

[35] hold 住体

"hold 住"这么个有点时尚、有点混搭、又有点喜感的流行词来源于台湾综艺节目《大学生了没》。在 2011 年 8 月 9 日的《大学生了没》节目中，一位名叫 miss lin 的女网友以夸张另类的烟熏造型、一口做作中英混搭的英语、扭捏妖娆的姿态向大学生们介绍什么是 Fashion，"我刚从法国巴黎的时尚大学毕业的，今天就是要教大学生 what is fashion……"其极度夸张搞笑的表演震撼了所有观众，miss lin 的口头禅是"hold 住"，"千万不要这样，not fashion，整个场面我要 hold 住""就算我搞错 party，整个场面我要hold住！"这位神奇的miss lin的表演有7分钟左右，高潮是"一秒之内变格格"的片段，miss lin在表演自己穿着性感的比基尼去参加时尚海滩派对，结果发现是清朝party。

她瞬间内心混乱，但是她告诉自己要"hold住"、不能慌，于是她便突发奇想把比基尼反过来罩在头发上，造型一下就变成了清朝格格旗头，"不能慌，一秒钟变格格，整个场面我要hold住！"更令人捧腹的是，她还不断大喊"尔康"，全场的观众瞬间笑得前仰后合。miss lin各种搞笑技艺让人笑到疯狂，整个画面十分喜感，她也被网友称作"hold住姐"，"hold住"就此一炮而红。

[36] LOLI体

"LOLI"原是小说《洛丽塔》中女主人公的名字，特指看似清纯、内心却复杂的小女生。LOLI体在写作方式上延续了这种复杂的感觉，并将"知音体""脑残体""蜜糖体"等网络文体完美融合，文章中第一人称多以公主自称，除了华丽的词藻，还有看不懂的符号，内容自恋至极，又甜得腻人。

文体例句：

自恋：谁叫我长得肤如凝脂，领如蝤蛴，齿如瓠犀，螓首蛾眉，巧笑倩兮，美目盼兮呢，看吧！我说过，我的人生注定是不平凡的啊！！！

装嫩：今天天气好好哦，所以lulu的心情也灰常灰常滴晴朗，嘻嘻。可地铁为虾米那么多银捏？害得身单力薄滴伦家都米有挤上去，坏银坏银。

[37] TVB体

TVB体是指大量套用TVB电视剧中的经典台词来"吐槽"或者寻求"安慰"，这种新的网络文体被赞语言平实却"很疗伤"，成为新的"吐槽"方式并在网络上走红，受网友追捧。

文体例句：

呐，做人呢，最要紧的就是开心，上不上大学呢，是不能强求的，不能上大学，那是大学不知道珍惜你，高考补录这件事不能只看表面，补录到差学校呢，是我们大家都不想看到的，还不如学技能。亲，选技能呐，不要说我没有提醒你，学厨师很火的，现在一提到学厨师，连街上的小孩都要去成都新东方烹饪学校。

附录三　2016年网络流行语

[1] 蓝瘦香菇

这个词语源自一段网络视频。视频录制者因为失恋，很难过也很想哭，录下了这段视频，以表达自己的伤心之感。因小伙说话带地方口音，视频原话(音译)如下："蓝瘦，香菇，本来今颠高高兴兴，泥为什莫要说射种话？蓝瘦，香菇在这里。第一翅为一个女孩屎这么香菇，蓝瘦。泥为什莫要说射种话，丢我一个人在这里。"翻译成普通话为："难受，想哭，本来今天高高兴兴，你为什么要说这种话？难受，想哭在这里。第一次为一个女孩子这么想哭，难受。你为什么要说这种话，丢我一个人在这里。"虽然真相是"蓝瘦"小哥最终并没有失恋，但"蓝瘦香菇"已经无法阻挡地火遍大江南北。

[2] 小目标

这个词语源自王健林在《鲁豫有约之大咖一日行》中的谈话。在谈及对创业者的建议时，王健林表示想做首富是对的，"但是最好先定一个能达到的小目标，比方说我先挣它一个亿"。此语一出，"小目标"立即刷爆了互联网社交平台。

[3] 老司机

"老司机"原本意指在各个网站、论坛里接触时间比较长，熟悉站内各种规则、内容及技术、玩法，并且掌握着一定资源的老手。后来一首云南山歌《老司机带带我》让老司机这个词爆红。

[4] 一言不合就××

在百度贴吧等论坛，最开始大家都是说"一言不合就开车""一言不合就飙车"，意思是一句话谈不拢，就在对方身后插刀搞破坏。现在它也是一句吐槽用语，多指毫无预料地发生了某件事情，冷不丁地就突然做出某事了。

[5] 洪荒之力

这个词语源自某热播电视剧。洪荒之力是最厉害的法力，拥有洪荒之力之人便得天下。2016年里约奥运会之际，傅园慧表示："我昨天把洪荒之力用完了，今天没有力气了。"这个词语成为2016年8月份互联网的最热词语。该词可以理解为天地初开之时足以毁灭世界的力量。用尽洪荒之力表示"不遗余力、用尽全力"做某事。

[6] 宝宝心里苦，但宝宝不说

"宝宝"指本人"我"，"吓死宝宝了"就是"吓死我了"。女生受到惊吓时常用此语来卖萌。后来"宝宝"独立单用，只要说话氛围协调，几乎可用在任何语境中。这句话指本人心里有苦衷，有委屈，但是本人不说出来，或者是用语言无法形容的苦楚，或者是不好意思说出，或者是根本说不出来。

[7] 没想到你是这样的

对于目前的互联网行业，这个词有很多应用的地方。比如，在支付宝提现收费后，有人会说"没想到你是这样的支付宝"。再比如，在滴滴出行等网约车涨价后，也有人会说"没想到你是这样的滴滴"等。乐视举报快播侵权案庭审后，网民在百度贴吧集体玩坏乐事薯片："原来你是这种薯片！是你举报的快播，我再也不吃乐事薯片了！"后来演变成"没想到你是这样的……"。

[8] 狗带

这个词语是英语"go die"的谐音，源自艺人黄子韬在一次演唱会上表演的英文 Rap。由此，在微信、微博等互联网社交平台，经常有人在不满或者无奈时说"我选择狗带"。

[9] 友谊的小船

这个词语源自漫画作家喃东尼最开始创作的漫画"友谊的小船"：两只萌萌的企鹅共同坐在一艘小船上，有一段"话不投机"的对话最终导致"友谊的小船说翻就翻"。网民们由此衍生出了更多"翻船体"。例如，爱情的巨轮说沉就沉，好好的姑娘说胖就胖，卡里的余额说没就没……

[10] 葛优躺

这个词语源自演员葛优在 1993 年情景喜剧《我爱我家》第 17、18 集里面的剧照姿势，讲述了葛优饰演的"二混子"季春生，去贾家蹭吃蹭喝的故事。而随着大张伟在节目上的"北京瘫"引发网民关注，其 23 年前的鼻祖葛优在剧中的坐姿被网民重新"扒"了出来，因"颓废"的表情和姿势在网上迅速蹿红，并被改编成各种"表情包"。

[11] 吃瓜群众

这个词语源自论坛、IM 群中，经常有人发言讨论一些问题，后面就有一堆人围观，表示"前排出售瓜子""前排吃瓜子""吃瓜群众"……于是，就有人将"不明真相的吃瓜群众"用于形容围观某事物的人们。

[12] 套路

这个词语源自一男一女微信对话的截图受到大家疯狂转发，在这段对话中，女方批评男方"多一点真诚，少一点套路""套路玩得深，谁把谁当真"，而这几句点睛之笔，成为了最新的网络流行语，用来告诫别人不要耍计谋。

[13] 感觉身体被掏空

这个词语源自某肾宝的广告语"肾虚，有时在过度劳累之后。腰腿酸痛、精神不振，好像身体被掏空，是不是肾透支了？想把肾透支的补起来……"后因彩虹合唱团的作品《感觉身体被掏空》一炮而红，该神曲以幽默的笔触调侃繁重压力下的年轻人生活，引起广泛共鸣。

[14] 你咋不上天

该热词来自美拍一则"如何教训东北人"，其中一句"给你厉害坏了，你咋不上天呢？"一出，便引发不少网民围观并模仿，大面积的疯转便引来了不少关注。

[15] A4 腰

是指比竖放的 A4 纸还要窄的小蛮腰，A4 纸是由国际标准化组织的 ISO 216 定义的，规格为 21cm*29.7cm（210mm×297mm）。所以，只要腰的宽度小于 21cm（210mm），都可以称之为 A4 腰。A4 腰是衡量尤物的终极标准，堪称魔鬼身材的终极标准。

[16] 方了

内地男歌手约瑟翰·庞麦郎（庞明涛）翻唱了一曲《童话》，其中一句歌词"我开始慌了"发音不够标准，被吐槽"我开始方了"，后来这个梗从B站流传出来。有些地区的方言中 f 和 h 不分，于是"方了"开始被网民们调侃，其实意同"慌了"，形容一个人遇到某件事感到恐惧或紧张，用于表示你的不安情绪。

[17] 互相伤害

这个词语源自《罪恶王冠》女主角的一句歌词"人啊，为什么要互相伤害"，多用于男女恋爱，用心经营的感情，一旦分裂就会或多或少地受到伤害，如果不怕伤害，那就大胆去爱吧！

[18] word 天

语气词，网络语言的高规格说法：英文+中文或中文+英文的形式。因"word"与"我的"发音相似，被脑洞大开的网民与各种称呼结合在一起，用来替换各种"我的×"。例如，word 妈！word 天！word 哥！word 妹！等等。

[19] 厉害了我的哥（word 哥）

这个词语源自一名中学生口头禅。该学生军训时偷玩"王者荣耀"被教官抓住，本已心灰意冷，想不到教官却继续游戏并不断超神，学生不由得惊呼："厉害了我的哥！"随后这句口头禅很快被广泛传用，表示对某人某事很惊叹，并衍生出其他版本。例如，萌坏了我的妹、棒呆了我的嫂、美死了我的姐……

[20] 搞事情

这个词语源自综艺节目《奔跑吧兄弟》里面陈赫的常用语，在节目接到某些比较困难的游戏任务的时候，陈赫总会脱口而出"你不要搞事情""你这是搞事情""不要给我搞事情"等，后来节目里的其他人如鹿晗也总爱跟着说"搞事情"了。其实就是我们一般常说的"闹事""惹是生非"意思，现在多用于调侃，并非真正地做了不好的事情。

[21] 辣眼睛

这个词语源自网络剧《屌丝男士》的剧情台词：辣眼睛，原意是被辣椒辣了眼睛。如今演变后的说法：意思是某人的某些行为恶心到对方了，不能直视。

[22] 猴赛雷

猴赛雷是广东话"好犀利"（好厉害）的谐音，来源于一名90后女性在网上发帖，大秀自己的照片和找男朋友的标准，引来不少网民嘲讽。而猴赛雷就是指这位华裔女子，也泛指这一事件。

2016年春晚吉祥物"康康"形象公布之后，因其脸颊的部分有两个球状的凸起，被网民谐音称作"猴腮雷"，因此又引申出了另一个调侃的含义。

[23] 吃土

一年一度的网购盛会"双十一"之后，不少网民纷纷表示钱花得太厉害，以后吃不起饭，只能吃土了。"吃土"也成为"剁手"之后的疯狂网购代名词。

[24] 比心

用手比一个心形，使用拇指和食指相交成爱心的形状来表达对粉丝或是朋友的爱意，用手指比心的动作被越来越多的明星所接受。韩国比心手势来源：这是韩国 idol 一直用的比心的手势，比双手放头顶那个要容易，一手拿话筒唱歌的时候，就可以用这个加一个 wink，是 heart 的意思。韩国比心手势来源谁发明的？网民们得出的结论大致是这样的：这是韩国一个告白视频中出现的手势，一个姑娘对路人做了这样的手势，从此后在韩国娱乐圈开始流行。明星上台表演中有时会向观众摆这个手势，表达对粉丝的爱意。

后　　记

"网络语言学"这门选修课程最早是我在2001~2002学年的第二学期为当时的徐州师范大学（现在的江苏师范大学）文学院1998级学生开设的。当时网络语言现象还处于早期兴起阶段，1998级学生尽管处于临毕业前的最后一学期，还是表现出极大的选修热情，有155人选修；在2002~2003学年的第二学期中，文学院1999级学生表现出更为强烈的热情，有高达386人选修了这门课程。这样的情形让我在欣喜的同时，也倍感压力。从那时起，我就一直密切关注网络语言现象的发生与发展，并非常重视网络语言方面的研究成果，每年都指导若干篇此领域的本科毕业论文。

2005年9月，我到南京师范大学读博，网络语言学的教学工作因而中断。2015年秋，文学院教学计划重新修订，网络语言学课程正式列入教学计划，于是这门课程重新开启。主管教学工作的吕靖波副院长问及教材问题，他听到我回答说当年是采用于根元先生在2001年出版的《网络语言概说》作为教材时，便鼓励我编制一本能够反映当前网络语言最新现象的教材。我也认识到，网络语言的发展形势可谓日新月异，网络语言学课程需要制定相应的教材来挖掘网络语言的社会功能、正面引导网络语言健康发展，于是承诺动笔。

在本书的撰写过程中，参阅了学界大量的相关研究成果，部分已经在书后的参考文献中列出，另有很多文献由于篇幅限制不能一一列出，在此一并感谢。江苏师范大学文学院汉语言文字学专业2016届李柯同学的硕士毕业论文《汉语网络用语（2005~2015）变异修辞研究》对本教材的编制启发很大，在此感谢。同时，感谢科学出版社石悦编辑的大力帮助，感谢江苏师范大学文学院黄德志院长帮助本教材申报江苏省重点教材，感谢江苏师范大学文学院汉语言文字学专业2016级硕士研究生张晓雨同学认真校对本教材。

对于网络语言现象进行全方位、多角度的教学讲授显然是个非常重要的课题，同时也是一个难题。本教材的编制只是一个尝试，希望能够有更多研究者能够将成果转化为教学内容，以利于网络语言的健康发展。

林　纲

2016年11月29日